アーサー・ルピア
マシュー・D・マカビンズ 著
山田真裕訳

民主制のディレンマ

―市民は知る必要のあることを学習できるか？―

木鐸社

メイ・スラックとH. W. マカビンズの
優しい思い出にひたりつつ

日本の読者の皆様へ

　我々はこのたび『民主制のディレンマ』が日本語訳されたことを大変喜んでおります．山田真裕氏と木鐸社のご尽力に感謝します．
　この本は政治における情報の役割について，我々が関心を共有していたことから生まれました．1990年代の早い時期に我々2人は会合を持ち，議論していくうちに，議会制度における委任の研究と，選挙における有権者の情報利用に関する研究において重要な共通点が存在することが明らかとなりました．いずれの場合も，意思決定者が政治決定に関して部分的な情報しか持っておらず，不利な選択を余儀なくされているという科学的あるいはジャーナリスティックな説明がなされていたのです．そこでは，選挙における論戦の細部を思い出せない有権者や，官僚ほどには知識を持たない議員は実質的な決定ができないものとして描かれていました．
　しかし，我々の研究や，我々と関心を同じくする心理学，認知科学における研究はいささか異なるストーリーを提起しています．それは，多くの場合，人々はわずかな情報でとても良い選択をすることが可能だというものです．人々は他の人から情報を得たり，助言に従う相手を慎重に選ぶことで，良い選択を行っているのです．
　人々が情報を持っていない場合，政治制度によって人々の意思決定を効果的に支援する方法について，我々はさらに議論を重ねました．法廷における偽証罪の存在が証人に真実を語らせたり陪審員に証言を信用させるように，選挙法や立法手続にも同様なことができると我々は論じています．もちろん，情報を持たないことが悪い選択につながることは時に真実です．しかし，我々の本は，常にそうなるわけではないことを示しています．
　我々の主な発見は，限られた情報しか持たなくても良い選択が可能になる条件と，そうでない条件を区別するものでした．この結論をより説得的なものにするため，我々は結論をいくつかの手法で表現しています．まず本書の序盤においてわれわれはそれを言葉で表現しました．それから研究室での実

験と革新的なサーヴェイによって，論点を補強しました．さらに我々の議論の背後にある論理について，より詳細な説明を望む読者のために，付録として数理モデルを紹介しています．

　本書が英語で出版されて以来，我々は世界中の読者から社会科学や政府に関する重要な問題に，本書の議論がどの程度当てはまるのかについて多くのご意見を頂いています．我々はこのようなフィードバックにとても感謝しています．そして，この日本語版を通じて得られる新たな読者の見解を，我々が拝聴できる機会を楽しみにしています．どうか本書が皆様のお役に立ちますように．

　　　　　アーサー・ルピア（ミシガン大学）
　　　　　マシュー・D・マカビンズ（カリフォルニア大学サン・ディエゴ）

目　次

日本の読者の皆様へ	3
謝辞	9
第1章　知識と民主制の基礎	13
民主制，委任，そして理性的選択	15
我々の理論の予告	17
本書の構成	28

第Ⅰ部　理論

第2章　人々はどのように学習するか	33
注目！　これが我々の学び方だ	38
認知証券市場	50
注意とコネクション	56
結論	58
第3章　人々は他者からどのように学習するのか	61
説得についてのアリストテレス理論	63
説得についての我々の理論	67
ダイナミックな含意	87
説得についての含意	90
結論	93
第4章　人々は他者から何を学習するのか	98
啓蒙のための条件	99
騙しの条件	101
討論：我々はどうやって信じる相手を選ぶのか	104
結論	106
第5章　委任と民主制	109
委任のディレンマ	110

  コミュニケーションと委任の理論   113
  それが意味するもの   120
  結論   123

第Ⅱ部　実験

第6章　理論，予測と科学的方法   127

第7章　情報，説得，選択についての実験   132
  実験計画   136
  説得と理性的選択についての実験   144
  結論   173

第8章　委任についての実験   178
  実験計画   179
  結論   202
  補遺   202

第9章　説得のための条件に関する世論調査形式の実験   204
  実験についての説明   206
  分析   212
  結論   223

第Ⅲ部　制度設計のための含意

第10章　知識の制度   227
  選挙制度   228
  立法制度   233
  官僚制度   238
  司法制度   247
  啓発的でない民主制   250
  結論   252

原著者あとがき	253
訳者あとがき	255
参考文献	259
索引	276

凡例

1. 本書は Arthur Lupia and Mathew D. McCubbins, *The Democratic Dilemma: Can Citizens Learn What They Need to Know?* (Cambridge University Press, 1998) から Appendix を除いた部分の全訳である.
2. 原書中の引用符は「」で表し,イタリックの部分は太字体を用いた.
3. 原注は脚注とし,ナンバリングには算用数字を用いた.訳者による訳注はローマ数字を用い,章末にまとめた.

謝　辞

　『民主制のディレンマ』は限られた情報のもたらす政治的帰結についての一貫した実証的言明を提示するために，広範な学問の成果を取り込んでいる．広範な学問世界の聴衆に対して我々自身の見解を表明する中で，多くの異なる学問分野における熟練した研究者が強力な議論を展開し我々に挑戦してきた．結果として，我々は我々の形式的な議論，数理モデル，実験室での実験，および全国調査に，専門家と非専門家が一様に理解できる隠喩，類推，逸話を補った．

　我々は多くの感謝の念を抱いている．我々は助成金SBR-9422831を通じて，米国科学財団とその政治学プログラムから支援を受けた．ルピア博士は本書で報告されている研究について，カリフォルニア大学サン・ディエゴ（University of California, San Diego）のCOR助成金から一部支援を受けた．また助成金として，ポール・スナイダーマン（Paul Sniderman）によって運営された米国科学財団からの1994年 Multi-Investigator Survey（ナンバー SBR-9022192）を受けた．本書の初期のドラフトはマカビンズ博士が行動科学先端研究センター（the Center for Advanced Study in the Behavioral Science）において研究員であった時期に書かれた．マカビンズ博士は米国科学財団によって提供されたこの研究奨励金（グラント SBR-9022192）に感謝している．

　我々は本書の一部を多くの会議やセミナーで発表し，有益なコメントや助言をもらった．複数日にわたって行われた2つのセミナーは，本書を修正する上で特に有益であった．その1つ目は1995年5月にハーバード大学政治学部（Department of Government）で行われ，2つ目のものは1996年1月にスタンフォード大学フーヴァー研究所で行われた．これらの機会を与えてくれたジム・オルト（Jim Alt），バリー・ワインゲスト（Barry Weingast），そしてダグ・ノース（Doug North）に感謝する．

　我々は約100名の人々から原稿へのコメントを受け取った．彼らすべてに感謝しその親切な負債に報いたい．これらの人々のうち数名の研究者はこの

プロジェクトを進めるための努力において，すばらしい決断と議論の巧妙さを示した．これらの人々に我々は特に負っている．ジム・オルト，ランドール・カルヴァート（Randall Calvert），ゲイリー・コックス（Gary Cox），ヴィンス・クロフォード（Vince Crawford），ダニエル・ディアマイアー（Daniel Diermeier），ジョン・フェアジョン（John Ferejohn），エリザベス・ガーバー（Elisabeth Gerber），ゲイリー・ジェイコブスン（Gary Jacobson），ジェイムズ・ククリンスキ（James Kuklinski），ダグラス・ノース，サミュエル・ポプキン（Samuel Popkin），ケネス・シェプスリ（Kenneth Shepsle），ジョエル・ソウブル（Joel Sobel），ポール・スナイダーマン，トレイシー・ストロング（Tracy Strong），マーク・ターナー（Mark Turner），ピーター・ティアック（Peter Tyack），バリー・ワインゲスト，そしてオリバー・ウィリアムソン（Oliver Williamson）である．

　我々はまた多くの勤勉な研究助手にも多くを負っている．スコット・ベイシンガー（Scott Basinger），モーガン・ベック（Morganne Beck），グレッグ・ボーヴィッツ（Greg Bovitz），アンドレア・キャンベル（Andrea Campbell），キャローラ・クリフト（Carola Clift），マイケル・エンズレイ（Michael Ensley），ジェニファー・ニコル（Jennifer Nicoll），ジュリー・ポウプ（Julie Pope），そしてロバート・シュワルツ（Robert Schwartz）である．たぶん他の誰よりも，我々はジェイムズ・ドラックマン（James Druckman）の熱心な働きと鋭い洞察に感謝している．

　最後に，我々は我が子たち，フランチェスカ（Francesca），コリン（Colin），そしてケニー（Kenny）に感謝する．彼らはしばしば我々の最初の実験参加者であり，我々が本書で挙げる多くの事例の源であった．

民主制のディレンマ

市民は知る必要のあることを学習できるか

第1章　知識と民主制の基礎

　　知識は永遠に無知を支配する．そして自らの支配者たらんとする人々は，自ら知識の力で武装する．民衆についての情報を持たないか，もしくはそれを得るための手段を持たない政府は喜劇もしくは悲劇，あるいはその両方の前触れに他ならない　　　　　　――ジェイムズ・マディソン（James Madison）[1]

　アメリカ共和制の創設者たち，および世界中にいた彼らの同時代人の多くは，民主制（democracy）には理性的選択（reasoned choices）を行う市民が必要だと信じていた．理性的選択を行うためには，人々が自らの行動の結果を知っていることが必要である．

　投票者は，議員は，そして陪審員は理性的選択ができるだろうか？　多くの観察者はそれが不可能だと結論づけている．この結論の証拠となるような事実がある．市民の無知に関する研究には枚挙に暇がない．事態をさらに悪化させるのは次のような事実だ．たとえば，多くの人々は30分のニュースの要約や，30秒の政治広告，8秒の部分的コメントからほとんどなんの情報も得ていない．この事実から「まがいものの怒りや偏見，あるいは邪な意図を持った人間が陰謀によって，腐敗によって，あるいは他のあらゆる手段によって最初に参政権を手にし，民衆の利益を裏切る」（マディソン『フェデラリスト』10号）というのは極めてありうることと思われる．

　民主制に必要な条件と，これらの条件を満たすべき人々の能力との間にずれが存在することは，広く信じられている．もしこのずれがあまりにも大きければ，効率的な自治は不可能だ．本書でいうところの民主制のディレンマとは，理性的選択を求められる人々にその能力がないかもしれないことを意

（1）　Hunt（1910: 103）より．マディソンは同様の信念を『フェデラリスト』57号とヴァージニア批准会議の前のスピーチで披露している．そこで彼が論じたのは，人々が「人徳と叡智を持った人間を選ぶための徳性と知性」をもつことの必要性であった（Riemar 1986: 40）．

味する.

　本書において我々は，人々が政治についての情報を持っていないことを認める．さらに我々は，このような無知が邪な企みを持つ人々に情報を持たない者を騙したり裏切る余地を与えるものであることも認める．しかしながら我々は，民主制がこのような脅威に屈服するに違いないとは思わない．むしろ我々の結論は，

- 理性的選択は大量の情報を必要としない．むしろ，必要なのは行為の結果を予測する能力である．我々はこの能力を「知識（knowledge）」として定義する[2]．
- 人々は得られたかもしれない情報の多くを無視し，極めて少ない情報に基づいてほとんど全ての決定を行うことを選択する．
- 人々はしばしば他者からの助言を，自分が持たない情報の代わりにする.

（2）　民主制が何であるべきかについては数百年にわたる議論がある．この議論は多くの人々をまきこみ，多岐に互り，全体として未解決である．我々は自分たちにこの議論を決着させる力があるとは信じていない．しかしながら我々は，この議論をより建設的なものにすることができると固く信じている．それは，人々が持っている情報と，人々に可能な意思決定のタイプとの関係を明快にすることによって可能となる．本書は，政治的情報を欠いた人々の能力を決定するものについての研究である．本書は，投票者，陪審員，議員が特定の業務を遂行するために，どれほどの情報が必要であるかについての議論に決着をつけるために設計されている．だから本書は民主制が何をするべきかについての議論を明快にする助けにはなるかもしれないが，この種の議論そのものに決着をつけることはないだろう．
　我々がこのことに言及するのは，民主制が何をするべきかについての議論に対する我々の関わりが，理性的選択についての我々の定義を動機づけるからだ．理性的選択に関する我々の定義は，理性的選択に必要な知識の量を読者が定義することを認めている．ある読者は，理性的選択には非常に技術的な問題に関する知識が必要だと論じるかもしれないが，別の人は，理性的選択には相対的に少ない知識で足りると論じるかもしれない．このような見解の相違は，民主制が何をなすべきかについての異なる見解に還元されることに注意されたい．それゆえに，理性的選択についての我々の定義は意図的に情報，知識，そして選択の関係に対する考慮に焦点を絞っており，民主制が何をなすべきかについてのほとんど規範的な議論に対する観点は，意図的に曖昧にしてある．

この代替物が人々に理性的選択をする能力を与えることがありうる．
- 他者の助言への依存はトレードオフを伴う．それは知識を得るコストを減らすけれど，同時に騙される可能性を招く．
- 他者の助言から知識を得たい人は，ある助言を無視しつつ，ある助言に従うことを選択しなければならない．人々はこのような選択を，システマティックかつ予測可能な形で行う．
- 政治制度は，人々がどの助言に従いどの助言を無視するかの選択の助けとなることができる．それは，制度が助言を与える者の誘因を明らかにするときに可能となる．
- 人々がいかに学習するかを理解することは，民主制のディレンマがいつ現実のものとなるかを我々が特定することを助けるだけでなく，我々がいかにしてこれらのディレンマを解決していけばいいかを我々に教えてくれる．

本章の残りの部分で我々は，我々の議論をあらかじめ示すとともに，本書の見取り図を示すことにする．

民主制，委任，そして理性的選択

民主制は人々の選択に基づく統治の手段である．あらゆる現代の民主制において，人々は選挙を行い，自分たちの代表を指名する．議会，行政，委員会，判事，そして陪審員は自分たちの利益にのっとって集合的意思決定を行う人々によって権限を与えられる．これらの委任が民主制の基礎を形成する．

しかし，ここには危険が存在する．Dahl（1976: 21）が警告するように，その主な危険とは情報を持たない意思決定者が委任に失敗することによって，民主制を専門家の専制政治へと転換させることである．「他者に権限を委任することを私に求める決定が存在する……．しかし，もし私が委任してしまえば，実際には専門家やエセ専門家による貴族政治のようなものを生み出してしまわないだろうか？」

民主制は専門家による専制政治になるしかないのだろうか？　多くの観察者はイエスと答えている．なぜなら，委任する人々が委任される人々に比べて，情報を持っていないように見えるからである．

人々が自分たちの統治者を選ぶという民主制における最も重要な委任が，

最も専制によって影響されやすいように見える．凡人の中には叡智も洞察力も判断力もないというキケロ（Cicero）の観察は，現代の投票研究についての適切な要約である（Berelson 1952, Campbell et al. 1960, Converse 1964, Kinder and Sears 1985, Lane and Sears 1964, Luskin 1987, McClosky 1964, Neuman 1986, Schattschneider 1960, Schumpeter 1942, Zaller 1992, Zaller and Feldman 1992 を見よ．サーヴェイとして Delli Carpini and Keeter 1996 を見よ）．多くの学者は，有権者がその頑迷さや自己教育能力のなさゆえに，無意識のうちに選挙運動やメディアの操り人形になっていると論じている（Bennett 1992, Sabato 1991）．Iyenger（1987: 816）は投票と選挙に関する文献を次のように要約している．「低レベルの政治知識とイデオロギー的な論理づけの不在は，民衆による政府のコントロールが幻想であるという告発に信憑性を与える」．これらの研究は，情報を欠いた有権者は自分たちの統治者をコントロールするために選挙を利用することができないということを示している．

他の観察者も選挙で選ばれた代表について同様の議論をしている．たとえばウェーバー（Max Weber）は，議員は官僚をコントロールできないと論じている．

「通常の状況下では，十分に発達した官僚制の権力者としての位置は常に圧倒的である．『政治的主人（"political master"）』は，行政の運営の内部に存在する訓練された公務員に直面したとき，自らが『専門家』に対抗する『素人（dilettante）』であることに気づく．このことは官僚制が仕える『主人（"master"）』が『民衆（"people"）』（それは立法の主導権，レファレンダム，そして公務員を解任する権限を持つ）なのか，あるいは議会（それは，より貴族政的もしくはより民主的な基盤の上に選ばれ，不信任投票をする権利もしくは現実の権威を持って投票する権利を有する）であるのかを保留する」（Gerth and Mills 1946: 232 におけるウェーバーの引用）．

Niskanen（1971）は，政治家には現代の立法の複雑性に対抗する能力がないために，利己主義的な特殊利益や官僚制のいいなりになってしまうと述べる．Lowi（1979: xii = 1981: 14）は「現実の政策形成は有権者の選好や議会の法制定によってではなく，専門行政官，関連議員，組織的利益の代表者の三者間交渉によって行われる」と結論する．

陪審員もまた必要な情報を欠いている．たとえば Posner（1995: 52）は，「ア

メリカの法と社会が複雑になるにつれて，陪審員の認知の限界はより明白になり，社会的コストも高くなるだろう」と論じている．他の観察者は法体系を市民が理性的選択を行う場としてではなく，様式や策略が知識を圧倒する情緒的なアピールのためのステージとして特徴づけている．Abramson (1994: 3) が嘆くように，「現代における訴訟の複雑性と陪審員の資格との間の差は驚くほど拡がってしまった．平均的な陪審員が，反トラスト訴訟，医療過誤事件，あるいは心神喪失抗弁（insanity defense）における専門家の証言を理解することは稀である．多くの陪審員は法を知らないし，判事による法についての説明も理解しない．このため陪審員による審理は無知による審理となっている」．

民主制における委任についての批判は無数にあるが，全て共通の結論を持っている．すなわち**理性的選択が委任を支配することはない**．Schumpeter (1942: 262) が論じるように，「典型的な市民は政治の世界に入るや否や，低いレベルの精神的能力に落ち込む．市民は，自分にとっての現実的な利害関心の範囲内で難なく認識できるような初歩的なやり方で議論し，分析する．市民は再び素朴になる．その思考は連想的で情緒的だ．このことは国家にとって致命的なものであると立証されるかもしれない．」

もし投票者が，議員が，そして陪審員が効果的に委任する能力を欠いていたら，民主制は「喜劇か悲劇の前触れ」となるかもしれない．これまで引用してきた学者たちのように，我々もこの可能性は警戒すべきだと思う．しかしながら我々はこれらの学者たちと異なり，人々の能力と民主制の必要条件は，多くの批判者が我々に信じ込ませようとするほど不整合なものではないと論じる．次節において我々は，この不整合が存在したりしなかったりする条件について明らかにしよう．

我々の理論の予告

我々は，**限られた情報が必ずしも人々が理性的選択を行うことを妨げない**ことを論じる．もちろん，我々がこの種の議論を初めて行う分析者だというわけではない．たとえば1950年代にBerelson, Lazarsfeld, and McPhee (1954) やDowns (1957) が，投票者は自分たちの情報不足を克服するためにオピニオン・リーダーや政党をあてにすることを論じていた．より最近では，Fiorina (1981), Kuklinski, Metley, and May (1982), Calvert (1985), Grofman and Norrander（1990），Ferejohn and Kuklinski（1990）の寄稿者たち，Popkin（1991），Sniderman, Brody, and Tetlock（1991），そして Lodge and McGraw（1995）への寄稿者たちによってリードされた学者の世代が，「民主的市民は政治の出来事についてよく知っている（well informed）ことが期待される（Berelson, Lazarsfeld, and McPhee 1954: 308）」という見解に反論した．これらの学者たちは全体として，投票者が複雑な情報の代わりに幅広い単純な手がかり（cues）を使うことができることを示した．我々はこれらの研究の基本的な洞察――人々は百科事典的な情報の代替物を用いることができる――に同意する．

しかしながら我々は，限られた情報が人々の理性的選択を必ずしも妨げないということを論じるよりも，より多くのことをしたい．我々が論じたいのは，**限られた情報を持つ人々に理性的選択を可能とする特定の状況が存在する**，ということである．それゆえに，人々が手がかりを用いることができることを示す点に加えて，**いつ，どのようにして**，人々が手がかりを用いるのか，**いつ**，手がかりは詳細な情報の効率的な代替物となるのか，いつ手がかりは有害なものとなるのか，などの問いについて我々は答えたい．理性的選択が誰に可能なのか（誰に不可能なのか）を理解するために，我々は次のような質問に答えることができなければならない．

- いつ人々は単純な手がかりを用いるのか．
- いつ人々は単純な手がかりを無視し，代わりにより詳細な情報を求めるのか．
- 理性的選択をするために，単純な手がかりで十分なのはいつか．
- 単純な手がかりを提示する人々が，それを使おうとする人々を操作したり，騙したりできるのはいつか．
- いかなる要因が，人々がなぜ多くの手がかりを無視しながら，いくつかの単純な手がかりに頼るのかを決定するのか．
- 政治制度は単純な手がかりの利用と効率性にどのように影響するのか．

これらの問いに答えるために，我々は，注意，説得，そして委任の理論を構築する．全ての理論と同じように，我々の理論は他のアイディアの上に成り立っている．我々の理論の系譜は，より直接的には不完備情報（incomplete information）[i]の経済ゲーム（たとえば Harsanyi 1967, 1968a, 1968b），信号モデル（たとえば McKelvey and Ordeshook 1986, Spence 1973, さらに

Banks 1991 も見よ),そして戦略的コミュニケーション・モデル(Crawford and Sobel 1982,さらに Calvert 1986, Farrell and Gibbons 1989 も見よ)に連なる.しかしながら,我々の理論は認知科学におけるコミュニケーションと学習の理論(たとえば Churchland and Sejinowski 1992, Simon 1955)や,社会心理学における説得の理論(たとえば Eagley and Chaiken 1993, McGuire 1969, Petty and Cacioppo 1986)に共通する前提を含んでもいる.この結果として我々の理論は,認知科学,経済学,政治学,そして心理学において通常ばらばらに行われてきた,学習,コミュニケーション,そして選択についての論争に関わるものに対して,稀に見る有利さを持っている.次節で我々は自分たちの理論を述べ,先に掲げた質問への回答を予告する.

知識と情報

第2章において我々は,注意の理論を発展させることから始める.我々の理論の目的は,人間がどのように複雑性および稀少性とつきあうかを説明することである.Simon (1979: 3)が論じるように,「人間の思考力は,人類が生きている環境の持つ複雑性と比べると非常にささやかなものである」.人々が生きていくために必要な資源が稀少であるという事実は,さらに事態を悪化させる.

皮肉なことに,多くの政治争点にとって情報は稀少ではない.むしろ稀少なのは,人間が情報を処理するために使う認知資源である.たとえば新聞,手紙,コミュニティの掲示板,テレビやラジオに政治情報は現れるし,友人や家族などの人を介して我々に伝達される.人々はしばしば,これらすべての情報の意味を理解するために必要な時間やエネルギーを欠いている.結果として人々はしばしば不完備情報しか持たない.幸運なことに,理性的選択は完備情報を必要としない.その代わりに**知識**,すなわち**行為の結果を予測する能力**を必要とする[3].

民主制についての多くの批判は暗黙のうちに,情報を持たない人々には理性的選択をする能力がないと主張してきた.これと対照的に我々は,情報を

---

(3) たとえば,2つの製品のうちどちらがよりよいかについて知っていれば,我々がそれぞれの製品について完全な情報を持っていた場合と同じ選択をするためには,往々にして十分である.

持たない人々が毎日，けたはずれに複雑な問題を解決していると論じる．人々は有用な情報とそうでない情報を選り分けながら，自分たちに利用できる情報を効率的に使って問題を解決するのである．

情報が有用なのは，それがコストの高い間違いを人々が避けることに役立つ場合だけである．対照的に，もし，より多くの情報が人々の意思決定を変えることに結びつかないのであれば，それはなんの利用価値もないし，人々は無視するだろう．実際，無用な情報を無視することは，人間や他の種が生存し繁栄するために必要なものである（Churchland and Sejinowski 1992）．

そのような主張に驚く人々は，ほとんど無限の行動の幅があり人々が利用可能な情報を無視するような状況について考えてみるといい．たとえば人々は，それが有害かもしれないあらゆる状況を知らなくても薬を服用する．彼らは近隣についての限られた情報に基づいて，もしくは近所の住人についての情報をまったく持たなくても家を買う．人々は情報が手に入らないからではなく，それに注意を向けることのコストがその利用価値よりも大きいがゆえに，そういった選択を行うのである[4]．

理性的選択は完備情報を必要としないが，それは行為の結果を予測する能力を必要とする．多くの場合，単純な情報が人々に必要な知識を与える．たとえば，混んでいる交差点を安全に進むためには，他の全ての車の行き先と，確かにあなたがそれらとの衝突を回避できるということを知らなければならない．完備情報の信奉者たちは，安全な自動車の運行のためには，他のドライバーの意図や速度，加速，方向，そして車の集団についてできる限り多くの情報が必要だと論じるかもしれない．しかし多くの交差点にはこれら全ての情報に代わるものがある．信号機である．このような交差点では信号機がより複雑な情報の代替物となり，理性的選択に必要な情報の量を減少させる．信号機や他の単純な手がかりのない交差点で理性的選択をするには，より多くの情報が必要である．同様の論理を用いれば，限られた情報が理性的選択

---

(4) その上，ある種の情報はむだであるだけでなく，それがなければ正しい選択（たとえば幸福の増大（welfare-increasing））をしたかもしれない人々を，誤った選択（たとえば幸福の減少（welfare-decreasing））へと導く．たとえば，新聞が支持していたのでスミスの代わりにジョーンズに投票した人は，ジョーンズが後に自分とスミスが支持する政策に反対したときに，新聞情報に注意を向けたことを後悔するかもしれない．

を妨げるのは，人々が複雑な政治の交差点に留め置かれ，効率的な政治の交通信号へのアクセスを欠いたときであるといえよう．

説得，啓蒙，そして騙し

理性的選択をしたいと望む人々には知識が必要である．知識を得るには2つの方法がある．第1の方法は個人的な経験から教訓を引き出すことである．この選択肢を用いる人々は，自分たちの行為の結果についての予測を過去についての観察から導き出す．第2の方法は他者から習うというものである．この選択肢を用いる人々は，自分がもっていない個人的経験の代わりに，過去についての他者の観察を利用する．

政治的状況の多くでは第2の方法しか使えない．なぜなら政治はしばしば抽象的で，その結果は手の届かないものだからである．このような状況では，個人的経験は理性的選択のための十分な知識を与えない．多くの政治的決定にとって，理性的選択には他者からの学習が必要である．

人々がどのように他者から学ぶのかについては多くの説明がある．実際，ナイト（Knight），サイモン（Simon），ベレルソン（Berelson）他，そしてダウンズ（Downs）に始まる世代の学者たちは，多くのヒューリスティクス（heuristics）——情報の代替物を生む単純な手段——を示してきた[5]．例としては，オピニオン・リーダー（Berelson, Lazarsfeld, and McPhee 1954），政党帰属（Downs 1957），バイアスのある情報の提供者（Calvert 1985），選挙運動のイベント（Popkin 1991），選挙運動についての情報（Lodge, Steenbergen, and Brau 1995），歴史（Downs 1957; Fiorina 1981; Key 1966），世論調査（McKelvey and Ordeshook 1986），高コストな行為（Lupia 1992），「火災報知器」（McCubbins and Schwartz 1984），同様の利益を持つ人々（Krehbiel 1991; Sniderman, Brody, and Tetlock 1991），社会経済的特徴（Popkin et al. 1976），競争（Milgrom and Roberts 1986），利益集団の支持（Lupia 1994），そしてメディア（Iyenger and Kinder 1987; Page, Shapiro, and Dempsey 1987）などである．

我々がどのようにして他者から学習するかについて，これらそれぞれの説明は貴重かつ啓発的である．どれも人々が疑いなく用いている判断の近道

（5） Key（1966）と Tversky and Kahneman（1974）も見よ．

(judgmental shortcuts) の源泉を示している．しかしながら Sniderman, Brody, and Tetlock （1991: 70）が論じているように，「最も深刻な危険は，独立変数と従属変数の間の全ての相関が新たな判断の近道の証拠として採用されることである」．我々も同意見である．我々に必要なのは，いつどのように人々が前の段落で示した近道の中から選択を行うかを説明する理論である．人々がどのようにして他者から学習するのかを理解するためには，**人々がどのようにして信頼する人間を選ぶのかを**，我々は説明できなければならない．

　第3章において我々は，人々がどのようにして他者から学習するのかを説明する．この説明は，「誰が誰から学習するか」という質問に答えるものである．第4章では人々が他者から何を学習するかを説明する．この説明は，「どのようなときに他者からの学習が，理性的選択の基礎としての個人的経験の代替物として十分なものになるか」や「他者の証言に依存することが理性的選択の妨げとなるのはどのようなときか」といった質問に答えるものである．

　第3章と第4章で我々は，他者からの学習が些細な問題ではないということを示す．そのことを理解するためには，他者から学ぼうとするいかなる試みも，以下の3つの帰結につながることに注意するとよい．

- 第1の帰結は啓蒙（*enlightenment*）である．誰かが我々に知識を与えるとき，我々は啓蒙されたことになる．よって啓蒙とは，啓蒙されるに至る過程である．もし我々が理性的選択のための知識を欠いており，かつそのような知識を他者から得ることができるのであれば，他者が我々を啓蒙しさえすれば我々は理性的決定を行える．
- 第2の帰結は騙し（*deception*）である．騙しとは，我々が耳を傾ける証言が，我々の行為の結果を十分に予測するための我々の能力を減少させるような過程である．たとえば，誰かが我々に嘘をつき，我々がその人物を信じれば，我々は騙されている．
- 第3の帰結は，何も学ばないことである．我々が何も学ばないとき，我々の信念は不変であり，我々は何の知識も得ていない．

　啓蒙も騙しも説得（*persuasion*）――他人の信念を変えることに成功した試み――を必要とする．人々が他者の証言によって啓蒙されたのか騙されたのかを理解する鍵は，他人を説得できるための条件を理解することである．

　コミュニケーションと政治について多くの学者は，アリストテレス以来，

語り手（speaker）の特徴（たとえば，正直さ，イデオロギー，あるいは評判）を説得の必要条件として注目してきた．もし語り手が適切な性質を欠いていれば，語り手が説得に十分な条件を欠いているとこれらの学者は結論づけている．第3章において我々はこれと異なる説得のための必要条件と十分条件のセットを提示する．我々は，説得は個人の特徴に依存する必要はなく，**むしろ説得には，聞き手（*listener*）が語り手を知識がありかつ信頼に値すると認識することが必要である**と論じる．信頼という認識は語り手の特徴に対するプラスの評価から生じうるけれども，外部からの力が特徴に代替しうるし，それゆえに別の方法では信頼が発生しなかったであろう文脈において，説得が生まれ得ることを我々は論じる．

信頼と説得を生む外部からの力の例としては，語り手の高コストな労力を聞き手が観察することがある．この観察から聞き手は語り手の選好の強度について学ぶことができる．この特殊な条件は「行動は言葉以上に語る」という格言によく似ている．語り手のコストがこの効果を持つとき，語り手のコストは語り手の誘因を覗く窓を与えることによって，信頼の基礎を与えることができる．

高コストな労力がどれほど説得に影響を与えるかを理解するためには，次のような状況を考えてみればいい．第1の仮定に，語り手が以下の3つの潜在的な動機——保守的でかつ強い選好を持っている，保守的だがあまり強い選好ではない，リベラルだがあまり強い選好ではない——のうち1つを持っていることを聞き手が知っていると仮定しよう．第2に，聞き手は語り手が実際に持っている動機が3つのうちのどれかは知らないと仮定する．第3に，聞き手は語り手がリベラルか保守的かを知っている場合にのみ，理性的選択ができると仮定する．第4に，語り手が政策の結果を変えるために自分の所得の4分の1を使っていることを聞き手が観察した場合，聞き手は語り手が強い選好を持つと結論できると仮定する．この全ての仮定が真であるなら，語り手による高コストな労力は聞き手を説得する．結果として聞き手は，語り手が保守的であるという推論が可能なので，理性的選択を行うことができる．

信頼を導く外部からの力のもう1つの例は，嘘に対する罰である．嘘に対する罰もまた，偽証に対する罰金のように明示的なものであっても，評判を悪くするような暗黙のものであっても，語り手の誘因を明らかにすることに

よって，信頼を生み出すことができる．聞き手は，語り手が騙すことに利益を持っていると信じているかもしれないが，嘘をつくことに対する罰の存在が聞き手をして，ある種の嘘はあまりにも代償の高いものであり，ある種の声明に真実味を与えていると信じさせることになるかもしれない．

説得のための我々の条件が示すのは，いつ高コストな労力や嘘に対する罰のような力が語り手の性質の効果的な代替物となり，いつならないかである[6]．これらの条件は，あなたが必ずしもあなたのような人やあなたの好きな人から学習するわけではないことを明らかにする．これこそが，なぜ多くの人々が投資信託取引においては自分の母親ではなくフィナンシャル・アドバイザーのもとへ行き，育児については母親のもとに戻るのかについての理由である．

説得と戦略的コミュニケーションに関してよく知られている多くの議論とは異なって，説得のために我々が示している条件は，人々がいついかにして複雑な情報の代わりに単純な手がかりを用いるのかをも明らかにする．我々の理論は語り手が聞き手を騙すことのできる（たとえば，語り手が嘘をつき，かつ聞き手がそれを信じる）条件を識別することができる．これらの条件は重要である．なぜなら民主制についての多くの批判は，無知な市民が口先のうまい政治的セールスマンに操られやすいということを主張しているのだから．

我々は，人を騙すためには簡単には満たすことができないいくつかの要因があることを示そう．第4章と第10章では，特定の政治制度を騙しの可能性を減らすように再編成することがどのように可能なのかを示すための基礎として，我々が特定する騙しのための条件を用いる．

より一般的に言えば，説得のための我々の条件は，なぜある声明が説得的で，あるものはそうでないのかを示す．これらの違いについての明白な理由は，声明が内容において異なるということである．より明白でない理由は，語り手がものを言う文脈も大いに説得に影響することである．もし1人だけが嘘に対する罰を負っているなら，まったく同じ発言をする2人が同等に説得的ではないかもしれない．説得のための我々の条件はさらに，誰にでも説

　（6）　聞き手が語り手を信頼するようになる3つ目の外部からの力は，語り手の声明が外部で検証されるような機会に従うときに発生する．

得ができるわけではないことも示す．人々はある語り手には耳を貸すが，別の語り手に対しては耳を貸さない．人々はある本は読むが，別の本は読まない．人々はある製品を，たとえそれが宣伝にお金がかかっていなくても買うが，一方で別の製品については有名人の推薦があっても買うことを拒む．同様に人々は，ある専門家や利益集団の助言には反応するが，それ以外のものからの助言に対しては反応しない．我々が提示する説得のための条件は，いかにして人々がこのような選択を行うかを説明する．

　我々の分析結果は先に言及されたヒューリスティクスの有効性の限界をも示す．たとえば，ヒューリスティクスとしてのイデオロギーの利用を考えてみよう．語り手のイデオロギーと，その語り手の知識と信頼性との間に高い相関があるとき，人々はイデオロギー的手がかりが有用であることに気づきやすい．対照的に，明白な相関がないときは，イデオロギーは利用できない．同様の議論は他のヒューリスティクス，たとえば政党，評判，好感度などについても可能である．要するに，**評判，政党，イデオロギーのような概念は，それらが知識や信頼についての情報を伝える場合にのみ，有用なヒューリスティクスなのである．**この命題の逆は真ではない——知識と信頼は手がかりを説得力のあるものとするための基本的な要因であるが——，その他の要因はそうではないのである．

　第4章で我々は，説得のための条件の確定から，政治制度の設計がどのように啓蒙や騙しの発生に影響し得るかを確定することに視点を移す．啓蒙への鍵は聞き手が語り手の知識と誘因について十分な信念を持っていることである．騙しへの鍵は，聞き手がこれらの要因について不十分な信念しか持たないことである[7]．自然，文化的な規範や政治制度の構造が聞き手に語り手の利益や知識および誘因についての覗き窓を与えるとき，啓蒙のための環境は整っている．そうでなければ，他者から学ぼうとする人々は騙されやすい．我々は第4章において，情報が限られていて啓蒙のための条件が存在しない，もしくは生まれ得ないときにのみ，理性的選択が不可能であることを論じて結論としている．第3章と第4章はともに，限られた情報と理性的選択の関

---

(7) 偽りの声明がなされたことをあなたが知れば，語り手が言っていることを無視するのが最善である．それゆえにあなたは，偽りの声明を真実と誤解した場合においてのみ騙されうる．

係を明らかにしている．

成功する委任と知識の制度

　第5章において我々は第2,3,4章の教訓を，限られた情報の政治的帰結を明らかにするために用いる．我々は現代民主制が委任を必要とするという観察から始める．我々は委任が3つの潜在的帰結——成功か，失敗か，効果がないか——を有していることを示す．我々は，代理人（権威を委任される人もしくは人々）が本人（委任をする人もしくは人々）の幸福を増進するときに，委任が成功していると考え代理人が本人の幸福を減少させたとき，委任が失敗していると考える．代理人の行為が本人の幸福に影響を与えないとき，委任は効果を持たない．

　委任の失敗については2つの理由が紹介される．本人と代理人が委任の結果について対立する利益を有していることと，代理人が委任の結果に関して本人の持たない専門能力を持っていることである（Kiewiet and McCubbins 1991, Miller 1992）．このような状況で委任が起こるとき，代理人は本人のこうむる結果と無関係に，自分の利害に合致するあらゆる行動をとることができ，そして本人は代理人に別の行動をとらせることができない．もし2つの条件——知識条件と誘因条件——が満足されれば委任が成功することを，我々は発見している．知識条件は次の2つの方法のうちの1つで満足される．第1に，本人が個人的な経験によって代理人の行動を自分たちにとって有益か有害かを区別できるときに，知識条件が満たされる．第2に，本人がこのような知識を他者から獲得できるときに，知識条件は満たされる．それゆえに知識条件は，代理人の知っていること全てについて本人が知っていることは必要でない．必要なのは，代理人による本人の幸福を増進させる行為と幸福を減少させる行為の区別が本人に十分につくということである．

　誘因条件は，代理人と本人が少なくともいくつかの目標を共有しているときに満たされる．多くの場合，知識条件を満たすことが誘因条件を満たす上での十分条件になる．委任の帰結への考慮について啓蒙された本人は，代理人が本人の幸福を増進するような行為を取るように動機付けることもできるし，本人の幸福を増進しないような代理人の行為を拒絶することもできる．

　我々は，本人が代理人の技術的な専門性についていけるか否かによって委任の結果が決定されるものではないことを発見している．それよりも，それ

は他者の証言を効果的に利用する本人の能力によって決定される．もし本人がこの能力を持っていれば，委任は本人が情報を持っていなくても成功可能である．もし本人が代理人についての情報を持たず，他者から学ぶ能力もなければ，委任は破綻する．

　加えて我々は，代理人による行為の結果について知識を持ち説得力のある語り手が人々に知らせることができる状況を，民主制において本人が作り出せるのであれば，本人は委任の成功を促すことができると論じる．たとえば行政手続，証言に関する規則，成文法のような制度は，本人が彼らの代理人の行為について学習できるような状況を作り出す．制度は，もし適切に構築されれば，本人に彼らの代理人の行動をより良く判断する方法を提示することができる．制度がいい加減に設計されるとき，もしくはそれらが誘導する誘因が不透明であるとき，限られた情報の政治的帰結は委任の失敗となりやすい．対照的に，これらの制度が適切かつ明晰に誘因を形成するとき，制度は複雑な環境においてさえ，啓蒙，理性的選択，そして委任の成功を促進する．

結論
　委任が要求するものと市民の能力の不整合が民主制のディレンマを形成する．もし人々が理性的な政治選択を行う能力を持たないのなら，効率的な自治は幻想である．投票者，議員，そして陪審員が，彼らの直面している選択の多くの細部について無知であることを観察した後に，多くの学者や政治評論家は現実には自治など幻想に過ぎないと結論づけ，改革のあり方について論じている．もし彼らの結論が正しければ，効率的な自治には政治改革が必要であるということになるのかもしれない．彼らの結論がもし間違っているなら，彼らの改革は真に有能な人間を拘束し，善よりも悪をなすことになるかもしれない．

　別の学者たちは，人々は非常に少ない情報で複雑な決定を行う能力があると論じてきた．彼らは，人々がヒューリスティクスを用いているという証拠を示し，そのようなヒューリスティクスは理性的選択を行うに十分なものであると結論づけている．このような結論がもし正しいのであれば，委任の成功に改革は不要だし，先に上げた批判は民主制にとってチキン・リトル[ii] の類ということになる．しかしながらもしこの結論が誤りなら，楽観的な学者

たちは，非効率で有害な統治システムの永続を主張する民主制のポリアンナ[iii]の類である．

この議論の双方とも，人々がしばしば自分たちが行う選択の細部について無知であることを認識している．彼らはいずれも，近道情報，手がかり，そしてヒューリスティクスの存在を認識してもいる．この論争に欠けているのは，細部についての無知がいつ理性的選択を妨げるか，人々が潜在的なヒューリスティクスの中からいかにして選択を行うか，そしてこれらのヒューリスティクスがいつ，人々が持っていない詳細な情報の効率的な代替物を与えるのか，などについての理解である．これらの理解を手にしたときにのみ，人々が情報を持たないという共通の観察を建設的に利用することができる．そのときになって，我々はチキン・リトルとポリアンナを区別することができ，民主制のディレンマに対する効果的な解決法を構築することができるのである．

本書の構成

本書は3部からなる．第2章から第5章を含む第Ⅰ部で我々は，ここで述べた理論を発展させる．

第6章から第9章を含む第Ⅱ部において我々は，第Ⅰ部で提示した学習，説得，理性的選択，そして委任についての決定的な仮説を検証する．第6章では，我々が行う実験を導く経験的な調査のための基準を定義する．第7章と第8章では，一連の実験について説明する．第7章では，説得，啓蒙，そして騙しに関する我々の条件が持つ予測力を評価するために実験を行う．第8章では，委任についての我々の理論的な予測を評価するために実験を行う．第9章では説得についての世論調査形式の実験について述べる．

第10章と簡単なあとがきを含む第Ⅲ部では，政治制度の効果と設計に対する我々の理論と実験の含意について述べる．第10章では，アメリカや他の国の民主制度について検証し，それらの制度がいかにして委任が成功するための状況を形成したりしなかったりするのかを示す．第10章の終わりとあとがきでは，理性的選択と委任の成功に資するような制度改革の方法について議論する．

第1章訳注
(i) 「不備情報」(「非完備情報」ともいう) という概念は，経済学でよく用いられる「不完全情報 (imperfect information)」とは異なる概念である．完備情報とはすべてのプレイヤーがゲームのルールを熟知している状態（すなわちゲームにおける個々のプレイヤーの効用関数が，すべてのプレイヤーにとって共通の知識である状態）を意味する．逆に不備情報ゲームにおいて個々のプレイヤーの効用関数は，すべてのプレイヤーにとって共通の知識ではない．ちなみに「完全情報」とは財の全ての性質と市場価格を，全ての市場参加者（需要者と供給者）が知ることができるということを意味する．囲碁，将棋，チェスなどは完全情報かつ完備情報のゲームである．これに対してジャンケンやマージャンは相手の手がわからない状態でこちらの戦略を選択するので不完全情報だが，ゲームのルールや相手の効用についてはプレイヤー間で共通知識が存在しているので，完備情報ゲームである．より詳しくはゲーム理論の教科書を参照されたい．
(ii) イギリスの古い童話で，森の中で頭にどんぐりが落ちてきたのを天が落ちてきたと思いこんだ若いめんどり (Chicken-licken) の別名．このめんどりは友達にその危険を知らせ，連れ立って王様に報告しに出かける途中で，キツネに騙されて全員食べられてしまう．
(iii) アメリカの作家 Elenor Porter のベストセラー小説 *Pollyanna* の主人公で，いつも何かしら喜ぶべきことを見つける明朗で楽天的な少女．ここでは底抜けの楽天家を意味する．

第Ⅰ部
理　論

第2章　人々はどのように学習するか

情報の獲得はそれ自身決定の結果であるがゆえに，分析されなければならない．——Arrow（1974: 48）

　多くの市民は政治について不十分な情報しか持っていない．実際，家庭，仕事，趣味，社会的責任やその他のいろいろなことに関心を向けた後，多くの人々にはアメリカ連邦議会や州政府，市役所における出来事について情報を得る時間は残っていない．

　市民が政治的情報を欠いているという主張には長い歴史がある[1]．40年間の世論調査は市民が基本的な政治の事実を思い出せないこと（たとえばDelli Carpini and Keeter 1991）や，イデオロギー的な抽象化についての一貫した理解を持っていないこと（たとえばConverse 1964），そして自分たちの選挙で選ばれた代表の名前を思い出したり認識することができないことを示している（たとえばJacobson 1992, Newman 1986）[2]．

　専門家や学者は，情報を持たない市民は理性的選択ができないということを結論づけるために世論調査データを使う[3]．たとえばLane and Sears

---

(1) 政治評論家（たとえばGreider 1992; Herbert 1995; Lippman 1922）や社会科学者（たとえばCampbell et al. 1960; Parsons 1967; Schumpeter 1942; Smith 1989）は市民の無知を嘆いた．しかしながら異なった視点として，Nie, Verba, and Petrocik（1976）を見よ．

(2) Smith（1989: 159）は，そのような研究群に対して次の文でその正しさを証言する．「意識調査の初期において，情報についての多くの質問があった．意識研究者の最も重要な初期の発見は，まさに人々（the public）が政治についてどれほど無知であるかであった．人々が情報を持っていないことは，学者がそのテーマについて研究する興味をなくすほど確固としたものだった」．

(3) たとえばCampbell et al.（1960），Greider（1992），Herbert（1995），Lippman

(1964: 116) は,「多くの人々は,自分たちが行う政治的思考に関して非常に貧弱な概念装置しか持っていない．多くの人々は,不十分にしか情報を与えられていないので,自分たちの政治的決定において自分たちが持つ資源に強く依存してしまう」と論じている．

別の観察者は議員についても同じような議論をしている．1回の会議で立法者は数千とまでは言わないにせよ,数百の政策提案について熟考する．議員の時間もエネルギーも限られているので,これらの提案の多くについて彼らが十分に情報を得ることはできない．Krehbiel (1991: 65) が説明するように,「議員はしばしば自分たちが制定する政策のもたらす帰結について正確には知らないという前提は,新聞の中だけでなく議会についての経験的な研究においても明らかである」．多くの学者は,議員が限られた情報しか持っていないために,専門家である官僚が政策過程を支配することを許していると結論する (Freeman 1955; Lowi 1979; Ripley 1983; Smith 1988; Weber 1946; Wilson 1885)[(4)]．

我々は,それがもし選択の結果についての正確な予測に基づいているのなら,その選択は理性的であると言うし,情報を持たない人々には理性的選択は不可能だという結論を拒否する．我々がこのような結論を拒否するのは,それが人口に膾炙してはいるけれども誤った仮定 (assumption) に基づいているからである．その仮定とは,人々は自分たちの行為についての詳細な事実の集合を知っている場合にだけ,自分たちの行為がもたらす帰結について信頼できる予測ができる,というものである．もしこの仮定が正しいのなら,理性的選択は歩く百科事典のような人々——詳細な事実の集合を保持し,たちどころに取り出せる人々——にのみ可能であるということも,正しくなければならない．しかしながら,もしこの仮定が誤りなら,世論調査の単純な質問に答えられない人々でも,提示されている法案の詳細について説明できない人々でも,理性的選択ができるということになるかもしれない．

　　(1922), Parsons (1967), Schumpeter (1942), Smith (1989) を見よ．
（4） この見解はアメリカ議会に限定されない．幾人かの議院内閣制の研究者は政党のリーダー,官僚,あるいは閣僚が,平議員(ひら) (backbenchers) や彼らの選挙民の利益を顧みずに,政策を実行すると結論づけている (Johnson 1975; Meny 1990; Mezey 1979; Savoie 1990)．

この章で我々は，人々がいかにして情報を集めて，用いるかについての理論を提示する．我々は，限られた情報により行動する人々について幅広く保持されている仮定と結論が誤りであることを示すためにこの理論を用いる．我々の理論は，認知科学と社会科学からの十分に確立した前提（premise）に基づいている．特に，近年の認知科学研究は，以前に述べられていた誤った仮定を2つの新たな仮定に置き換えるように我々を導いている．

　その新たな仮定の1つ目は，**学習とは能動的で目標指向的なものである**というものである．これは認知科学の最も基本的な教えの1つである．我々は試すことさえなく，多くのことを学習しているように見えるけれど，人間は通常，いつ何を学習すべきかを選択しているという単純な事実がある．この発見は，時間や個人を越えて一貫している[5]．

　新たな仮定の2つ目は，人々が複雑な推論を引き出すために限られた情報を用いる過程を組み込むものである．認知科学者はこの過程をコネクショニズム（connectionism，結合説）と呼んでいる[6]．コネクショニズムとは，人々が統一性をもって，自分たちの物理的世界についての最近の観察を，経験から来る物理的あるいは感情的フィードバックに結びつけるやりかたのことである．コネクショニストのモデルは，どのようにして人々が以前に遭遇した対象，出来事，あるいは人物と結びつけることで，新たな関連する対象に意味を与えるのかを示している．

　たとえば，あなたは暗雲が雨を呼ぶという理論をもっているかもしれない．ならば暗雲をあなたが見たとき，コネクションは，雨が降りそうだとあなたが推論するように導く．もしあなたの目標が乾燥の維持にあるなら，あなた

（5）　学習が目標指向的であるという議論についての文献の回顧と詳細については Holland et al.（1986），Kandel, Schwartz, and Jessel（1995），Newell（1990）を見よ．

（6）　何人かの読者は認知科学者のコネクショニズムと社会心理学者のスキーマ（schema）との間の同質性を認識しているかもしれない．疑いなく，それぞれの基調をなす因果のメカニズムは同様のものである．存在や一般的な属性がしばしば誤って定義されるスキーマと違って，認知科学者は新たな結合がなされたり，なされなかったりする条件について，大規模な研究を行ってきた．Churchland and Sejnowski（1992），Clark（1993），Jackendoff（1994），McCauley（1996）はこの研究についての最近の回顧と批判を与えてくれる．

の観察はあなたに雨除けの被いを求めさせる．この行動をとることはあなたが天気予報を見ることや，あなたが気象学の学位を取ることを必要としない．代わりに，それは単にあなたが観察（あなたは暗雲を見る）を過去の観察や理論（雲は雨を降らせる）に結びつけることだけを必要とする．もしあなたが目標指向的なら（あなたは乾いたままを望んでいる），あなたはそのコネクションを用いて（雨が降る），適切に振舞う（被いを求める）．

Churchland（1995: 15）が説明するように，コネクショニストの活動は「生物において示される全ての弁別的認知特性」に基づいている．たとえば，

* 雑音やゆがみといったヴェールあるいは部分的な情報だけを通じて，特徴やパターンを認識する能力．
* 複雑な類推を理解する能力．
* 新しい環境に適応するために，関連情報を即座に思い出す能力．
* 自分が知覚したインプットの異なる特徴に注意を向ける能力．

コネクショニズムのような過程がなければ，理性的選択は百科事典のような情報を必要とする．そのような過程があれば，理性的選択は少ない情報だけを必要とする．

情報取得と処理についての我々の理論は，限られた情報が理性的選択を妨げるという結論を否定することができる．驚くほど広い条件集合の下で，人々が複雑な問題を解決するために限られた量の情報を用いることができることを，我々は示そう．たとえば，特定の事実の集合が理性的選択を行う上で十分であるとしよう（たとえば，100の争点におけるビル・クリントン（Bill Clinton，第42代アメリカ大統領）の位置を知っていることは，理性的選択を行う上で十分であるとしよう）．このような事実を知らず，かつ他の事実や，彼もしくは彼女が同じ選択を行うことを許容するようなコネクションに近づくことができない人々は，理性的選択ができない．しかしながら，もし人々が同じ選択をする上で十分なもう1つの，より単純な事実の集合やコネクション（たとえばクリントンは国民教育協会に支持されているといったような）が存在するなら，当初の事実集合を知っていることは理性的選択の前提条件ではない．

この認知的視点はまた，市民の持っている限られた情報についてのデータを解釈するためのより賢い方法をもたらす．多くの社会科学者たちは，自分たちが行ったことに詳細な理由づけを与えることができない人々は，自分が

何をしたのか本当には理解していないと論じている．しかしながら，人々がなぜ自分たちがそうするのか説明できなかったり，忘れてしまうことは生活の上でよくあることだ．Churchland (1995: 22) がさらに言及しているように，「人間は自分たちの感覚——味覚，臭覚，感情など——について述べるのが非常に不得手である．しかし我々はそれらを弁別することや享受すること，経験することについては得意である．(中略)そしていまだに我々は皆生活感覚の豊かさを享受する中で，他者とコミュニケートしようと奮闘している．言語表現のための我々の能力は，感覚的な弁別の能力にははるかに及ばない」．

それゆえに，我々は，自分の選択についての詳細な質問に答えられない人々でさえ，理性的な政治決定ができることを期待すべきなのである（関連する議論として，Fiorina 1981; Lodge 1995; Lodge, Steenbergen, and Brau 1995 を見よ）．それは，詳細な世論調査の質問に人々が答えられないことが，彼のあるいは彼女の決定の質について何も示していないかもしれない（たとえばそれは，彼らの決定が，歩く百科事典のような人々の決定と同じであるかどうかということについて，何も示さないかもしれない）ということである．
我々は同じ論理を以下の点を論じるために用いる．

1. 学習は能動的なものである．人々は，いつ，何を学習するかを選択する．
2. 知識とは選択の結果を正確に予測する能力であり，情報とは知識がもたらされるかもしれないデータである．それゆえに知識は情報を必要とするが，膨大な情報量は知識を保証しない．
3. 情報に価値があるのは，それが選択の結果についての予測の正確さを向上させるときだけである[7]．
4. 理性的選択は，人々が自分たちの選択の結果について正確な予測をすることのみを必要とする．

以下この章は次のように進む．はじめに，我々は情報取得と選択について

---

(7) ここで我々は「合理的無知」モデル（たとえば Downs 1957）から離れる．「合理的無知」モデルは情報を得るためのコストがしばしばそれを得ることによる潜在的な利得より高いと論じる．我々はこれに賛成するが，情報を得て処理するためのコストから離れても，情報を得ることによる利得がゼロもしくはマイナスであるかもしれないとも論じる．

の我々の理論を述べる．我々の理論は2つのパートからなる．第1のパートは注意のモデルである．このモデルは，人々がいつどんな情報を集めるかをどうやって決定するのかを説明する．第2のパートは，人々がどのように自分の持っている情報を利用するかについての理論である．それから我々は，政治について少数の単純な事実しか知らない人々が大きな範囲にわたって理性的選択ができると結論する．

注目！　これが我々の学び方だ

　世界は複雑である．我々は学習によって複雑さに適応する．多くの人々は人間の学習過程が自動的で受動的だと信じている．彼らは，我々がリンゴの木の下にいたニュートンのように，知識が頭上に落ちてくる間，自分の仕事について気にかけつつ多くを学習するのだと信じている．この信念は，我々が深く考えることなく生活から多くを得ているように見えるために，人々に浸透している．

　学習が自動的で受動的であるという最も強力な証拠は，我々が当たり前だと思っている多くの行動が「自然に」現れてくるということである．いくつかの例をあげよう．我々は駐車場から自分の職場まで，方向や歩行のメカニズムについて考えたりせずに歩くし，いろいろ別のことを考えながら自宅まで車を走らせる．我々は，全ての品種やその科学的な組成について深く考えることなく歯磨き粉を買うし，よく考えたりせずに靴紐を結ぶ．これらの行動について我々が考えていないように見えることが，我々の多くに物事のやり方を我々が自然に学んだように──すなわち学習が多かれ少なかれ自動的なものだと──思わせる．

　しかしながらある時点においては，これら全ての作業は我々にとって初めてで，困難なものだった．初めての街に移動したときは，道路標識を注意深く読まねばならないし，地図をたどらねばならないし，時間を取られるような失敗を避けるための助けとなる目印を認識しなければならない．同様に，我々の両親が靴紐を結ぶのを手伝ってくれた時期もあった．それから何かが変わったのである．時には少数の，そして時には多くの，実験のような試行の連続を通じて，我々は特定のものと一般的なものとの間に新たな関連付けをしたのだ．ある作業が不思議なものから「自動的」なものとなったのである[8]．

自動的に職場まで運転するような我々の行いは，あるとき我々がそのことについて注意深く考えなかったということを意味しない．実際我々のほとんどが，職場への別の道を試すことを覚えている．これは学習が自動的でないことの一例である．もう1つの例は，高学歴者の家庭にある，「12:00」と点滅しているプログラミングされていないビデオ・カセット・レコーダーの数である．

　我々は学習とは自動的なものではないと論じている．これを理解するためには，単純な3つの事実について考えればいい．第1に，学習は努力を必要とする．第2に，努力は誰にとっても稀少な資源である．第3に，これら2つの事実の帰結として，人々はいつ何を学習するかを選択している．だから，学習は能動的なのである．いかにして我々が自分たちの稀少な認知資源を1つの方向に進めるのかということが，我々の学習できることを決める．何を学習するにせよ，**注意**が前提条件である．しかしながら注意は稀少なのである．通常，我々がある刺激に注意を払うときは，他の刺激への注意を犠牲にすることによってそうしている．たとえば，騒がしい集まりの中で我々は，他の会話に参加せずに1つの会話に注意を向けることをしばしば選ぶ（Jackendoff 1980）．ディズニー・ランドを訪れたとき，我々はしばしば子供たちの叫び声（歓声かそうでないかはともかく）に耳を傾けるが，他の人の叫び声には耳を貸さない．もし部屋を出て行きたければ，サイド・テーブルの色に気を配る代わりにドアの位置に注意する．生き残るためには自分たちの限ら

---

(8)　このような信念の形を変えたものが，我々が行う多くのことが学習ではなく本能だというものである．これは誤った着想である．本能とは，瞳の瞬きや膝蓋腱反射のような自動的な身体反応である．対照的に学習とは，経験（偶然だったり積極的だったり）や，実践（積極的だったり偶然だったり）を通じて得られる知識のことである．まさに，本能的に見える行動は，経験や実践を通じて学習されたのである．視界についての研究を考えてみよう．人々が新たな眼鏡を試す最初のときは，ものが見えにくい．数時間あるいは数日後に支障がなくなる．何が変わって明瞭な視界が得られたのだろうか．目や眼鏡の物理的な構造には変化はない．変わったのは積極的な学習の産物――試行錯誤を通じて――，人々は焦点を絞るという目的のために眼鏡を使うやり方を学んだのである．自動的に見えるものは，少なくとも部分的には学習されたものなのである．

れた注意をうまく使う必要がある．

注意を払う目的

　我々の理解力に比べて，我々の環境は非常に複雑だ．これがこの本を読むために集中する1つの理由である．これを読むことで，あなたはあなたの知覚範囲内に存在するほかのこと，たとえば隣の部屋にいる人の声や，ドアの外の足音を無視することを選択しているのである．同時に多くのことに注意を向けようと思ってもそれはできない．あなたは刺激の中から選択する方法を発達させなければならない．

　人々が刺激の間で選択を行うために用いる手段について理解するために，我々は注意の目的を確定しなければならない．そのために我々は2つの前提を導入する．最初の前提は，**稀少性**（*scarcity*）は人間にとってどこにでもある（遍在的）性質だということである．結果として，人々はほとんど常に選択しなければならない．第2の前提は，苦痛と快楽を経験する能力が人間の状態にとって，これまた遍在的であるということである．

　苦痛と快楽についてのたくさんのバリエーションは，環境との相互作用から現れる．ある相互作用，たとえばリンゴを食べることは快楽を生む．また，別のもの，たとえば画鋲を踏むことは痛みを引き起こす[9]．もし苦痛と快楽が環境要因と関わっているのであれば，そしてもし，人々が苦痛を避け快楽を経験したいと望むのなら，彼らは環境について学習し，自分の選択を自分の学習に基礎づける誘因を持っている．それゆえに，稀少な注意を振り向ける目的は，未来の苦痛についてのリスクを避け，未来の快楽の機会を増やすことである．本質的に，人々は目標指向的（たとえば合理的）で，注意を向ける目的は理性的選択をするためであると我々は仮定する[10]．

（9）　通常，**人々は自分が感じる苦痛や快楽の正確な原因を知らない**．しかしながら，このことは人々が苦痛や快楽を感じることを妨げない．原因と違って，苦痛や快楽は概念化されたり説明される必要がない．これは人間状況の基本的な要素である．

（10）　我々の定義は，合理性と他者への関心が相互に排他的ではないことを含んでいる．他者に対する関心から離れて物事をなす人間は，自己中心的に行動する．これは正しいに違いない．なぜなら人々は気にかける人を選ぶのであるから．その上，この選択はそれ自身，苦痛と快楽についての経験と関わ

合理性．合理性についての我々の定義は，経済学者や政治学者によって通常用いられている定義から離れる．これらの定義の多くは，合理的行為者が限界のない計算機でなければならないと仮定することによって，合理性と博識を混同している．対照的に，我々の定義は *Webster's New Collegiate Dictionary* のそれと整合的である．*Webster's* は**合理的**（rational）を「a：理由がある，分別がある（understanding），b：理性につながっている，理性に基づいている，理性に適っている」と定義し，**理性**（reason）については「精神の適切な行使」として定義している．

我々は合理性を，快楽の追求と苦痛の回避を指向する全ての人間行動を意味するように定義する．時にこの行為は自省的である．たとえば，炎から手を離しておく行動のように[11]．また別のときには，この追求行動は非常に複雑である．たとえば支持する候補者や政党を選ぶときのように．

複雑な問題と限られた認知能力は，人々が合理的たりえないということを意味しない[12]．むしろ，これらの事実はまさに正反対のことを意味してい

っている——他者への関心は，気にかける人の認知的もしくは情緒的装置（apparatus）の中に形作られなければならない．よって，もし過去の出来事が人に他者への関心を持たせるのなら，利他的であることは合理的なのだ．合理性についての我々の定義は，苦痛と快楽の感覚だけを必要とする．それは，自分の自我にとっての物質的な関心にそのような感覚の源を限定しない．Simon（1995）も参照せよ．

(11) この「反省」でさえ学習されるものである．たとえば，幼い子供は泣くことによって自分の最初の火遊びに反応する．後に，火を避けたり火から逃げることがより少ない苦痛となることを，彼らは了解する．

(12) Kahneman and Tversky（1979, 1984）と Quattrone and Tversky（1988）は合理性に限界があると論じる別の学者集団の代表的存在である．彼らの実験結果は人々が期待効用を最大化するという仮定に対する明らかな反例を与えているものとして，広く理解されている．しかしながら，彼らの実験はフレーミング効果（framing effect）を説明できない情報処理理論の欠点をさらに明らかにしたものだと我々は信じている．合理性についての我々の定義は，フレーミング効果についての彼らの観念や，彼らの実験結果と完全に整合的である．我々は彼らの結果を，人々が複雑性に対応するための体系的な方法がいくつか存在することを単に示しただけだと理解している．Satz and

る．生存は，財とサービスの合理的選択と我々の稀少な認知資源の合理的配分を必要とする．

ゆえに，合理的な人間行動についての我々の定義において，現実的なモデルは人間の限界を考慮する必要があるという Simon (1985) に我々は賛成する．しかしながら，**限定合理性**（*bounded rationality*）が非最大化行動を意味するという点には強く異議を唱える．我々は Jansen and Meckling (1976: 307) に賛成する．

「サイモンの業績は，特にマーケティングと行動科学の文献において，しばしば最大化行動の否定として間違って解釈され，誤用されている．彼が後に用いた『満足化』(Simon 1959) の用語はこの混乱に貢献している．なぜならそれは情報と意思決定のコストに応じた最大化というよりは，最大化行動の拒否を提示しているからである」．

実際，Simon (1995: 45) は「実質的に全ての人間行動は合理的である．人々は通常，何かを行う理由を持っている」と主張することによって，合理性についての自分の見解を最近明らかにした．

知識． 注意を払う目的は，理性的選択をするためである．理性的選択をするために人々は，自分の行動の結果について何かを知る必要がある．彼らは，「もしAならばBだ」といった形の関係について知っている必要があるのである．この知識を得るために，人々は我々の世界の因果過程についての基本的な真理を知る必要はない．自分たちの行動の帰結について正確な予測を生んでくれる信念を持っているだけでいい[13]．もし，「AならばB」という事前の信念が事後の観察に適合していれば，「AならばB」という形態の予測は正確であると我々は言う．だから，もしあなたが1948年の大統領選挙における勝者

Ferejohn (1994), Jones (1995), そして Wittman (1995) もこのような実験が合理性について何を意味し，何を意味しないのかについて批判を行っている．

(13) 認知科学分野の読者は，知識についての我々の定義が，知識能力 (intelligent performance) についての近年の定義に近いことに気づくだろう．我々がここで知識という用語を使うのは，それが社会科学の語法においてより一般的だからである．何が知識を構成するのかについての包括的な議論については，Newell (1990) の第2章，第3章，第6章を見よ．

を正確に予測できるならば，あなたはその問題について知識を持っていると我々は言う．同様に，新たな租税政策の誘因効果についてあなたがより正確な予測を行うには，その問題についてあなたはもっと知識を得る必要がある．我々は，刺激に対して注意を向けることの望ましい帰結とは，理性的選択を行うに十分な知識を得ることだと論じている．

　情報を持っていることと知識を持っていることとは同じではない点に注意されたい．知識とは，正確な予測を行う能力である．情報はデータである．正確な予測のためには情報が必要なので，知識は情報を必要とする．最小限，自分の行っている予測を言語化するためのデータが必要である．対照的に，たくさんの事実を知りながら，正確な予測を行うためにそれを用いることに失敗することもある．ゆえに，情報なしで知識を得ることはできないが，知識なしでも情報を得ることはできるのである．

　要するに，理性的選択には知識が必要で，知識には情報が必要である．しかしながら，理性的選択はたくさんの情報や無限の注意を必要とはしない．代わりに，理性的選択は，その選択についての正確な予測を生む情報が必要なのである．

注意の計算

　人々は通常，自分の環境における全ての刺激を整理する能力を有していないので，生存と繁栄のために人々は注意の計算能力を発達させる必要がある．この計算は与えられた刺激に注意することの損得（return）を決定する．期待を定義するために $E(.)$ を用いてその計算を次のように定義する．

$$E（損得）＝E（便益）－E（機会費用）－E（取引費用）$$

E（損得）は与えられた刺激に注意を払うことの見返りの期待値，E（便益）は注意を払うことの便益の期待値，E（機会費用）は認知される機会費用の期待値，E（取引費用）は認知される取引費用の期待値である[14]．ゆえに，与えられた刺激に注意を払うことの期待便益が増加するにつれ，注意を

---

(14) 便益の期待値は注意を払うことに対する短期的便益とも長期的便益とも考えられる．それは，注意を払うことから来る知識が，（期待される）即時報酬をもたらすことにも，あるいは（期待されかつ割り引かれる）未来の損得をもたらすことにもなり得るということである．

払うことから来る見返りの期待値もまた増加する．逆に，認知の機会費用もしくは取引費用が増加すればするほど，注意を払うことへの見返りの期待値は減少する．

　注意についての結論を導くための計算を行う前に，モデルの構成要素についてより詳細に述べることにする．我々が述べることは，モデルの基礎を直観的に理解することに役立つ．第2章に関する付録では，我々のモデルをより専門的に説明している[i]．

コスト．　与えられた刺激に対して注意を払うことのコストのうち，あるものは欠乏の結果として現れる．つまり，我々はある1つのことに注意するとき，他のことには注意を払えない．たとえば，我々の多くは難解な本の文章を読むことと，会話を続けることを同時にはできない．もし，我々が無視する刺激が，我々をコストの高い失敗から遠ざけてくれるものであるなら，そのとき，我々の限られた注意力は，我々に何らかの価値をあきらめることを強いる．与えられた刺激に注意を向けることの認知的**機会費用**を，他の刺激に注意しないことによって得られることがわかっている見返りとして定義しよう．

　注意を払うことに関するその他のコストは，ある刺激はその他の刺激よりも理解しにくいという事実から生まれる．認知的**取引費用**は，有益な推論を行うために刺激を処理する上で必要とされるエネルギーと定義しよう[15]．認知的取引費用の差は，刺激それ自身の差ゆえに生まれる．ある刺激は，たとえば母の声のように慣れ親しんでおり理解が容易だが，ある刺激はそうではなく，まるでシュメール語を話している誰かの声のようだ．認知的取引費用の個人間の差異は，我々の知覚能力の差ゆえに生まれるかもしれない（我々のうち幾人かは，我々よりもよく見え，聞こえ，匂いを嗅ぎわけ，感じることができるのである）．

便益．　与えられた刺激に注意することの期待便益は，刺激が伝える新しい知識によってもたらされる．刺激が有益なものであるためには，それが自分

---

(15)　意思決定における取引費用の一般的な効果については，Coase (1937), Barzel (1989), North (1981), Williamson (1975) を見よ．

の行動に対し我々が新しく正確な予測をすることを助けるものでなければならない．もし刺激が個人に行動の変化（新しいかそれまでと異なる行動）をもたらさないのであれば，刺激に注意を払うことからくる便益はゼロである．もしある刺激が個人にその行動を変えさせるように導くのなら，そしてこの変化が痛みの伴う過ちを防ぐのなら，便益は正である．一方で，もし刺激が行動の変化をもたらし，この変化が個人に痛みの伴う過ちを引き起こすのなら，その刺激に注意することの便益は負である．

我々は与えられた刺激に注意を払うことの期待便益を以下のように定義する．

$$E（便益）= \sum_M (P_{Prev} \times E（失敗）- P_{Cause} \times E（失敗）)$$

E（失敗）は誤った選択が生むと予想される痛み，P_{Prev}は刺激に注意することでそのような誤りを防げる主観的な確率，P_{Cause}はその刺激に注意することがコストの高い過ちを引き起こす主観的な確率，である．$\sum_M$は可能性のあるすべての過ちの集合の総和を表す．

この公式から我々は，もし与えられた刺激に注意を払うことがコストの高い過ちを犯す可能性を減少させるのであれば，それがその刺激に注意することの期待便益を増加させることがわかる．逆に，もしその刺激に注意することがコストの高い過ちを犯す確率を増加させるのであれば，それは注意の期待便益を減少させるのである．

結論． ここで我々は，目標指向の意思決定者が特定の刺激に注意すべきなのはいかなる条件の下でかを確定するために，刺激の計算を行う．我々の第1の結論は情報が多ければ多いほどよいという見解に挑戦する．驚くべきことにこの結論は，我々のモデルにおいて，注意に関するコストへの考慮の有無にかかわらず真であると証明される[16]．

定理2.1
- 情報が多いことの便益はゼロにも負にもなりうる．
- より多くの情報を持つことの見返りはゼロにも負にもなりうる．
- より多くの情報は理性的選択のための必要条件でも十分条件でもない．

---

(16) 我々はこれらの結論を定理2.1および2.2と呼ぶ．ピリオドの前の数字は章番号を示し，後続する章の結果と区別している．

我々が日常的にとる行動は，より多くの情報が常によいという観念にそぐわない．たとえば，近く母親になる女性の多くは妊娠期間中に多くのテストを受ける．そのうちのあるものは胎児の性別を明らかにする．この情報が自由に手に入ることを知っている多くの親たちは，彼らにそれが明らかにされないことを依頼する．同様に多くの人々は歯磨き粉の構成要素の全てを挙げることはできないし，なぜ雲が雨を降らせるかを説明することもできない．それぞれの例において人々は，彼らがいったんは知った詳細を忘れるか，あるいはいくつかの詳細について学習しないことを選んだ．たとえそれらの詳細が自由に手に入るもので，彼らの幸福に潜在的に関わることであったとしても，である．この選択的無知は，あるレベルにおいて**より多くの情報がより良いとは限らない**という観念を我々みんなが抱いていることを意味している[17]．

一見些細と思われることを忘れたり，学習しなかったりすることの他にも，我々は一見重要と思われるような事実を忘れたり無視したりする．たとえば，何人の人々が多くの薬についてくる注意書きを実際に読むだろうか．これらの指示には，薬が有効だったり有害だったりする条件や，他の薬とどういう相互作用を持つかが記されている．このような情報は明らかに重要だ．しかしながら，概して我々はこれを無視する．医師が知っているように，患者はしばしば厳密な指示に従わない[18]．やはり人々は，「必ずしも情報は多けれ

---

(17) 二者択一的に言うと，我々のうち都会で育った者（たとえばマカビンズ）は，道を渡る前に，左右の方向を見ることが賢明であるとされる（というのは，このことが安全な通行の可能性についてより多くの知識を伝えるので）．遠く離れた田舎の道に足を踏み入れる前に左右を見ることは同様の知識を与えてくれるが，多くの人々はそうはしない（ルピアのように田舎育ちの人間は，荒涼とした道を渡る前に2回も目で確認する人々はむしろ特殊であると考える）．

(18) 患者が医療提供者の指示に従いきれないことに関しては多くの文献がある．Kaplan, Sallis, and Patterson（1993: 88）はこれらの文献を概観し，次のように伝えている．「多くの研究が示すところでは，全患者のうち少なくとも33%は薦められた養生法を遵守することに失敗している」．この発見に対する1つの説明は，少なくとも3分の1の患者が，養生法に記されている情報を注意に値しないと判断しているということである．

ば多いほどいいわけではない」と信じているに違いない．

　さらなる情報が有益なのは，それがコストの高い過ちを防ぐ（あるいは逆に，理性的選択を引き起こす）場合だけである．もし人々が，事後的に見て結局のところ，何らかのコストの高い過ちを防ぐことにならない情報を得ることに労力を費やすのであれば，彼らは稀少な資源を浪費したことになる[19]．たとえば，ある人がXという刺激に注意するとしよう．もしその結果，その人がXを観察する以前にしたであろう選択と同じ選択をするのであれば，その注意による情報取得について後で後悔することになりうる．というのは，もしその人が（事前に）その新しい情報が彼女の決定に影響しないことを知っていたら，彼女は学習にエネルギーを割かなかったであろうから．

　その上，より多くの情報というものは実際のところ有害にさえなりうる．たとえば，あなたは通常職場まで高速道路で通っているとしよう．ある日，あなたが職場へ出勤する前に，近所の人があなたに高速道路が混雑していることと別のルートを教えてくれる．あなたはその別のルートを行く．しかしながらその道は高速道路よりはいくぶん遅い．思い起こせばあなたは高速道路を利用したかったのである．この場合，より多くの情報はあなたにより悪いほうを選択させたことになる．

　対照的に，より多くの情報はかならずより良いという信念は通常，知識と情報が等しいという前提に基づいている[20]．この仮定が真であれば，より多い情報があなたを不利にすることはない．しかしながらたいていの情報について，この仮定は明らかに間違いである．

　簡単に言うと，特定の刺激に注意することからくる便益は，どんなときでも情報が多ければ多いほどよいという偽の仮定から導かれる必要はない．む

---

(19) たとえば，我々はアスパラガス・プディングの材料を全ては知らないかもしれない．しかしながら，道理をわきまえた人々はアスパラガス・プディングを食べるという失策を決して犯さない．我々はその組成についてより多くの情報を得ることによって，コストの高い失策を避けられるというわけではない．

(20) この仮定は経済情報探索モデルにおいては標準的である．このモデルにおいてアクターが情報を買うとき，そのアクターはしばしば自分の行為を決めるために我々についての完全な知識を得る．しかしながら現実には，政治的あるいは経済的アクターはそのような機会には，稀にしか遭遇しない．

しろ，情報に価値があるのは，それがコストの高い誤りを防ぐ場合だけである．これが，なぜ人々が政治的情報を獲得する多くの機会を拒むのかについての理由である．人々が「完備情報（"complete information"）」を得ることができたとしても，情報に価値があるのは，それがコストの高い誤りを防ぐ場合だけであるという事実は，彼らの情報を得ようとする気持ちを挫く．

　ここで我々は注意についての便益同様，コストにも考慮することによってさらなる結論を導き出そう．この拡張された見解の1つの帰結が，定理2.1からの3つの単純な論理的帰結である．

・（与えられた刺激に注意することによって回避され得る）過ちの期待費用の増加は，刺激への注意をひきだすか，効果がないかである．
・　与えられた刺激に注意することが手痛い過失を防ぐ期待確率の増加は，刺激への注意をひきだすか，効果がないかである．
・　与えられた刺激に注意することが手痛い過失を生む期待確率の増加は，刺激への注意を減少させるか，効果がないかである．

　注意の計算に2つの前提を加えることが，（定理2.2において）より興味深い帰結を明らかにする．第1に，我々は環境における実質的な複雑性を仮定する．これは，人が注意する可能性のある数千の刺激が存在するという仮定である．第2に，我々は，この事例において特定の刺激に注意することの機会費用が，潜在的に関連する1つか2つの刺激のある事例よりも，実質的に高いと仮定する．2つの前提は，広い範囲の政治的文脈について妥当である．

定理2.2：　人々は多くの刺激を無視する誘因を持つ．

　実際，与えられた刺激に対する通常の反応は，それを無視することである．もし我々が，多くの刺激の利用可能性が機会費用よりも十分に高いと仮定すれば，そのとき，定理2.2は次の論理的帰結を含む．

・　もし人が1つの刺激にだけ注意することができるのだとしたら，その人は，期待効用が期待費用に対して相対的にかなり高い刺激に対して注意を向けるだろう．

　換言すれば，人々は，処理が容易で苦痛の回避と強くつながっているか，快楽を大いにもたらしてくれるような刺激に対してだけ，注意を払うのである[21]．

───────────

　(21)　我々がある刺激には注意し，ある刺激を無視することは，我々による決

定理2.2の具体的な意味は，人々は単純で効率的な情報の切れ端を，それらが利用可能なときに用いるということである．もし，認知コストが低く苦痛を減少する（もしくは快楽を増大する）情報が，理性的選択にとって十分なものであるなら，そのとき人々はより詳細な情報を持つ誘因を持たない[22]．たとえば，運転手はしばしば交差点を安全に通行できる時期についての情報の代わりに（他の全ての車の動きを観察するのではなく），交通信号に頼る．路上では，（地図を記憶する代わりに）方向を示す道路標識に頼る．そしてまた車のコンディションについては（エンジンを検査する代わりに），ダッシュボードの警告ランプに頼る．もちろん，もし他の車が赤信号でも当たり前のように走っていることや，ある地域の道路標識が誤解を招く（もしくは見慣れない）ものであること，ダッシュボードの警告ランプが決して消えない（つかない）ことなどに気づけば，それらの単純化された情報は役に立たなくなる．

定の多くが，苦痛を最小化し快楽を最大化するための我々自身による過去の試みに由来する，非常に単純な世界像に基づいていることを意味する．Simon（1982: 306）が論じるように，「世界についての意思決定者のモデルは，現実の環境について関連する特徴の全てのうちの細かな断片のみを含むもので，その推論は，意思決定者のモデルの中にある全ての情報のうち，ごく細かな断片だけを引き出しているのである」．

(22) 個人が単純化された情報（shortcuts）や手がかり（cues）を用いるという発想は新しくない（たとえば Popkin 1991；Sniderman, Brody, and Tetlock 1991）．我々はこの学識を，単純化された情報が使われる条件や，人々が多くの異なる単純化された情報を持っているときに，そこからどれを選択するかの基準を導くことによって拡張する．つまり，（完備情報を持たない）個人が単純化された情報に頼るのは，単純化された情報を認知コストが低く快楽の増大か苦痛の減少に関連していると認識するときである．この状況では，個人は完備情報を得る誘因を持たない．もし，注意を払うことができるよりも多くの利用可能な単純化された情報があれば，そのとき人は最も容易で，最も快楽や苦痛に関係する単純化された情報に注目するだろう．我々の拡張が意味するのは，いかなる単純化された情報（たとえば政党のような）の効率性も自動的ではないし，一定でもないということである．むしろ我々が第3章で示すように，単純化された情報の効率性と便利さは個人や文脈によって異なる．

同じ力学が，候補者の議会における投票の完全な履歴や政策，あるいは名前について学習する代わりに，候補者の政党所属，職務経験，スキャンダルへの関与（もしあればだが），コメントの一部（たとえば犯罪への厳しさ，減税），利益集団による評価，推薦（労働組合による支持），あるいは見た目などに注目するという投票決定を正当化する．運転手が交通信号を利用するのと同じように，投票者はより高い見返りを約束してくれる刺激に注意するという誘因を持っている．たとえば，候補者の党派性は，予備選挙や無党派の選挙においてよりも，異なる政党から出ている候補者がお互いに争っているときに，より高い見返りを約束する．もし利益集団やエリートの推薦が党員を分裂させる亀裂とつながりがあるのであれば，その逆が真である[23]．

簡単に言うと，理性的選択には知識が必要だが，それは必ずしも詳細な情報ではない．知識は何らかの情報を必要とするが，情報は注意を必要とする．そして注意は稀少なのである．それゆえに，理性的選択に必要なのは，人々がその注意を系統立てて向けるということである．認知科学のパラダイムは，学習が能動的なものであることを明らかにしている．我々がこの洞察と，費用，便益，および誘因についての経済学者の洞察を複合させるとき，人々はたいていの刺激を無視しつつもある種の刺激には注意を向けるほど賢いことを我々は発見する．

以下では人々が情報を集めるやり方についての議論を提示しつつ，今，我々の注意を人々が集めた情報をどのように用いるかに向けるとしよう．

認知証券市場（ストックマーケット）

あらゆる人間の器官は，毎秒数百万ビットの新たな情報を生む環境下で生きているが，認知器官上の障害（ボトルネック）は毎秒1000ビット以上の情報を受けつけない．情報が脳に到達するときに発生する処理に

---

[23] この主張は，推薦が信頼できるということを必要とする．我々は第3章で信頼性の決定要因に焦点を当てる．投票者は自分が注意する全ての争点が，1つの争点（たとえば中絶）における候補者の地位と関連していると信じているかも知れない．ゆえに彼らは，他の情報に悩まされることなく，強い関心を呼ぶ争点における候補者の地位についての情報を合理的に求めるかもしれない．

おいても，同様の重要な省略が起きる．全ての数学者が知っているように，微分方程式の集合が1つあることと，その解が存在することとは別である．しかしその解法は方程式によって論理的に意味を持たされ，同時に存在する．我々のすべきことは，いかにしてそれらを得たかを描くことである．同じように．我々の脳に蓄えられている情報からは導くことができない推論が存在する．記憶の中に潜在する情報によって示されるその帰結は，能動的な情報処理を通じてのみ，つまり，無数の選択肢から特定の問題解決方法を能動的に選択することを通じてのみ明らかにされる．　　　　　　　　　　　　——Simon（1982: 306）[24]．

便利な日用品のように，新たな刺激を処理する我々の能力は稀少である．2階の窓ガラスが割れた音を聞いたとき，それは，強盗が家に押し入ったのかもしれないし，ケニー少年が野球のボールを投げたのかもしれないし，低空飛行してきた鳥が嘴で予言をしたのかもしれない．我々のディレンマは，我々が規則的かつ迅速に，ほとんどの刺激からあり得ると思われる多くの理論の中から，幸福を増進させる推論を1つ引き出さなければならないということである．

サファリにいる人の状況を考えてみよう．よく知らないままサバンナに1人で滞在している間にライオンと遭遇してしまったら，ライオンが瞬きしているうちに，近くのどの木に登るか決断しなければならない．その人はそれぞれの木について詳細な検査をする暇もないし，ライオンの木を登る能力に関する別の理論を試すための実験を行うなどという贅沢もない．もしその人の判断が正しくなかったり，不十分な速さで行われたりしたら，その人はライオンの餌食になってしまう．苦痛の最小化という目標を満足させるためには，最も高い木を探す必要はない．安全な木を速く探すことで十分だ．

全ての決定についてじっくり考える時間は我々にはない．結果的に，相対的に少数のコネクションに基づいて，我々は多くの決定をしなければならない．そうでなければ我々は，複雑性というライオンによって消耗させられる危険を冒すことになる．

---

(24) 限られた情報処理能力の行動上の帰結については，Cyert and March(1963)，March and Simon（1958），Williamson（1975）も見よ．

人々は自分が注意した情報を，環境に対処するための方策に速やかに転換する誘因を持っている．今，我々は人々が広い範囲の幸福を増進する選択を小さな情報蓄積から生み出しうるし，通常，生み出しているということを論じているのである．我々はこの現象を，社会科学の比喩（証券市場）と，コネクショニズムと呼ばれる認知科学のパラダイムを複合させることによって説明する．

コネクショニズムは，脳がどのようにして知識を発達させるかを説明するパラダイムである．コネクショニスト・モデルは，生きている脳における知識の解剖学的表現は個々の神経単位が結びつけられたネットワークである，という前提に基づいている．この解剖学的なニューラル・ネットワークは，環境からの刺激に対する身体の反応に対応する中で発達する．筋肉のように，神経単位とネットワークは使うことによって強化される．1組の道具セットから人々が選び出すように，身体は似た状況において便利であると証明された神経のネットワークに頼る．簡単に言うと冒険を成功に導く関連付け（コネクション）は，より規則的に用いられ強くなる．そして強化されるがゆえに，将来においてはさらによく使われるようになる．誰もが理解できる理由ゆえに，多くのコネクショニストは実際の脳を検証していない．代わりに彼らは解剖学的ニューラル・ネットワークをシミュレートするようなコンピュータ技術を用いる．Holland et al.（1986: 25-6）が述べるように，

「コネクショニスト・モデルは心的過程を，高度に結合されたネットワークにおけるノードを通じて定義された行動パターンという観点から記述する（Hinton and Anderson 1981; Rumelhart, McClelland, and the PDP Research Group 1986）……．コネクショニスト・モデルにおいては，心的過程における単位の役割は他の単位との結合の強さ——刺激的なものと抑制的なものの双方——によって定義される．この意味で，コネクショニストが好んで述べるように『知識は（静的で単一的な概念の表現においてというより）コネクションの中にある』．この枠組から見ると，学習は単位間の結合強度の修正から構成されている」．

社会科学者として我々は，コネクショニズムのパラダイムにひきつけられる．なぜなら，それは知識を積極的な目標指向行動の少なくとも部分的な産

物として扱うからだ．

　このことは我々を認知科学における中心的なモデリングの見解へと導く．そこにはコネクション間の競争がある（Foder 1979; Greenwood 1991; Holland et al. 1986; Posner 1989）．我々が最終的に使うコネクションは，心の中のトーナメントの結果によって決められる．このトーナメントは巨大な証券市場に似ており，そこにおいてそれぞれのコネクションは，あたかも我々を取り巻く環境における因果関係と我々の経験の資本化された価値に基づいてその値が決まる証券ないし資産のようである．

　我々の内部で我々の経験が，コネクションに基づいた証券の価値を決定する．開幕ベル（多分実際には目覚し時計だろうが）の時点において，我々の証券は我々の過去の行動によって定まった値で始まる．その日の間，証券の相対的な価値は我々が注目する新しい情報によって上がったり下がったりする．ある日，1つのコネクションが快楽を引き出すような結果と強く関連していると我々が感じるなら，それは高い値のつく証券となる．別の日になればこの「証券」は，我々が未来において繰り返したくないと望むコストの高い過ちと強く相関していると我々が学習するために，相対的に価値を下げるかもしれない[25]．

　全ての人々は毎日自分の中でこのトーナメントを開いているのだ．これがどの程度ありうることなのかを理解するために，認知的証券市場を開くための必要条件が最小限度のものであることを銘記せよ．第1に，あなたは結果

---

[25] 別の言い方をすれば証券は，自分たちの行為の帰結を我々が予測することを助けるというイメージを生むことによって，価値を獲得するのである．不運なことに，我々は行動するまでその行動の帰結を観察することはできない．代わりに**我々は想像上の帰結に我々の全ての行動を依拠させなければならない**．未来についての我々のイメージは，我々が持っているコネクションによって形成される．これらのコネクションが信頼できる予測を生み出すとき，それらは知識を生むのである．たとえば，熟達したボウリング選手の手をボールが離れるとき，その軌道は部分的に，選手がイメージする軌道がひきおこすであろう結果に基づいている．この選手は，数秒後に最後のピンが倒れるまで自分の努力がストライクに結びつくかどうかを知ることはない．そのようなイメージは経験，すなわち行為（自分や他者の）とその我々の観察された共変動の産物に違いない．

と新たな情報を観察できなければならない．第2に，結果に先行するいくつかの出来事を思い出せなければならない．第3に，予測値を得るコネクションのために，あなたは未来が過去と似たものになるであろうということを信じなければならない（信念自体は我々が開催している「因果関係の通時的一貫性についての信念」トーナメントの勝者である）．もしあなたにこれらのことができるなら，コネクション間の競争によってあなたは，百科事典的知識の限られた蓄積を用いた理性的選択を広い範囲で行うことができる(26)．

　認知的証券市場ではどんなコネクションが価値を得たり保ったりするのだろうか．外部の規則性，生活経験の方針，そして認知能力がトーナメントの勝者を決める．トーナメントの正確な力学を描くことは本書の視点を越えているが，認知科学における最近の研究はトーナメントの勝者が持っていなければならない特徴を示している（たとえば Holland et al. 1986）．勝者は少数の試行における極度の快楽か苦痛，もしくは多くの試行におけるある程度の快楽か苦痛と関連していなければならない．快楽にも苦痛にも関係のない表象（representation）はあまり有用ではないだろうから，我々はそれに頼らないだろう（これらの証券は配当金が低いだろう）．

　あるコネクションは，誰の脳がトーナメントを開いているかに関わりなく，高い値を持っている．もし自然が苦痛や快楽を一貫してもたらすような特徴を含んでいるのであれば，全ての人々は同様にこれらの特質を示す傾向がある．たとえば，火は我々皆を燃やす．我々は異なる苦痛の閾値や異なる火の使い方を有しているかもしれないが，世界のどんな場所であれ，やけどは苦

---

(26) このようなトーナメントは人類特有というわけではない．これを理解するために，古典的なT字型迷路と実験用マウスの例を考えよう．大文字のTの形をした迷路にマウスを放す．もしマウスが右に曲がれば，そこにえさはない．もし左に曲がれば，マウスは固形飼料を手に入れる．はじめに右に曲がったとしよう．何回か繰り返した後，マウスは左に行きえさをみつける．もしマウスが空腹なら，固形飼料がそこにある限り，マウスは左に行く回数が増える．同様の実験がハチを含めた別の種に対しても行われ，同様の結果を得ている．この実験の変形はハムスターが確率論的推論を行っていること，異なる現場が食べ物を有する確率の変化に彼らが敏感であることをも示している．これらの実験についての記述は Churchland and Sejnowski（1992）や Holland et al（1986）にある．

痛をもたらす．それゆえに全ての人々にとって火と苦痛のコネクションを理解することは価値ある資産であり，高値の認知証券の基礎になるべきものである．

人間の言語についての研究は，幅広いトーナメントを勝ちぬくような，多くのコネクションを示している（Lakoff 1987）．実際，人間が他者と意思を通わせることができるという事実は，我々が多くの信念（認知上高値がつく共通の有価証券）を共有していることを意味する．このことを理解するためには，比喩と類推が言語の基礎であり，もし我々が信念を共有していないなら，比喩や類推が不可能であることを考慮されたい．それゆえに，共通の信念がなければ我々は他者と関われない．さらに我々はハムスターや犬，鳩，魚など他の動物を訓練することができる（あるいは彼らも我々を訓練することができる）のであるから，我々はこれらの生き物とも共通の世界の表象を共有しているに違いないのである．

我々の環境と我々の認知および知覚における能力において共通しているものは，我々の表象トーナメントにおける一貫した勝者へとつながる．要するに，あなたが誰であれ，いくつかの証券は常に他よりも良い投資なのである(27)．これは認知科学からのもう1つの根本的な結果を意味する．すなわち，**人々はある刺激に対して体系的に反応する．**

たとえば，太陽が昇ってくることを確認するために毎朝5時30分に起きる人はいない．我々はみんな毎日日が昇り，沈むことを信じている．なぜならこれまでも常にそうだったから．誰もが，太陽神（Sol）と月の神（Luna）についての経験が同じでない2人の人々でさえ，夜と朝についての同じ因果関係を一般化している．学習は，刺激を因果対応行列（a matrix of cause-and-effect correspondences）に統合する，能動的で目標指向の過程なのである．もし，これらの対応が我々すべてにとって同様であるなら，そのとき人々は共通の体系だったやり方で複雑性に対応することになる(28)．

---

(27) 環境のうち，いくつかの状況は，我々の行動の帰結についてのより効果的な手がかりになる．

(28) 人間集団における体系だった反応の発生は，その人々の文化と考えることができる．Almond and Verba（1963: 13＝1974: 11）は文化を「社会的対象や過程のある特別な集合に対する指向の集合」として定義している．

一方，ある個人の認知証券市場において高値のついた全てのコネクションが，他の人の証券市場においても価値があるというわけではないだろう．個人間の物理的あるいは環境的な違いは，異なる人々に異なる価値を与えるような異なるコネクションを導き得る．たとえば，肉体的に異なる体質（性，身長，体重，アレルギー体質）をもつ人々は，単一の刺激に対してそれぞれ異なるやり方で反応するかもしれない．別の表現をすると，ある人に多大な身体的苦痛をもたらすものが，別の人にはなんの影響も持たないかもしれないのである．これらの違いは，異なる人々が「高値のついた」認知証券に関して，異なる有価証券一覧を持つことを論理的に導く上で十分である．社会化における違いは別々の人々が別々の経験を持つことを可能にするので，このような違いは体格が異なることによるものと同様の効果を持ちうる[29]．世界を概念化する多くの方法が生存を許容する限りは，同一の生理機能を共有している人々（一卵性双生児やクローン）でさえ，そして同じ経験を持つ多くの人々が，原因と結果について異なる結びつきを引き出すことができるのである．

注意とコネクション

我々が認知的証券市場と我々の注意に関する理論を結びつけると，限られた情報しか持たない人々が，いかにして複雑な状況の下で理性的選択を行うことができるのかを理解できる．試行錯誤を通じて人々は単純な注意戦略を形成する．原則として，彼らは自分たちに利用可能な情報の多くを無視する．もし彼らが十分にコストの高い過ちの連鎖を観察したり，観察することを予期すれば，人々はこのルールから逸脱する．このようなケースにおいて最も有用な刺激とは，苦痛を弱めるか，快楽を引き出してくれる選択へと導いてくれるようなものである．

統一された注意－コネクション理論がどのように機能しているかを理解するために，単純な寓話について考えよう．この寓話はアメリカ合衆国内の投

---

(29) 我々の理論は，1人の人間のクローンでさえ時がたつにつれ，異なる信念を持ちうるということを含んでいる．つまり，社会化における違いは，クローンが異なるコネクションを価値あるものとして発見するということを導き得る．

票行動における政党帰属の役割についてのものである．大統領選挙において多くの投票者が一貫して，党派的に投票することを我々は知っている．対照的に，予備選挙やイニシアチブ（住民発議），レファレンダム（国民投票，住民投票）においては，党派性は相対的に弱い要因である．なぜそうなのだろうか．

大統領選挙において党派性は政策の帰結と強いつながりがある．大統領，政党組織，政策の帰結は強く，歴史的に一貫している．たとえば，現代において選出された全ての大統領は，よく築き上げられた政策評価を持つ既成政党から生まれている．それゆえに，大統領選挙という文脈において政党－業績のコネクションは高く評価されており，しばしば用いられる認知ストック（証券，蓄積）であるということに気づいても驚くにはあたらない．もし人々が政党間の違いを認識し，かつこれらの相違が苦痛や快楽を生み出すと彼らが信じる要素と密接に対応しているとすれば，人々が候補者の政党をいったん識別してしまったらそれ以上の情報を探すことをやめてしまうことは驚くに値しない．

政党という手がかりは，政党がお互いに競争していない選挙においてはあまり重要ではない．なぜなら，それらは同じく物事を明らかにするようなコネクションの一部ではないからである．だから，予備選挙における候補者もしくは非党派的な住民投票の推進者達が党派的つながりを主張するとき，強固で一貫した政党－業績のコネクションは手がかりとしては非効率だし，注意するには値しないものとなる．

同様の論理が，経済的選択における判断の近道としてのブランド名や政党ラベルの限界を理解するための基礎を与えてくれる．たとえば，人々はメルセデス・ベンツの自動車やしばしばマクドナルドの店舗にプレミアムを払う．なぜならブランド名は信頼性を意味するからである．もしこれらの企業が政治的候補者の単独のスポンサーになろうとしたら，同じような成功をこれらの企業は得られるだろうか．同様に，もし共和党が自分たちで自動車工場を経営しようとしたら，人々はそこから一級の品質の製品を買っていると信じるだろうか．まずそうではあるまい．なぜならブランド名と政党ラベルは，そのブランドが強く一貫した特定のコネクションを持つ場合にのみ，消費者と投票者にとって価値を持っている．これらのつながりが壊れた状況では，ブランド名の価値も失われてしまう．

要するに，人々はコストの高い過ちを最小化してくれそうなやり方で，注意を払い注目する情報を結びつけるのである．このような注意とコネクションの戦略は，人々が詳細な情報の代わりに単純な手がかりを用いることを可能にする．詳細な情報に代わる単純な代替物が利用できるとき，限られた情報を持つ人々は理性的選択を行うことができる．そのような代替物が利用できないときは，理性的選択を行うための情報の必要性は増大する．結果として，人が理性的選択をするための能力を判定することが，些細な政治的質問を単にたずねること以上に必要である．

結論

人間が他者と言語で意思疎通を行えるという事実はおそらく，信頼可能で十分な判断がありうるということについての，最も明らかで最も確かな証拠である．そのようなコミュニケーションはたとえば，私があなたの発言を十分に解釈することができ，それゆえに我々が共有する概念カテゴリーのもとに，あなたが使っている特定の言葉を正確に組み込むことができる．この種のコミュニケーションが発生しないと主張すること自体不可能である．というのは，そのような主張の意味を持つ表現は，それ自身が否定される可能性を間違いなく前提としているからである．
　　　　　　　　　　　　　　　　　　——Steinberger（1993: 157）

この章において我々は，人々がたいていのことに注意を向ける能力も動機も持たないことを論じている．その際に，少なくとも我々は政治が「たいていのこと」カテゴリーに分類されることを主張している．よって人々がワシントンの住民，政治評論家，そして社会科学者を活気づかせる大きな政治的ディベートに，注意をほとんどないし全く向けないことは驚くにあたらない[30]．

---

(30) Dye and Zeigler（1984: 162）は，「多くの人々はマスメディアにおいて精力的に議論されている政治問題について，なんの主張も持っていない．通常，3分の1の公衆だけが数ヶ月，ときには数年もかけた公的議論の中心であった法案を認識している．その3分の1でさえ，法案を正確にあるいは詳細に述べることができる人は稀だし，込み入った点や政策作成者にとって利用可能な選択肢について述べられる人はさらに少ない」と説明している．

多くの人々はたいていの政治問題についてあまり情報を持たないことを選択しているのだ，と我々は推測している．しかしながら我々の結論は，**彼らの注意戦略は彼らが理性的選択を行うことを必ずしも妨げるものではない**，というものである(31)．限られた情報が理性的選択を妨げると主張することは，歯を磨きたい人々が自分たちの歯磨き粉の含有物について想起することを求めるに等しい．

　もちろん我々が，政治的アクターは複雑な意思決定を行うために情報の単純な断片を用いることができると結論した最初の分析者であるというわけではない．1980年代と90年代を通じて，投票者は複雑な決定において理性的選択を行うために単純な手がかりを使えることは広く議論されてきた（たとえばPopkin 1991; Sniderman, Brody, and Tetlock 1991 を見よ）．我々はこれらの研究の基本的な洞察——人々は百科事典的な情報の効率的な代替物を見つけることができる——に同意する．

　これらの研究に対して我々は，政治的事実の特定の集合に対する単純な代替物が，理性的選択にとって十分である場合についての説明を加える．また我々は，なぜ人々が多くの手がかりを無視すると同時に，自分たちが用いるごく少数の手がかりを選ぶのかについても説明する．よく注意される手がかりは未来における手痛い過ちを避ける可能性の高い手がかりであることに我々は気づいている．なぜなら，同様の手がかりが過去の同様な環境において手痛い過ちを防いだからである．だから我々の理論は，政党帰属のような何かが人々が理性的決定を行うことを助ける手がかりであると示す以外に，政党という手がかりが意味を持つ状況を，人々がそれを無視しがちであるような文脈とともに説明する．

　どこの政治においても人々は，欠乏と複雑性という双子の災いが彼らに強いる制約に対応する．詳細な情報を人々が持たないようにする複雑性と欠乏

（31）　Iyengar（1990: 161）は「政治的注意は任意的（discretionary）なものである」と説明し，こう続ける．「それゆえに公的な事項についての情報は，領域固有（domain-specific）なものになりがちである．人がどの程度知っているかは特定の主題の領域次第である．ある領域が意味を持つものであればあるほど，その領域に関する情報の水準は高くなる．要するに政治的な全ての事柄について情報を得るよりも，むしろ個人は特定の領域に特化するのである」．Hinich and Munger（1994）も参照せよ．

は，人々が理性的選択を行うことを妨げるに十分だろうか．疑いなく人々は民主制が求める決定の多くにおいて過ちを犯す．それはちょうど，消費者が買い物の決定において過ちを犯すのと同様である．しかしながら人々はまた，自分たちが買う車について，自分たちが乗る飛行機について，自分たちが受ける治療について，詳細な情報を持たない．これらの決定において人々が通常過ちを犯すと主張する人はいない．より一般的にはほとんど全てのことについて人々は詳細な情報を持っていないけれど，毎日行うたくさんの選択のほとんどについて後悔していない．詳細な政治情報を持たない人々には理性的選択ができないと結論することは間違っている．

　第3章において我々は，人々がどのように他者から学習するかに焦点を当てる．我々がこの方向に進むのは，政治的意思決定者は口頭でのあるいは文字化された他者の証言から情報を得る傾向があるからである．他者から学習することはつまらない仕事ではない．特に，意思決定者と証言者がともに目標指向で，戦略的で，かつ相矛盾する目的を持っているときには．本章と同様に我々は情報と選択の関係について検証し，いくつかの目新しい結論を導く．

第2章訳注
(i)　本訳書では割愛している．

第3章
人々は他者からどのように学習するのか

　理性的選択は知識を必要とする．それは，人々が自分たちの行動の帰結を予測できなければならないということである．この知識を得るために，人々は2つの選択肢を持っている．第1に，彼らは自分たちの個人的な経験から知識を引き出すことができる．第2に，彼らは他の人々が言ったり，書いたり，行なったりすることから知識を引き出すことができる．

　多くの政治的状況では，第2の選択肢しか使えない．政治は人々の経験とはなじみがなかったり，試行錯誤によって修正されないような問題を発生させるからである (Lane, 1995: 117)．このような状況では，個人的な経験は理性的選択のための十分な知識を与えない．それゆえに，多くの政治的状況において理性的選択を行いたいと望む者は，他者から学習する機会と能力を持たねばならない[1]．

　本章と次章において我々が説明するのは，個人的な経験が理性的選択を行うために不十分でかつ，人々が他者から学習する能力と機会を持っていると

（1） 政治的状況は，示される機会の数だけ変化する．極端な場合，多くの選挙における投票者は，新聞記事，報道番組，テレビ広告，ダイレクト・メール，演説，集会，利益集団の推薦，パンフレット，職場での会話，そして家庭内の議論から学習する機会を持っている．議員は，政党の指導者，委員会における投票，ロビイスト，スタッフ，同僚，そして行政府にいる専門家から学習する機会を持っている．陪審員は，目撃者，専門家の証言，弁護士，裁判長から学習する機会を有する．また極端に言えば，ある政治状況は何の学習機会も提示しない．このような状況における人々には，個人的な経験だけが理性的選択を生み出すことができる．

いう状況において，人々がどのように選択を行うかである．我々がこの状況に注目するのは，そのような状況こそ多くの投票者，陪審員，そして議員が直面する状況を最もよく表していると信じるからである．

人々は他者から知識を得ることができるのか？　我々はこの疑問に答えるために2つの段階を踏む．本章ではその第1段階として，人々がいかにして他者から学習するのかについてのユニークな説明を示す．この説明は，たとえば「誰が誰から学習できるのか」，そして「人々はどうやって誰の助言に従い，誰の助言を無視するのかを決めるのか」といった疑問に答えるものである．第4章では第2段階として，人々が他者から何を学習するかを説明する．この説明は，「他者からの学習が，理性的選択の基礎として十分な個人的経験の代替物であるのはどんなときか」という疑問に答える．

本章の視点，人々はいかにして他者から学習するかに戻ろう．我々は，この問いに対する答えが既に存在することに気づく．たとえば，人々が他者から学習するのは，これらの他者が特定の人種的なアイデンティティ，ジェンダー，世代，もしくは教育といった特徴を有する場合だけだということが広く信じられている．社会科学者は別の説明を提示している．何人かの学者は人々が，政党帰属意識（Downs 1957），周知された争点偏向（Calvert 1985），好意度（Brady and Sniderman 1985），観察される行動についての履歴（Sobel 1985），競争的な状況にいること（Milgrom and Roberts 1986），共有された政策利益（Krehbiel 1991），あるいはエリートの地位（Zaller 1992）といった要因に頼ると論じている．他の学者たちは，人々が，他者の集積された行為，たとえば歴史にこめられたもの（Downs 1957; Fiorina 1981; Key 1966），世論調査（McKelvey and Ordeshook 1986），メディア（Iyengar and Kinder 1987; Page, Shapiro, and Dempsey 1987），選挙運動費用の水準（Lupia 1992），公衆による反抗の規模（Lohmann 1993），選挙運動のイベント（Lodge, Streenbergen, and Brau 1995; Popkin 1991），そして公衆の雰囲気（Rahn, Kroeger, and Kite 1996）などの要素に依存すると論じている．

我々がいかにして他者から学習するかについてのこれらの説明は，それぞれ価値があり啓発的である．それぞれは，人々が自分で持っていない個人的経験の代替物として疑いなく用いている判断の近道を表している．しかしながら我々は，「最も深刻なリスクは，独立変数と従属変数の間の全ての相関が新たな判断の近道の証拠として採用されることである」と論じるスナイダー

マン，ブロディ，テトロック（Sniderman, Brody, Tetlock 1991: 70）に同意する．いつでも全ての近道を使える人などいない．人はそれぞれ，何を，そして誰を信じるべきか選ばなければならない．

人々が誰を信じるかを明らかにする研究はしばしば，説得の研究として言及される．次節では，我々はまず説得についての既存の説明をレビューする．それから，我々自身の説明を提示する．

説得についてのアリストテレス理論

他者からの学習は説得を必要とする．我々は説得を他人の信念を変えるための成功した試みとして定義する．理性的選択が他者からの学習を必要とする状況において，説得は理性的選択のための必要条件である[2]．

「人々はどうやって信じるに足る人を選ぶのか」という疑問は，「誰が誰を説得できるか」という疑問に等しい．これらの疑問に対する初期の答えはアリストテレス『弁論術』の第1巻に見つかる．

「話された言葉によってもたらされる説得の様式は3つある．第1種のものは語り手の個人的な特徴に，第2種はある精神的な枠組に聴衆を引き込むことに，第3種は演説の言葉によって与えられる証拠，もしくは明確な証しに依存している．説得は，我々に『彼は信頼できる』と思わせるように演説がなされるときに，語り手の個人的な特徴によって実現する．我々は良い人間をそれ以外の者よりもより深くより簡単に信じる．これは一般的にいかなる疑問においても真であり，間違いなく確かなことがありえず意見が分かれているときには絶対的に真である．この種の説得は他のもののように，語り手が話し始める以前に人々が彼について考えていたことによってでなく，語り手が話すことによって実現されるべきである．何人かの書き手がレトリックに関する論文において仮定するように，話し手によって示される個人的な徳性が彼の説得力になんら貢献しないというのは真実ではない．逆に，彼の

---

(2) たとえば，理性的選択を行うためのAという人間の能力は，彼もしくは彼女がBという人間から学習できることにかかっているとしよう．もしBがAを説得できれば，理性的選択は可能である．対照的に，もしBがAを説得することができないのなら，Aは理性的選択をすることはできない．

特徴はほとんど，彼が所有する最も有効な説得手段と呼ばれてもいい」(Barnes 1984: 2194)．

現代における政治争点の多くにとって，「間違いなく確かなこと」などありえず，「意見は分かれている」．それゆえに現代における政治的相互作用の多くは明らかに，誰を信じるべきかについて語り手の**個人的特徴**という評価に人々が依拠するという，アリストテレスが期待したようなカテゴリーに合致する．『弁論術』第2巻においてアリストテレスは，個人的特徴という言葉によって彼が意味しているものを明らかにしている．

「語り手の特徴において信頼性をもたらすものは3つある．これら3つは名目上，我々にその証明とは離れたものを信じさせるように導く．それらは思慮 (good sense)，徳 (excellence)，好意 (good willingness) である．偽りの声明や悪い助言は3つの原因のうち1つ以上のせいである．人は思慮を持たないために偽りの意見を形成する．また，彼らは良い意見を形成するが，悪質なモラルゆえに本当に考えていることを言わない．また最後には，彼らは賢く正直なのだが，自分の聴衆に対してあまり好意的でなく，結果として自分たちが最善の方法だと知っているものを推薦することをやめてしまう．ありうる事例はこれらに尽きる．その意味するところは，これらすべての良い特徴を備えていると考えられる人は誰でも，自分に対する聴衆からの信頼を喚起することができる」(Barnes 1984: 2194)[3]．

アリストテレスは，語り手の個人的な特徴がその発言の中身とともに彼が誰を説得できるのかを決定すると結論する．我々は対照的に，説得は個人の特徴に対する評価に必ずしも依存しないと論じる．

2つの前提がアリストテレスの結論と我々の結論とを分かつ．第1に，アリストテレスの結論は，全ての状況がアテナイのそれと等しいという仮定に基づいている．アリストテレスにとって社会とは，市民がお互いをよく知っ

---

(3) 語り手が示し得る第1の美徳は，彼が話しかけている人々にとって良いもの（善意），他者にとっての善に基づいて行動するために必要とされる内面の道徳的堅固さ（徳），そして善意と徳を持つ語り手からの発言を信じる適切な知識（思慮），などを望んでいることである．アリストテレスの翻訳に関するマーク・ターナー (Mark Turner) の助言に感謝する．しかしながら，我々のアリストテレスの文章の利用に存在するかもしれない誤りについては，それが何であれ，彼の責任ではない．

ている小さな都市国家である．この社会では，人々は誰が思慮，好意，そして徳を持っているかを知っており，誰がこれらの特徴を欠いているかも知っている．しかしながら我々の社会では，我々は常にお互いをよく知っているというわけではない．我々はしばしば他の人々が何を知っているかについて確信が持てず，彼らの中に潜む動機に対して用心している．だからこそ，別の人の特徴について多くを知ることは我々には不可能である．アリストテレスは説得にはそのような知識が必要だと結論する．我々は反対する．たとえば多くの人々は，ニューヨーク・タイムズで読んだことやＣＮＮで見たものに，これらの組織のために記事を書いたり発言する人について何も知らなくても，影響される．アリストテレスとは対照的に，我々は説得についての説明を，**人々はお互いのことをよく知っている必要はない**という前提に基づかせる．

また我々は，説得はいかなる種類の肯定的あるいは情緒的特徴の評価をも必要としないと結論する点においても，アリストテレスと異なる．代わりに，**我々は誘因を変える外部からの力（*incentive-altering external forces*）が信頼性を検証する別の手段を提示する**と論じる．これらの力は文化，規範，市場，政治制度，そして法制度に存在している．これらは人々が語る言葉を選ぶことや，人々が信じるものを選ぶことに影響する．これらの力が作用する方法は，先進産業経済のどのメンバーにとっても親しみのあるものであるはずだ．たとえば，毎日数百万人の人々が見知らぬ人から物を買い，物を売っている．これらの取引はそれぞれある程度の信頼を必要とする（たとえば支払いに用いられる通貨が正当なものであるとか，商品が広告された通りの特徴を持っているとか）．売る人も買う人もお互いをよく知らないので，彼らは信頼性を測るために別の効果的な手段を必要とする．そのような手段の１つは，観察することができない個人の特徴の代わりとなる外部からの力である．たとえば法や習慣は見ず知らずの人間の動機づけを再編成し，多くの状況の下で人々に信頼の基礎を与える．これらの外部からの力は，先進的な経済を可能にした代替物である．我々は，同じような代替物が先進的な民主制を可能にしていると論じている．なぜならそれらが人々をして他者から学習することを可能にしているからだ[4]．

（４） このタイプの議論は，政治学や経済学のある下部領域において確立され

我々がアリストテレスの見解に言及したのは，それが社会的，経済的，政治的コミュニケーションについての現代の研究に浸透しているからである．現代の社会科学者は共通して，人々がお互いのことをよく知っていると仮定し，誘因を変える外部からの力を無視し，個人の特徴が説得の鍵だと結論づけている．たとえば広く引用されるコミュニケーションについてのゲーム理論的な論じ方は，アクターがお互いの理想点（アリストテレスの個人的特徴に対するゲーム理論的な類推）を知っていると仮定し，聞き手が語り手を信じるのは語り手と聞き手がお互いに近い理想点を持つ場合のみであると結論している[5]．心理学者は，説得は「正直さ」や「公正さ」といった特徴を必要とすると結論するために，語り手の属性に関する質問（アリストテレスの個人的特徴に対する社会心理学的類推）に対する実験参加者の反応を用いる[6]．加えて，「どのようにして人々は他者から学習するのか」という疑問に対して，政治学者が提起する回答の多くもアリストテレス的で，イデオロギー，好意度，党派性，周知された偏向，そしてエリートの地位などは全て個人的な特徴に基づいている[7]．

た1つの潮流である．たとえば，産業組織を研究する経済学者（たとえばWilliamson 1975）や，機構設計（たとえばBaron 1989；Myerson 1979, 1983, 1989）の分野は，外部の力，個人の誘因，そして集合的帰結の間の関係についての重要な研究である．加えて，McKelvey and Ordeshook（1986）のような政治学者は，投票者がどのようにして単純な世論調査結果をより複雑な情報の代わりにしているかを示している．

(5) 事実，Crawford and Sobel（1982），Gilligan and Krehbiel（1987），and Gilligan and Krehbiel（1987）のようなモデルの明白な主張は，利益の近さが説得と知識の増加を導くコミュニケーションのための必要十分条件であるということである．

(6) 説得に関する古典的な心理学の論文には，Eagly and Chaiken（1993），McGuire（1969），Petty and Cacioppo（1986），Sherif, Sherif, and Nebergall（1965）などがある．これらの洞察を政治学に組み込むのは，最近の成長分野である．これらの研究の例としては，広義に解釈すれば，Iyengar（1991），Iyengar（1995），Iyengar and McGuire（1993），Lodge and McGrow（1995），Mutz, Sniderman, and Brody（1995），Popkin（1991），Sniderman, Brody, and Tetlock（1991），and Zaller（1992）がある．

(7) 同様に，利益集団の支持（Grofman and Norrander 1990, Lupia 1994），「火

対照的に，我々が提示するのは「人々はお互いのことをよく知らないかもしれない」という前提や，「誘因が重要である」という前提に基づく説明である．我々の理論は単純な条件における説得のための必要十分条件を導くものである．これらの条件は人々の利益，彼らの認知的限界，そして外部からの力が，信頼する人の選び方にどのように影響するかを説明する．我々の理論は，人々が理性的選択に必要な知識を他者から獲得することが可能な状況とそうでない状況を明らかにする．

説得についての我々の理論

我々の理論は，複数の仮定の新たな組み合わせからなり，新たな発見の集合となり，限られた情報の政治的帰結について重要かつ**検証可能**な含意を生む点においてユニークである．全ての理論のように，我々の理論は過去の研究に基づいている．その系列はより直接的には不完備情報の経済ゲーム（たとえば Harsanyi 1967, 1968a, 1968b），信号モデル（たとえば Banks 1991, Spence 1973, McKelvey and Ordeshook 1986），戦略的コミュニケーション・モデル（たとえば Calvert 1986, Crawford and Sobel 1982, Farrell and Gibbons 1989）へとさかのぼる[8]．我々の理論もまた，認知科学（Churchland and

---

災報知器」の主張——問題を発見したときに「逃げろ！」と叫ぶ立法外アクター——（McCubbins and Schwartz 1984），そして大集団の行動（Lohmann 1993）から人々が学習すると論じる学者たちも全員，人々は他の人々の特徴について重要なことを知っていると仮定するがゆえにアリストテレス的である．

(8) 我々の理論がコミュニケーションについての既存の数理モデルと論争する範囲についていうと，それはたとえば，Crawford and Sobel(1982)や Spence (1973) の努力に対する論争ではない．これらの研究者は，伝達者がお互いについて多くのことを知っていると仮定することに無理のない交渉状況を研究した．我々の批判は，人々がお互いをよく知らないという政治学の議論にこれらのモデルを持ちこむことについてである．事実，我々の努力は Crawford and Sobel (1982: 1450) の最後の忠告に綿密に従っている．

「我々のモデルの有意義な拡張は，偽り，信頼性，軽信といった概念——これらは全て戦略的コミュニケーションの本質的な特徴である——が，モデルにおいて十分に満足な操作的意味を持たない形で，合理的期待の特徴という

Sejnowski 1992; Holland et al. 1986; Lakoff 1987; Simon 1979, 1985) と心理学 (Hovland, Janis, and Kelley 1953; Eagly and Chaiken 1993; Petty and Cacioppo 1986) におけるコミュニケーションと学習の研究に共通する前提を含んでいる[9]．我々は文章の読みやすさを増すために，我々の結論についての技術的

我々の解の概念とモデルの構造が相互作用しているという事実によって提示される．我々の結果の頑健性（robustness）を検証し，この欠点を矯正する助けとなる一般化が意味しているのは，行為についての（本人（the principal）の）選択に固有なものに加えて，（語り手が）嘘をつくことに対してコストがかかることや，本人にとって語り手があてにならない（uncertain）ことを許容すること，すなわち，（本人が）語り手の選好について確信を持てないこと，それゆえに語り手が誠実にコミュニケートする誘因について確信を持てないことを許容し，（語り手が）言われたことの正確さを検証する（本人の）能力について確信が持てないことを許容することである」．

(9) 我々は説得に対する我々の説明を，Petty and Cacioppo (1986) や Eagly and Chaiken (1993) によって提示された，説得の二重過程モデルの説明と比較してはいない．なぜなら，それは我々の考えるところ，全く異質なものであるから比較できない．二重過程理論の要点は，説得へ向かう2つのルート——中心的/システマティックなルートと，周辺的/発見的（heuristic）なルート——の区別である．これらの研究者が主張し，経験的に示しているのは，人々は極めて重要で複雑な意思決定に直面したときに，中心的/システマティックなルートを用いる（たとえば，彼らは新しい情報を現在の自分たちの信念に取り込むにあたって多大な努力を払う）ということである．さらに彼らが主張しているのは，人々はさして重要でも複雑でもない意思決定に直面したときに，周辺的/発見的なルートを使うということである（たとえば，新しい情報を取り入れるための努力をあまりしない）．二重過程説と我々の本章の理論が比較不能である原因は，二重理論の焦点が，刺激に対して人々が与える注意の量だという点である．二重過程理論は潜在するヒューリスティックの中から人々がどのようにして選択するかに焦点を当てていない．説得についての我々の理論は，人々がいかにしてこのような選択を行うかに焦点をあてている．

我々は注意を払うという決定を悪い助言と良い助言を分離するための**前提条件**とみなす．それゆえ，この二重過程理論と我々の本書第2章における注意についてのモデルは比較可能である．注意についてのこれら2つの説明が重複する場合，両者は一致する．

な議論と証明を第3章の付録にまわした[i].

我々はいかにして人々が信頼する人を選ぶかについての説明を，第2章の中心テーマ——学習は能動的である——から立ち上げる．その上，千人の人々が1人に助言していようと，1人の人が千人に助言していようと，説得は誰を信じるかについての**個人**の選択次第である．それゆえに，説得についての我々の理論は言うことと信じる相手についての個人的決定に注目する．

我々が検証するのは，理性的選択をしたいと望む非常に情報の乏しい人が別の人の助言を示されるような状況である．我々は政治に関心があるので，焦点を当てるのは助言を求める人が助言者の意図と専門知識についての情報を欠いているような事例である．よってその意思決定者は1つではなく2つのタイプの関連情報を欠いているのである．

次節において我々はコミュニケーションの基本モデルを導入する．我々の基本モデルは，クロフォード（Crawford）とソウブル（Sobel）の画期的なチープ・トーク（cheap talk）・モデルを修正したものである．我々の修正は，「人々がお互いをよく知らないときに誰が誰を説得できるのか」という疑問に我々が答えられるようにしてくれる．それから，我々は基本モデルを，「人々がお互いをよく知らないときに，外部の力がどのようにして，誰が誰を説得できるのかに影響を与えるのか」という疑問に答えられるように拡張する．

基本モデル：人々がお互いのことをよく知らないときのコミュニケーション

我々はコミュニケーションを本人（principal）と語り手（speaker）という二人のプレイヤーの間の相互作用としてモデル化する．この相互作用の結論において，本人は x と y と呼ばれる2つの選択肢のうちから1つを選ぶ．あなたは本人を，どちらの候補者に投票するか決めなければならない人，どちらかの応募者を官僚制の中の1つのポストのために選ばなければならない人，法案に賛成か反対かの1票を投じなければならない人，あるいは被告人が有罪か無罪かの結論を出さねばならない人などのように考えてもいい[10]．本

---

(10) 我々は本人が2つの選択肢から1つを選ぶ事例に焦点を合わせている．なぜなら，それは単純であり，政治にとってはよくあることだからだ．このような事例がどれほど一般的かを理解するためには，次のような事実を考えてみればいい．全ての立法議題は二項選択議題である．多くの陪審決定は2

人がこの選択を行う前に，語り手はxとyの相対的な属性について情報を与える．政治的な状況の下でよくある語り手としては，友人，親戚，同僚，メディア組織，利益集団，政治的候補者，政党，官僚，検察官，弁護士，そして証人などが含まれる．特に言及しない場合には，我々はこの相互作用の要素のすべてが共通の知識であると仮定する．わかりやすさのために，我々は本人を「彼女」，代理人を「彼」と呼ぶことにする．

我々の提示する基本モデルは，標準的なチープ・トーク・モデル（Crawford and Sobel 1982）を3つの実質的に関連する不確実性のタイプを加えることによって修正している．我々はこの基本モデルにおける出来事の連鎖を図3.1に描いている．図3.1における太字の部分が，我々の基本モデルと標準的なチープ・トーク・モデルの違いを示している．出来事の連鎖は不確実性に対する可能性から始まる．我々はゲーム理論の習慣に従って，この潜在的な不確実性を自然（nature[ii]）による3つの確率的な選択機会（move）としてモデル化した[11]．これらの選択機会の順序は，我々の結論と関係ない．

人の訴訟当事者から1つを，2つの法的見解から1つを選ぶような決定である．規制の決定はしばしば，規制の現状における変化への単一の提案に対する単純な受容か拒否を伴う（Joskow and Noll 1981; Kahn 1988）．その上，大統領は法案を受容するか拒否するかのどちらかである．多くの候補者中心の選挙は明白に，あるいは暗黙のうちに二人の候補者のレースである．もちろん，投票者は時々3つかそれ以上の選択肢から選ぶ．しかしながら，ここにおいてさえ二項選択は良い類推である．このような状況においてさえ投票者は自分の選択を，「候補者A」と「その他の候補者たち」あるいは「現職」と「他の選択肢」の間でのものとして描写するのである（Simon 1955, March and Olsen 1958 を見よ）．

(11) 不完備情報ゲームにおいて，プレイヤーのタイプとは他のプレイヤーにはわからない個人的な属性の要約である（たとえば Harsanyi 1968a, b）．我々の目的にとって，この「タイプ」という用語の慣習的な用法は不十分である．我々が関心を持っているのは，政治的行為者がしばしばよく知らないことについて，実験上分離することが可能な属性それぞれの独特な効果である．たとえば，我々は本人の，語り手の利益についての不確実性と，語り手の知識についての不確実性を分離可能なものとして扱うことによって，重要な洞察を得る．だから「タイプ」の慣習的な使用はこれらの属性を単一の尺度に潰してしまうが，我々はそうはしない．よってその用法との混同を避けるため

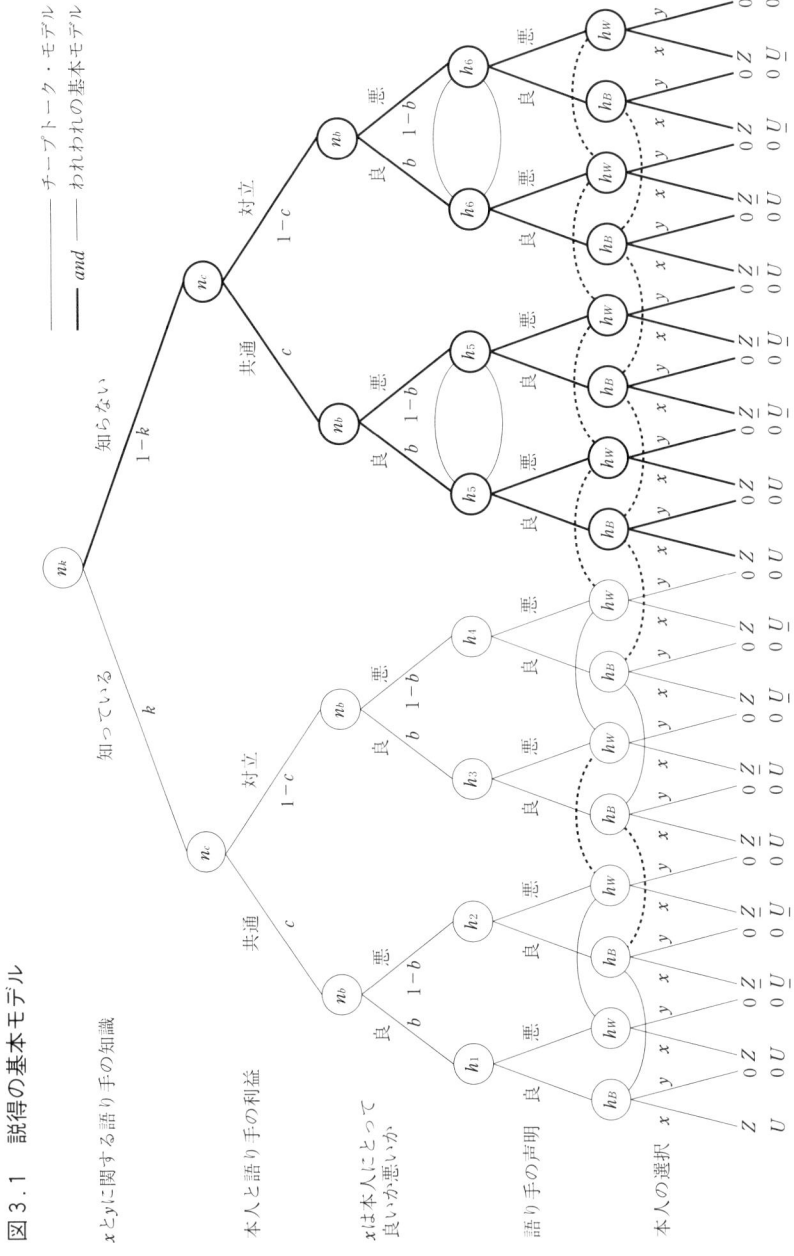

第 3 章　人々は他者からどのように学習するのか　71

図 3.1　説得の基本モデル

3つある自然の選択機会のうちの1つは，本人にとってxがyより良いか悪いかを決める．もし自然が「より良い」を選び，かつ本人がxを選べば，そのとき彼女は正の効用を得る（$U \geq 0$）．もし自然が「より悪い」を選び，かつ本人がxを選べば，彼女は負の効用を得る（$\underline{U} \leq 0$）．一般性を損なうことのないように，我々はもし本人がyを選べば，彼女の得る効用はゼロであると仮定する(12)．

　自然はbの確率で「よりよい」を，$1-b$の確率で「より悪い」を選ぶ（$b \in [0, 1]$）(13)．このモデルにおける最も重要な仮定は，本人は自分にとってxとyのどちらがより良いのかについて確信が持てないということである．確率bは，どちらの選択肢が本人にとってより良いものであるかについての彼女の事前確率を表している．

　もう1つの自然による選択機会は，本人が求める知識を語り手が持っているか否かを決定する．自然が「語り手はxがyより良いか悪いかを知っている」をk（$k \in [0, 1]$）という確率で，「語り手はxがyより良いか悪いかを知らない」を$1-k$の確率で選ぶ．この仮定によって我々は，語り手がどの程度知っているかについて本人が確信を持てない状況を表現することができる(14)．標準的なチープ・トーク・モデルでは対照的に，$k = 1$であることが

　　　に，我々は「タイプ」という用語を使わない．
(12)　Uは$\underline{U}$と等しい必要がないことに注意せよ．
(13)　この仮定は，xとyが有限次元空間に存在する点である場合には一般性を失わない．そのような場合，語り手と本人は，空間内に理想点と擬似凹型の効用関数を持ち，xとyの素性についてプレイヤーが持っている事前信念や語り手の理想点が，空間内で独立の分布を示すものとして表現することが可能だからである．文章中の表現は単純化のために示されている．
(14)　この仮定は古典的な経済学の信号理論や戦略的コミュニケーション理論と2つの点で異なる．第1に，古典的なモデルは語り手に知識があることを仮定する（たとえば，$k = 1$と仮定する）．我々は，語り手が必ずしも話していることについて知っているとは限らない，と仮定する．第2に古典的モデルは，語り手がどの程度知っているかについて本人が知っていることを仮定する．我々の仮定ではこれは不確かでよい．なぜならそれは，現代の意思決定者はお互いをよく知らないという1つのよくある事柄を表しているからだ．
　　　Austen-Smith（1994）は戦略的コミュニケーション・モデルの中で，定数というより変数としての語り手の知識について，これと違った着想を提示し

共通の知識である．

また別の自然による選択機会は，語り手の利益と本人の利益との関係を決定づける．もし自然が「共通利益」を選ぶのなら，本人が効用を最大化する決定をするときに語り手は利益を得る．すなわち，本人が効用 U （$U \geq 0$）を得るときに語り手は効用 Z （$Z \geq 0$）を得，本人が効用 $\underline{U}$ （$\underline{U} \leq 0$）を得るとき，語り手も効用 $\underline{Z}$ （$\underline{Z} \leq 0$）を得る．語り手は，本人が y を選んだときには 0 の効用を得る．

自然は確率 c （$c \in [0, 1]$）で「共通」の利益を選び，$1-c$ の確率で利益の「対立」を選ぶ[15]．本人は語り手の利益に対して確信が持てないと，我々は仮定する．我々は彼女が持つ語り手の利益についての事前の信念を，確率 c として表す．アリストテレス理論は本人が語り手の利益を知っていると仮定する．しかしながら，政治が生む複雑性や不確実性の下では，政治における本人がそのような知識を欠いていることはよくある．

自然による 3 つの選択機会の後に「ゲーム」が始まる．第 1 に，語り手は本人に対して，「より良い」か「より悪い」かについて信号を送る．「より良い」という信号が意味するのは，「本人にとって y より x の方が良いと，私は主張する」ということである．「より悪い」という信号が意味するのは，「本人にとって x は y より悪いと，私は主張する」ということである[16]．語り手

ている．このオースティン－スミス・モデルは，情報の受信者が観察できない知識を情報の発信者が獲得する機会を持っている点で，クロフォード－ソウブル（Crawford-Sobel）・モデルと異なる．その上，発信者が知識を持っていることを選択するとき，彼は本人に対して彼がよく知っていることを証明することができるのである．我々の基本モデルと Austen-Smith（1994）との違いは，我々のモデルにおいては，発信者と受信者がお互いの理想点を知っている必要がなく，発信者は受信者に自分に知識があることを証明することができない，という点である．

(15) 利益対立の可能性は我々の分析を，Goffman（1969: 10）が「戦略的コミュニケーション」として定義した研究へと転換させる．

「観察者が主体（subject）から学び得るものに依存し，他に十分な別の情報源もないという状況があるだろう．そしてその主体は困難な環境の下で，この検証を失敗させるか促すように方向づけされるだろう．このような条件の下で，極めて深刻な問題が関わっているかもしれないにせよ，ゲーム的思考が発達する．検証をめぐって競争が起こる．情報は戦略的になる」．

はどちらかの信号を送るが,「真実を話す必要はない」. 第 2 に,本人は x か y を選ぶ. 彼女がそうしたあとでゲームは終わり,双方のプレイヤーは効用の精算結果（a utility payoff）を受けとる.

ここで我々の基本モデルにおける説得について説明する. 我々は行動の均衡集合を 2 つ発見している[17]. そのうちの 1 つにおいては,本人は自分の選択を語り手の言うことに基づかせ,語り手は彼がその本人と共通の利益を有していることを知っているか,自分自身信じている場合にのみ,真実を言う. そうでない場合,彼は嘘をつく.

標準的なチープ・トーク・モデルでは,人々は「均衡において」相手を騙すことができない. この結果は,嘘をつかれることが前もってわかるほど人

---

(16) 我々は単純化のためにこの仮定を行っている. しかしながら,両方の声明はゲームにおける理性的選択にとって十分な知識を含んでいる. より正確な声明は,それがもし真であるなら,本人の選択を変えるようなことはひきおこさないだろう. 言語と認知科学において進行中の研究もまた,この仮定を導いている (Lakoff 1987, Holland et al. 1986 を見よ). これらの研究者は,表現方法よりもより多くの観念が存在すると議論している. 観念について十分な描写を与えるよりも,言語は単に精神的なイメージや精神空間を「鼓舞する」. これは,アクセス原則 (Fauconnier 1985) として言及されている. 精神的イメージや,イメージを伝達する際の比喩の利用や概念の混合についての議論のためには, Turner (1991) を見よ. しかしながらどんな比喩でもいいわけではない. 理解されたいと望む人々は,理解しやすい比喩を使う必要がある. これらの比喩は,単純で直接的なものでなければならない. 再び,サイモンの研究が我々に教えてくれる.

自動車のダッシュボードにある油圧計は,プログラム喚起 (program-evoking) における基準の利用例である. たいていのドライバーにとって油圧は「大丈夫」か「低い」かのどちらかである. 第 1 の場合（「大丈夫」）なら,何の行動も起きない. 第 2 の場合（「低い」）なら矯正プログラムが開始される（たとえば自動車を修理工場に持っていく）. 何人かの自動車修理工は,伝統的な油圧計では油圧が適正な範囲にないことを示す赤いライトを交換した. この例もまた,最適化基準を満たすパフォーマンスの代替基準が,どのようにコミュニケーションを単純化するかを示している (March and Simon 1958: 163).

(17) 第 3 章のための付録における命題 3.1 を見よ（訳者注. 本訳書には含まれていない）.

々がお互いを知っているという仮定からの帰結である．我々のモデルにおける第1の均衡に騙しが起きるのは，人々がお互いをよく知らないためである．これについては本章の後のほうでさらに言及したい．

第2の均衡では，本人は語り手を無視するので説得は生じない．語り手の利益と知識についての本人の事前信念が，これら2つの均衡のうちどちらが起こるかを決める．本人の事前信念が，彼女と語り手が共通利益を有しかつ語り手が高い確率で知識を持っていると評価するとき，説得均衡が起こり得る．そうでなければ，非説得均衡が起こる．

我々はこの関係を次のような定理として述べる．

定理3.1：外部からの力がなければ，共通利益が認知されることが説得の必要条件である．しかしながら，認知された共通利益は説得にとって十分ではない．

第2章において我々が論じたのは，人々は理性的選択を促すと期待しない刺激を無視するということであった．ここでもまた説得は，本人が語り手の声明は自分がコストの高い過ちを回避する役に立つだろうと信じることを必要とする．それはすなわち，もし本人が語り手は自分と対立する利益を持っているようだと信じれば，説得は生じないということである．しかしながら，もし本人が，（語り手との間に）共通利益がありそうだと信じれば，説得は可能である．定理3.2は我々に，なぜ認知された共通利益が我々のモデルにおいて説得に十分でないかを教える．

定理3.2：外部からの力がなければ，語り手の認知された知識（$k > 0$）は，説得の必要条件である．しかしながら，語り手の認知された知識は説得にとって十分ではない．

だから，もし，語り手が本人の望むような知識を持っていないということが本人にとって確かであるなら，説得は起きないだろう．対照的に，語り手が本人の求める知識を持っているかもしれないと本人が信じるのなら，説得は起こりうる．語り手が本人と共通利益を持っていることが確かな場合でも，語り手が知識を持っていないと本人が信じれば，彼女は語り手の声明を無視する．

語り手の持っている知識が認知されることの必要性は，説得についての学術的でよく知られた説明の重要な限界を明らかにする．たとえば，ある人々は，保守的な人々は他の保守的な人々に対して必ず相対的に説得力があると

か，アフリカ系アメリカ人は必ずアフリカ系アメリカ人に対して相対的に説得力がある，などといった見解を持っている．我々は，このような説明の信頼性が条件つきのものであることに気づいている．語り手の持つ個人的属性に関わりなく，もし彼が知識に欠けると認知されれば，彼は説得することができないのである[18]．

　語り手の認知された知識は説得のための必要条件ではあるが，十分条件ではない．というのは，一見知識があるように思われる語り手でさえ，説得が可能なのは信頼されたときだけである．たとえば，多くの人々はリチャード・ニクソン（Richard Nixon）がウォーターゲート・ビルの侵入について知っていたとか，ビル・クリントンが自身のマリファナ使用の程度について知識があるなどの事柄を信じていたが，信頼の欠如がこれらの問題に対する彼らの声明が持つ説得力を損なった．

　我々は，知識，利益，そして説得の間の関係に対する我々の限界について指摘したが，我々が示したのは氷山のほんの一角に過ぎない．2つの推論が，我々のモデルにおける説得に関する，より冷厳な現実を示す．

---

(18)　先に触れたように，戦略的情報伝達についての画期的なモデルは同様の議論を行っている．Crawford and Sobel（1982, 1431）は，「均衡信号（equilibrium signaling）は代理人（agent）の選好がより同質的であるときに，より情報を伝える」．彼らのモデルでは，すべての均衡は分割均衡（partition equilibria）である．これが意味するのは，すべての均衡が，語り手の声明がどの程度十分なものであるかを描写するという点から述べられうる（たとえば，メッセージ空間は分割されていて，1つのメッセージ空間がより多くの分割空間を含んでいればいるほど，語り手の声明は説得的で啓発的である）ということである．彼らはその後で（1441），[語り手と受信者の] 利益がより近く合致していればいるほど，より細かな分割が存在する……[彼らの利益間の距離が無限に近づくにつれ]，[分割の数] は結果的に1つになり，完全に情報のない均衡だけが残る」．しかしながら，実際に彼らは推論1において，相対的に小さな利益対立（たとえば，その結果がチープ・トークである）の下でさえも，この分割の数が1（すなわち語り手の声明がまったく情報価値を持たない状態）に向かうことを証明している．同様の結論が Gilligan anf Krehbiel（1987, 1989），Austen-Smith（1990a, b, 1993）においてひきだされている．我々のモデルにおいても，c を0か1に限定することによって同様な結果が得られることに注意されたい．

定理3.1の系：現実の共通利益は説得のための必要条件でも十分条件でもない．
定理3.2の系：語り手が実際に持っている知識は，説得のための必要条件でも十分条件でもない．

人々がお互いをよく知らないとき，説得へと向かわせるものは，語り手が実際に持っている知識や利益ではなく，語り手の（本人によって）認知された知識と利益である．それゆえに，本人が望む知識や共通利益を持っている語り手は，説得に失敗することがある．その上，語り手は何も知らなくても，また本人と利益が対立している場合でさえ，説得することができる．

数字上の例

我々の基本モデルの含意を強調するために，2つの数値による例を出そう．その例のいずれにおいても均衡の中で説得が発生する最初の事例を示す．そこで我々は3つの要素のうちの1つにおける変化がどのように説得に影響するかを示す．表3.1がこれらの例である．単純化のために，我々は $U = |\underline{U}| = |\underline{Z}| = 1$ かつ $Z = 2$ と置くことにする．だから，この例のいずれにおいても語り手は，彼と本人が対立する利益を持っているとき失うものよりも多くを，両者が共通利益を持っているときに得る．

例1：第1の場合．本人は語り手が知識を持っていそうで，かつ，共通利

表3.1　数字上の例

例	$c =$ 共通利益の事前確率	$k =$ 語り手が知識を持っている事前確率	$b = x$ の方が良い事前確率	語り手がもし「より良い」と言う場合の均衡における説得の発生
例1				
第1の場合	.8	.7	.35	起こる
第2の場合	.49	.7	.35	起こらない
第3の場合	.8	0	.35	起こらない
第4の場合	.8	.7	.1*	起こらない
例2				
第1の場合	1	.5	.4	起こる
第2の場合	.49	.5	.4	起こらない
第3の場合	1	0	.4	起こらない
第4の場合	1	.5	.1	起こらない

※　この値は原著においては.35であったが，原著者に確認したところ.1の誤植であるとのことだったので，本訳書ではそのように修正している．

益を持っていそうであると信じている．加えて x の方が良い確率についての彼女の事前信念は.35である．語り手からの説得の言葉がなければ，本人が x の選択から得られる期待効用は－.3である．これは，彼女が y を選んだときに得られるであろうゼロ効用よりも少ないので，彼女は y を選ぶ．しかしながら均衡においては，「より良い」という語り手の声明が，どちらの選択肢が本人にとってより良いのかについての彼女の信念を変える．x がより良いものである確率に関する彼女の事後信念は，約.51に増加する[19]．本人がその声明を聞いた後では，x を選択する際の彼女の期待効用は約.03で，彼女が y を選んだ場合に得るであろうゼロ効用よりも大きい[20]．それゆえに語り手は本人が x を選ぶよう説得する．

　例 1 のほかの場合については，同じことは言えない．これらの場合は第 1 の場合とただ 1 点において異なっている．第 2 の場合では，共通利益の確率についての本人の事前信念が低下している．この事例では，x がより良いという確率についての本人の事後信念は実質的に変わらないままである．第 3 の場合では語り手の知識に対する本人の信念があまり楽観的でない．この場合，x についての彼女の事後信念は事前信念と同一である．第 4 の場合においては，本人の事前信念が彼女をして別の選択肢のほうがよりましであると確信させている（たとえば b が 0 か 1 に近く，.5 から離れる）．**これら 3 つの事例ではいずれも，語り手は本人の信念を変えるに十分なほどの信頼を持たない**．それゆえに本人は語り手を無視し，説得は生じない．

　例 2 の構造は例 1 のものと同様である．違いは，例 2 の最初の事例においては本人が，自分と語り手が利益を共有していることを確信していることで，説得が生じている．加えて，x がより良いという彼女の事前信念は.4である．語り手からの説得の言葉がなければ，x の選択から生じる本人の期待効用は

---

(19) 我々はこれらの信念を，命題3.1において述べられている均衡から計算した(付録を見よ)．数字の例において述べられているこれらの事例において，事後信念は以下のように計算される．

$((b \times (ck + ((1-k)(1-c)) + c(1-k))/[(b \times (ck + ((1-k)(1-c)) + c(1-k)) + ((1-b) \times ((1-c)(1-k) + c(1-k)))]$.

(20) この例では，x のほうがより良いと聞いた上で x を選択することの期待効用の分子は，$kcbU + k(1-c)(1-b)\underline{U} + (1-k)(1-c)bU + (1-k)(1-c)(1-b)\underline{U} + (1-k)cbU + (1-k)c(1-b)\underline{U}$ である．

−.2である．これは，彼女がyを選んだときに稼ぐであろうゼロ効用よりも小さいので，彼女はyを選ぶ．しかしながら均衡において，「より良い」という語り手の声明は彼女にとってどちらの選択肢がより良いのかについての彼女の信念を変える．xの方が相対的に良いという彼女の事後信念は約.57まで上がる．本人がこの声明を聞いた後では，xを選択することについての彼女の期待効用は.17で，yを選んだときに得るであろうゼロ効用よりも大きい．それゆえに事例1において語り手は本人を説得する．事例2と事例3では，語り手の利益や知識における信頼が減少しているので，もはや彼女に語り手の助言に基づいて選択をさせることはない．事例4ではどちらの選択肢がより良いか，本人が確信を持っている．結果として語り手はもはや説得不能である．

表3.1において示されているすべての事例のうち，例1の最初の事例においてのみ，騙しの可能性があることに注意されたい．ここでは語り手に説得力があり，我々は語り手の実際の利益を特定しなかったので，騙すことがありうる．だから，この事例において共通利益の可能性は高い（.8）けれども，もし自然が低い確率の事象（利益の対立）を引き当てれば，そのときゲームの結果は語り手が本人に嘘をついて，うまく騙すこととなる．対照的に，もし自然が高確率事象（共通利益）を引き当てれば，そのとき語り手は真実を語り，本人は彼女にとってより良い選択肢を選ぶことになる．

3つの拡張：外部からの力の効果

今や我々の注意を，外部からの力が存在する際に人々はいかにして他者から学習するか（そして学ばないか）に向ける時である．これらの力は，知識や利益に代わるものを与えることで説得が必要とするものを劇的に変化させ，アリストテレス的見解の有効性をさらに弱める．我々が検証するこれら3つの力のそれぞれは政治にとってはありふれたものであり，語り手や本人の誘因に影響を与える力の広範な種類を代表する．

第1の力は**検証**（*verification*）である．我々は検証を次のように表現する．語り手が話した後，しかし本人が選択を行う前に，自然が本人に対してxが彼女にとって良いのか悪いのかを明らかにする．検証はvの確率（ただし$0 < v < 1$）で起こる[21]．言い換えるなら，我々が考察するのは語り手の声明の真偽が，本人が選択を行う前に検証されうるような事例である．

第2の力は嘘に対する罰である．我々はこれらの罰を，語り手が虚偽のシグナルを送ったときに払わなければならないコスト，$pen \geq 0$，として表現する．この罰は語り手の効用に直接影響を与える．もし本人と語り手が共通の利益を持っていて，かつ，語り手が嘘をつくなら，本人が効用 U（$U \geq 0$）を得るとき語り手は効用 $Z - pen$ を，本人が効用 $\underline{U}$（$\underline{U} \leq 0$）を得るとき語り手は効用 $\underline{Z} - pen$（$\underline{Z} - pen \leq 0$）を得る．もし本人と語り手が対立する利益を持ち，かつもし語り手が嘘をつくなら，本人が効用 U（$U \geq 0$）を得るとき語り手は効用 $\underline{Z} - pen$（$\underline{Z} - pen \leq 0$）を得，本人が効用 $\underline{U}$（$\underline{U} \leq 0$）を得るとき，語り手は効用 $Z - pen$ を得る．もし語り手が真実を告げるなら，そのときの語り手の効用は基本モデルのそれと同じである．嘘をつくことに対する罰は，声明固有のコストのよくある例である[22]．嘘をつくことに対する罰に焦点を合わせる我々の動機は，嘘をつく人々（たとえば偽証）に課されるあからさまな罰金や，虚偽の声明を行うことにとらわれた結果，正直という貴重な評判を喪失することである[23]．

---

[21] $v = 0$ ならその事例は基本モデルであり，$v = 1$ なら自明であることに注意されたい．

[22] 我々が嘘をつくことに対する罰に焦点をあわせるのは，騙されることに対する恐怖が民主制批判において果たす役割ゆえである．声明固有のコストの別の例は，O・J・シンプソン（O. J. Simpson）の公判において明らかとなった．公判の終わり頃に，探偵マーク・ファーマン（Mark Fuhrman）が，録音されたインタビューの中でアフリカ系アメリカ人を意味する "N-word" を使っていたことが公表された．現代の用語法においてアフリカ系アメリカ人を表現するためのもっと侮辱的でない多くの言葉があるのに，"N-word" はそうではない．しかしながら，その言葉の使用に伴う悪意は他に類を見ない．公平に言って，このような言葉は声明特有のコストを伴う．アフリカ系アメリカ人を表す別の相対的に「コストの低い」表現が使えるのにこのような言葉が使われるのは，そのコストが課されないと信じていた語り手か，コストが課される確率がゼロではないと思いつつもコストの支払いを正当化するほど，"N-word" の使用に彼の価値観が深く結びついていると信じていた語り手によってであろうと，我々のモデルは予測するだろう．

[23] 我々はこれらのコストが共通の知識である事例に焦点を合わせるが，我々の結論はそれについて本人が確信を持てないという仮定に対しても頑健（robust）である．たとえば真実を述べることに対する報酬や罰のような，別

我々は第3の力を**観察可能で高コストな労力**と呼ぶ．我々は高コストな労力を"cost"として表現する（cost ≧ 0）．これは語り手が信号を送る際に払わなければならないコストである．もし彼がこれを払わなければ，本人は信号を受け取らない．直感的に言って，ほとんどすべての認知作業においてコストが存在しており，話すことも例外ではない[24]．

検証，嘘に対する罰，そして高コストな労力は，外部からの力がコミュニケーションに対して持ちうる効果の範囲を網羅している．検証は本人が語り手の声明を受け取るやり方に影響を与える．それは，声明を行うことに関わるいかなるコストからも独立している．嘘に対する罰と高コストな労力は語り手のコストに影響を与えるが，信号の受け取り方法からは独立である．嘘に対する罰は，声明固有のコストの単純な一例である．高コストな労力は，言われている内容からは独立しているコミュニケーション・コストの一例である．

さて我々の主要な結論を示そう．

定理3.3（説得の条件）：次の条件はそれぞれに説得のための必要条件であり，集合して十分条件となる：本人は，語り手を信頼できるものと認知しなければならず，さらに本人は，語り手が自分の欲する知識を持っていることを認知しなければならない．

外部からの力がなければ，説得には認知された共通利益と語り手の認知された知識が必要である．外部からの力があるなら，これらの必要条件は緩和されうる．検証されやすさ，嘘に対する罰の規模，あるいは高コストな労力の発生確率が増大するにつれて，共通利益の認知が必要とされる程度は小さくなる．換言すれば，説得の観点からいって，外部からの力は共通利益の代替物たりうる（そしてそれは相互的である）．

だから，説得が発生するのは，第1に本人がどちらの選択肢が自分にとってより良いのかについて確信が持てず，語り手が自分の欲する知識を持っているかもしれないと信じ，語り手が知っていることを明らかにする動機を持っていると信じている場合だけである．これら3つの条件のうちどれか1つ

の声明固有のコストも同様の力学を持つことに留意されたい．

(24) 政治の観察や大学の会議において忘れられがちなのは，協議はチープ（cheap）かもしれないが，タダではないということである．

でも満たされなければ，説得は起こり得ない．

心理学の語法では，定理3.3は語り手の動機と知識についての本人の認知が基本的情報源効果（fundamental source effects）——それらは語り手が本人を説得できるか否かを決定する——であることを意味する．この定理から，別のよく知られた情報源効果（たとえば語り手の政党，イデオロギー，評判に基づくもの）が，それらが語り手の知識や誘因についての聴衆の認知に影響するがゆえに，機能するということが導かれる．

アリストテレスの説得理論とは異なり定理3.3は，説得が語り手の利益に関する本人の認知から独立であってもよいことを含意する．だから，誘因を変化させるような外部からの力が働くとき，語り手の属性（たとえばイデオロギー，党派性，評判，現実の知識水準，あるいは本人との感情的な関係など）は，本人を説得するための彼の力とまったく何の関係もないかもしれない．よって，定理3.3は排他的に個人的特徴に基礎付けた説得の説明を修正する．この点は定理3.3に対する推論において要約される．

定理3.3の系：認知された共通利益は説得のための必要条件ではない．

たとえば，保守的なエリートの語り手はリベラルな人よりも保守的な人をより効果的に説得できるとか，民主党員は別の民主党員の主張を相対的により信頼できるものとみなすとか，アフリカ系アメリカ人は別のアフリカ系アメリカ人を容易に信じる，などのことは広く当然視されている．対照的に，我々の結論は，外部からの力が語り手の特徴を代替するとき，特定の特徴が信頼の必要条件にはならないというものである．そのような代替物が機能することを理解するためには，ある声明が他のものよりコストが高いことを，語り手や本人に明らかにするやり方で語り手の誘因に影響を与えるような状況を考えてみるといい（たとえば，法廷では偽証の脅威と反対尋問が証人の誘因に影響するように実行される）．結果として，もし我々が，ある虚偽の声明が極端にコストの高いものであるという状況において，語り手に本人と対立する利益を持たせても（たとえば，彼は外部からの力がないところでは本人にとっては相対的に悪い別の選択肢を望むかもしれない），そこではその**状況**（context）が本人に語り手を信じる根本的な理由を与える．代わりに，定理3.3が意味するのは，本人が語り手を完全に厭わしいものと見なし，自分の利益と対立する利益を持っているものと見なしても，もし外部からの力が語り手に真実を述べさせるように誘導するなら（たとえばその語り手が嘘に対

する罰をこうむるなら），そしてもし本人が語り手に知識があることを認知するなら，本人はその語り手を信じる根拠を持っているということである．だから，語り手が持っている知識を明らかにするだろうと信じるための根拠が本人には必要だが，そのような根拠は語り手の属性によって来たるものである必要はない．語り手と本人が相互に働きかけあうところに存在する外部からの力から，効果的に信頼の根拠が生まれうる．第4，第5，第10章で，我々はこの知識を用いて政治制度がどのようにして説得や理性的選択に影響するかを説明する．次に，外部からの力がそれぞれどのように説得に影響するかを簡単に説明する．

検証． 基本モデルに我々が検証を加えるとき，我々は2つの均衡に到達する[25]．1つの均衡において本人は語り手の発言に基づいて選択する．語り手がこの均衡において真実を述べるのは，彼が真実を知っていて，自分自身が本人と共通の利益を持っていると信じている場合のみである．そうでなければ語り手は嘘をつく．別の均衡では本人は語り手を無視し，説得は生じない．

検証は，本人が真の信号を虚偽の信号から区別できるという脅威を形成することによって機能する[26]．この脅威は語り手の誘因を次のように変える．検証の確率が増大するにつれ，語り手が虚偽の信号を送ることによって便益を得られる確率が減少する[27]．対立する利益を持つ語り手だけが常に虚偽の信号を送ることによって得るものがありうるので，検証が直接効果を持つのは，彼と本人が対立する利益を有する場合のみである．対照的に，語り手と本人が共通の利益を持つとき，検証はあまり脅威にならない．この場合，語り手は本人に理性的選択をしてもらいたいし，本人が必要があることを語り手から直接学習するか，検証を通じて学習するかには違いがない．

検証の限界は，語り手が別な方法で嘘をつこうとするときに，語り手をして真実を述べさせるように誘導することができないということである．検証は単に，もし語り手の信号が偽であるときに，本人がそれを無視するように導くことしかできない．検証は語り手に嘘に対する罰を与えるものではない

---

(25) 命題3.2を見よ．
(26) 命題3.2の系1を見よ．
(27) 命題3.2の系2を見よ．

のだ．だから語り手にとって検証の脅威とは，彼の信号が無効になるだろうということである．それゆえに，**検証は，虚偽の声明で得をすることができる語り手にとってのコミュニケーションの期待値を減少させる**．対照的に，検証は共通利益を持つ語り手に同じ効果を持ってはいない．

検証と説得の関係について考えるとき重要なのは，検証と競争の混同に注意するということである．対照的に我々の結論は，競争は説得にとって必要でも十分でもないというものである．競争は必要ではない．なぜなら，それが信頼を導くただ1つの方法というわけではないからである．その上，競争は説得の十分条件でもない．なぜなら加えられた競争相手は知識がなくてもいいし，信頼に値しなくてもいいからだ．それゆえ，競争相手を加えることは，語り手がゼロの確率で検証されると脅すことによって語り手の誘因を変えようとする試みのようなものになるだろう．我々のモデルにおける競争は，加えられた競争相手が，我々が定理3.3において説明した条件のうちの1つを導く場合にのみ，説得を導く．

嘘に対する罰． 嘘に対する罰の効果をあらかじめ示すために，我々はまず，基本モデルの均衡においてどのように嘘が発生するかを説明する．均衡において，本人は語り手が嘘をつくであろうことを知っており，その助言には従わない．しかしながら語り手は，本人が彼のことを真実を語る人間だと誤認していることを期待するときに嘘をつく．

我々の結果は，**人々は均衡においてお互いに騙されることがありえない**というこの標準的なチープ・トーク・モデルとは対称にある．この結果の背景にあるのは，嘘をつかれることが前もってわかるほどに，人々がお互いのことをよく知っているという標準的なチープ・トーク・モデルの仮定（たとえば，すべてのプレイヤーはシグナリングの真価について合理的期待を有している）である．現実に，そして我々のモデルにおいて騙しが発生する理由は，人々が必ずしも嘘をつかれるかどうかがわからないためである．

注目すべきなのは，嘘に対する罰がなければ嘘を予測する本人に対して，嘘に対する罰が真実を語る人と嘘つきを見分けることができると信じる理由を与えるときに，嘘に対する罰は説得を促すことが可能だということである[28]．もし罰が小さければ，ゲームの均衡は以前と同様で，もし本人が語り手を知識があり自分と共通利益を持っていると認知するなら，本人は語り手

の言うことに基づいて選択を行い，語り手は自分が本人と共通利益を持っていることを知っているか信じている場合にのみ真実を告げるし，そうでなければ語り手は嘘をつく．もし本人がこのような事前信念をもっていなければ，本人は語り手を無視するので説得は起こらない．

しかしながら罰が大きければ，語り手が嘘をつくのは，嘘をつくことからの期待便益が罰より大きい場合だけである．嘘に対する罰が十分に大きければ，語り手は決して騙さないし，本人は語り手を信頼することができる．しかしながら，説得を誘導するために嘘に対する罰がとても大きくなければならないということではない．なぜかを理解するために，次のような例を考えてみよう．

本人にとって x が y よりも良いか悪いかについて，本人は確信が持てないが語り手は知っているとしよう．さらに，本人と語り手は対立する利益を持っていると仮定しよう．より具体的に，もし x が本人にとってより良いものなら，本人が x を選択したときに語り手は20ドルを失い，もし x が本人にとってより悪いものなら，本人が x を選んだときに語り手は75ドルを得るものとする．さらに，もし本人が y を選べば語り手は何も得ない．そして嘘つきへの罰は50ドルとしよう．この状況において，x が本人にとってより良いとき，この罰は語り手に嘘をつくことを思いとどまらせるに十分なほど大きい——語り手は20ドル失うことを避けるためには，50ドルを払わなければならない．x が本人にとってより悪いときはそうではない——語り手は75ドル得るために50ドル払うことができる．だから，もし x が本人にとってより良いなら語り手はより良いというだろうし，もし x がより悪いのなら，語り手はより良いと言うかもしれないし，より悪いというかもしれない．それゆえに，もし本人が「より悪い」という声明を聞けば，嘘つきへの罰は，彼女がその声明が真実に違いないと推測できるようにする．

一般に，語り手が嘘に対する罰に直面していると信じる本人は，語り手の声明を聞いた上で次のような2つの推測のうちの1つを行うことができる．(1)声明は真である．あるいは(2)声明は嘘で，語り手が嘘をつく価値は期待される罰よりも大きい．嘘に対する罰がこの効果を持つとき，それは語り手の誘因に対する本人の認識に新たな覗き窓を与え，信頼の基礎をもたらす[29]．

---

(28) 命題3.3を見よ．

観察可能で高コストな労力． この効果の背景にある論理は「行いは言葉よりも雄弁である」ということわざに密接に従う[30]．コストの高い行為（努力）を行う者は，他者に対して特定の帰結が彼や彼女にとってどれほど価値のあるものであるかについて何かを示している．たとえば，もし知識のある語り手が我々を説得する機会のために100ドルを支払うなら，語り手の言葉を聞いた後で彼が我々に期待する行動と，彼の言葉を聞かない場合に我々がするであろうと語り手が予期する行動の，語り手にとっての期待値の差は少なくとも100ドルだろうと我々は推測できる．それゆえに，たとえ語り手が結局のところ，我々の理解できない言語で自分の発言を届けるとしても，語り手の支払い額が我々に自分たちの選択が重要であることを知らせる．

観察可能で高コストな労力は，本人に語り手の利益についての新たな推測を可能とする．具体的には，本人は彼女が別のものを選択した場合と語り手にとって好ましい選択がどれほど大きく異なるかを推測できる．図3.2において我々は，語り手の高価で観察可能な労力がどれほど本人の信念に影響するかについて，空間上で例を示している．図3.2の上部に，本人が x の位置について持ち得る信念の集合を示している．さて，$y = .5$，C を本人に対して「より良い」か「より悪い」かを言う機会を語り手が獲得するためのコストとしよう．さらに，語り手は，彼は C を払うと決めるときに x の位置を知っており，本人は語り手がこのことを知っているということを知っており，.2かそれ以上という，距離についての政策変化だけが C という支出をそれだけの価値のあるものとする．このとき，C の支払いを観察することから，そして語り手が言葉を発する前に，本人は x が y から距離.2以内にないことを推測できる．我々が図3.2の下段で示すように，本人は語り手の支払いから x が.3から.7の間にないことを学習する．この新たな情報だけが，本人に語り手の誘

---

(29) 命題3.3の系を見よ．
(30) 命題3.4を見よ．この外部からの力に潜在する論理は，経済学における高コストな信号についての画期的な論文であるSpence (1973)の論理に等しい．単純化のために，努力のコストが知られている事例について述べる．しかしながら我々の結果を，語り手の発言に必要な努力の規模と語り手の効用関数の正確な形の双方について本人は無知だがそれについて信念を形成できる事例に拡張することは自明である．

因と x の位置についてのより大きな知識に対して，よりくもりのない覗き窓を与えることができる．

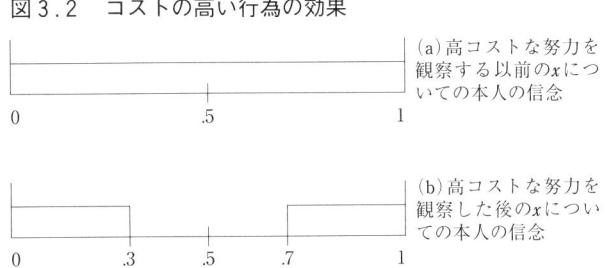

図 3.2　コストの高い行為の効果

(a) 高コストな努力を観察する以前の x についての本人の信念

(b) 高コストな努力を観察した後の x についての本人の信念

ダイナミックな含意

　共通利益の代替物となるものを加えるという点で，外部からの力もまた，お互いにとっての代替物である．説得にとって必要な認知された共通の利益と認知された知識の程度を検証という脅威が低下させるのと同じやりかたで，それは説得のために必要な嘘に対する罰や高コストな労力の規模を小さくする．この代替性が起こり得るのは，それぞれの外部からの力が語り手と本人に対して同様の効果を持つ——それらは語り手にある行動をとる誘因を与え，本人には語り手の誘因に対する覗き窓を与える——ためである．結果として，外部からの力はもし一緒に存在するなら，そうでなければ説得が存在しなかったであろう所に説得を誘導するよう相互補完的に働く．

　定理3.1，3.2，3.3は説得が必要とする**最低水準**の認知された共通利益と認知された知識を明らかにしている．ある場合，必要条件はより厳しい．たとえば，語り手が話す前に，本人が x は彼女にとって良いと確信しているとしよう（たとえば $b = .98$）．そのとき，本人は，もし語り手は知識があって信頼できるとしっかり確信していなければ，彼女の信念を離れて話を聞くことはありえない（たとえば c や k はとても高くなければならない）．

　同じような関係が，説得のための必要条件と外部からの力の効果の間にある．他のすべてが一定なら，b が 0 か 1 に近づくにつれ，語り手を説得的にするために必要な検証，高コストな労力，嘘に対する罰の規模は減らない．すなわち，外部からの力が説得を生むのに有効なのは，本人がどちらの選択

肢が自分にとって良いのかについて，強固な事前信念を持たないときである．極端な場合，もし本人が自分はコストの高い失敗をしたりしないと信じているのなら，最強の外部からの力だけが本人に語り手を信じさせるに十分なものとなるだろう．

複数の本人がいるときに何が起こるか？
（もしくは，あなたが**賛成しない**人々によって**説得される方法**）

　我々のモデルでは，語り手が自分と対立する利益を持っていると認知している本人は，外部からの力がある場合にのみ語り手によって説得されうる．しかしながらこの主張は，我々全員が持っている経験と矛盾しているように映る．はっきりいえば，ときに我々は彼らが対立的な利益を持っているがゆえに説得されるのである．たとえば，コリン氏は熱心にあらゆる種類の環境規制に反対しているとしよう．こんなケースが考えられる．コリン氏は環境保護団体の推薦によって説得され得る．たとえば，彼は彼らの発言を聞き，彼らと反対に振舞うかもしれない．

　我々の基本モデルでは，外部からの力はなく，このタイプの説得は起こり得ない．同じことがアリストテレス理論にもいえる．というのは，語り手が対立的な利益を持っていることを本人が知っているか，そう信じているとき，本人は語り手を無視する誘因を持っているが，語り手が言うことの反対を行う誘因は持っていないのである．このような結論がコリン氏の行動に適合しない理由は，現実にコリン氏は別の前提が真である状況にいるということである．コリン氏の行動を説明するために，我々はその前提を説明するようなモデルの拡張を行う．

　具体的には基本モデルに別の本人を加える．我々はこれらのプレイヤーを**観察者**（*observer*）と呼び，それぞれの観察者を「彼女」として言及する．観察者と本人の間の唯一の違いは，観察者は語り手の効用に直接影響を与えることができないということである．観察者の例としては，大規模集会における個人や，全国的に放映される政治演説を見る人々などが含まれる．

　我々の理論が意味するのは，説得には語り手の言うことを信頼するための根拠を認知するような観察者が必要であるということである．このような我々のモデルの拡張において，次のような要素が信頼のための十分な根拠を与え得る．「観察者は語り手が自分に対して真実の声明を発すると信じている」，

「観察者は，自分の利益が本人や語り手の利益と対立的であること，および語り手は本人に対して真実の声明を行う誘因があると信じている」．

だから，語り手の言葉は，語り手が本人に話すことについて知識をもっていて信頼できると観察者が信じるとき，観察者を説得することができる．だから，本人と語り手の相互作用を観察して，語り手とも本人とも共通の利益を持っていると観察者が感じたら，もともとのコミュニケーションから溢き出すように，観察者は語り手によって説得され得る．対照的に，もし観察者が語り手や本人との間に利益の対立を確信していれば，語り手は再び説得力を持つだろう．ただし異なる方向に，である．この場合，観察者は語り手の助言を受け取り，その逆を行う．たとえばあなたが，共和党支持者の重要な集団に演説をぶつニュート・ギングリッチ（Newt Gingrich）を観察する民主党員だとしよう．もしあなたがギングリッチを，知識があり，彼が演説をしている集団の好意を得ようとし，彼およびその集団が共通の利益を持ち，さらにあなたの利益が彼らと対立していると信じるなら，あなたはニュートの助言を受け，しかし彼が推薦することとは逆のことをすべきである．要約すると，**観察者**が対立する利益を持つと感じる語り手に説得されうるのは，語り手が先に説明した外部からの力に服従しているか，語り手が演説している本人達と共通の利益を持つ場合のみである[31]．

複数の語り手がいるときに何が起こるのか？

語り手の数を増やすことによるモデルの拡張が，2つのうち1つのやり方で説得に影響を与えることを可能にする．第1に，付け加えられた語り手はもともとの語り手と異なっているかもしれない．たとえば，付け加えられた語り手は，もともとの語り手が持っていなかった個人的特徴を持つかもしれない．その上，付け加えられた語り手は，もともとの語り手が直面していなかった外部からの力に従っているかもしれない．だから，もともとの語り手は説得力がなかったかもしれないが，付け加えられた語り手は説得力があるかもしれない．この場合，付け加えられた語り手は，説得が起こるときに影

---

(31) Calvert（1985）とFarrell and Gibbons（1989）はこの種の説得を説明している．これらの研究に対する我々の修正は，この種の説得が起こりうるときについての我々の定義にある．

響を与えるのだろう．第2に，付け加えられた語り手は，もしその存在がもともとの語り手の誘因を変化させるような外部からの力を生むのなら，説得に影響を与えうる．たとえば，もし付け加えられた語り手がもともとの語り手について「検証」しやすくしたり，嘘に対する罰を容易にしたり，観察可能な高コストな労力を課すことを容易にするのであれば，そのとき，付け加えられた語り手は本人に，もともとの語り手を信じるだけの理由を与えることができる．

説得についての含意

　説得についての我々の条件は，人々がどのようにして信じる相手を選ぶかを明らかにする．これらの条件は，誰が誰を説得できるのかについて次のような含意を有する．全ての声明が等しく知識を与えるわけではなく，全ての語り手が等しく説得的なわけでもなく，そしてあなたは必ずしもあなたのような人からより多くを学習しない．

　全ての声明が等しく知識を与えるわけではない．この不平等性の明白な理由は，声明は内容において異なるということである．第2の理由は，声明は**文脈**において変化するということである．たとえば，同じ声明を同じ**聴衆**に対して，**外部からの力の異なる組み合わせの下で**行う同じ人間は，それぞれ等しく説得的である必要はない．

　全ての語り手が等しく説得力があるわけではない．個人の説得力は，彼や彼女が他者によってどのように認知されているかに依存する．経済的，政治的決定に関する近年の研究，たとえばコンドルセの陪審定理の多くの変形（variation）は，人々が耳にする全てを信じるという前提を含んでいる（Feddersen and Pesendorfer 1995, Grofman and Feld 1988）．これらの理論の主な結論は，集団決定がある形態の多数決によってなされるとき，その集団は，集団の多くのメンバーが表面上重要な知識を欠いているにせよ，理性的選択ができるということである．この結論の主題は我々の結論に似ているが，これらの結論の背後にある議論は潜在的にちぐはぐである．多くの人々が注意する政治的状況——選挙，議会，そして裁判所——では，人々が自分の耳にしたこと全てを信じるという仮定は妥当ではない．実際，定理3.3が意味するのは，人々は特別な環境の下でのみ，耳にすることの全てを信じるということである．それゆえに，多くの人々が注意する政治状況に対する陪審定理の

有意性は薄弱である(32)．全ての語り手が等しく説得的なわけではないという我々の主張は，知は力なりという信念と矛盾する．知識は，知識を持つ人が説得力を持っている人を越えてその人を説得できなければ，力たりえないのである(33)．

あなたは必ずしもあなたのような人々から，もしくはあなたの好きな人から多くを学習しない．これが，あなたが子供の望む食べ物でなく，小児科医の薦める食べものを子供に与える理由である．逆に，嘘に対する罰が十分に高ければ，人々は自分と対立する利益を持っている語り手によって説得されうる．

人々がどうやって信じる人を選ぶかについての我々の説明は，よく知られているアリストテレス理論を修正するために使うことができる．すなわち，評判，信用度，信頼，正直さ，感情，イデオロギー，あるいは党派性といった概念に基づいて説得できる人物についての説明が，条件的なものであることを示すことはたやすい．たとえば，ときどき制度派経済学においてなされるように，評判は説得の前提条件であるという主張について考えてみよう．我々のモデルでは，**評判は説得の必要条件でも十分条件でもない**．評判が説得の十分条件だったら，そのとき同じ本人と語り手の間の2つの相互作用は

---

(32) ラダー（Ladha）の陪審定理の変形は例外である．Ladha（1992, 1993）は個人が誤りを犯す事例における陪審定理の頑健性を評価している．我々が目指しているのはモデルがそのような方向に進歩して，人々がお互いをよく知らず，潜在的に対立する利益を持ち，結果としてお互いを欺こうとするかもしれないときに陪審定理の頑健性が示されることである．

(33) もし，語り手の実際の知識が彼の説得力と無関係であることが直観に反したり間違っているように思われるなら，あなた自身の経験について考えてみるといい．あなたは自分に政治情報を与えてくれる人々のことを，あまりよく知らない（CNNで話す人々やニューヨーク・タイムズに書いている人々についてあなたはどの程度知っていますか？）．あなたは，自分以外の多くの人々がどの程度の知識を持っているかについての詳細な情報に接触（access）を持っていない．それゆえに，あなたはあなたの判断を，あなたの主観的な信念において信じられると思う人物を選択の基準としなければならない．もしあなたが，語り手は何も知らないと信じるなら，あなたは彼の助言に従う根拠を持たない．このことは，語り手が（あなたには知られていない）あなたの欲する知識を実際に持っているとしても，真実なのである．

必ず，語り手を信頼に値するものとするだろう（我々のモデルの単純な拡張は，これが虚偽であることを示す）．もし，評判が説得の必要条件であったなら，我々が提示したモデルにおける本人は，決して語り手を信じない[34]．評判が説得力を生むのは，それが説得のための条件を生む場合のみであるというのが我々の結論である．それゆえ特定の評判が，語り手が説得を行う助けになることは真実であるが，全ての評判が助けになれるわけではない．

イデオロギー，感情，そして党派性に基づいた説得の説明は，評判と同じ運命を辿る．これらの要素はいずれも，我々のモデルでは説得の必要条件でも十分条件でもない．これがなぜかを理解するために，次のような例を考えてみよう．あなたは本当はA氏が好きかもしれないし，あるいは彼があなたのように保守的であることを知っているが，彼がBという政策についてはまったく何も知らないと信じている．この場合，あなたはA氏の助言に従うべきではない．逆に，あなたはA氏が知識を持ち非保守的で好ましからざる人物であるにもかかわらず，彼が自分の知っていることを示す強い誘因に直面していると信じているとしよう．この場合，あなたは彼の助言に従うべきである．

定理3.3は次の場合に，個人的特徴に基づいた説得がありうることを意味している．

ある分析者が説得の試みと対峙して，「F因子が聞き手をしてTという問題についての気持ちを変化させる」という仮説について考えているとき，彼女は自分に次のような疑問を投げかける．「聞き手が語り手のTについての知識に相関してF因子を認知すると仮定するのは妥当だろうか」．そして，「聞き手が語り手の利益や，語り手がTについて知っていることを明らかにする誘因と相関してF因子を認知すると仮定するのは妥当だろうか」．もし両方の疑問に対する答えが「ノー」であるなら，我々のモデルの感覚では，そのときF因子は説得の原因たりえず，仮説は放棄されるべきである．もし

---

[34] 同じ論理が，学習モデルの構築には繰り返してプレイを行う形式が必要であるという方法論的な批判が持っている論理の欠陥をさらす．フォーク定理（Folk Theorem）がこれらすべての分析の頑健性に疑問を投げかけなかったとしても，先に行った議論が他者からの学習が相互行為の繰り返しを必要としないことを明らかにしている．

どちらかの疑問に対して答えが「イエス」であるなら，そのとき彼女は分析を続ける基礎を持っている．もしどちらの疑問についても答えが「イエス」であるなら，そのとき彼女は分析を続ける強い理由を持っている．

　説得のための条件は，個人的属性（たとえば，党派性の手がかり（partisan cues），イデオロギー，情緒的な関係，など）が説得を理解する上で最も有用であるときに明らかになる．これを理解するために，イデオロギーについて考えよう．イデオロギーと，説得の条件の背後にある要因（共通の利益や，特定の嘘に対する罰など）との間に高い相関がある場合，語り手のイデオロギーを知っていることは，彼を信ずべきか否かについての良い指標たりうる．明確な相関がなければ，イデオロギーや政党といった概念は，利用価値のない手がかりである．別の表現を使えば，**評判，政党，あるいはイデオロギーのような概念は，それらが知識や信頼について情報を伝達する場合にのみ，便利なヒューリスティクスである**．この声明の逆は真ではない．

結論

　限られた情報の政治的帰結は深刻なものになりうる．しかしながら我々の定理は，多くの学者や専門家が宣言するほど頻繁にこのような帰結を人々がこうむるわけではないことを示している．政治はしばしば人々に，言葉や書かれた証言から知る必要のあるものを学習することを強いる．これらの事例において，限られた情報はもし説得のための条件が当てはまらなければ，本人が理性的選択を行うことを妨げる．それゆえに，もし本人が，知識があって信頼できると認識する少なくとも一人の語り手の証言に対して接触があるなら，そのとき限られた情報は理性的選択を必ずしも妨げない．しかしながら，そして説得についてのこれまでの説明とは違って，信頼は語り手の個人的特徴に対する本人の評価から派生する必要はないと言うのが我々の結論である．代わりに我々は，語り手の誘因を変えたり明らかにしたりする外部からの力が，信頼の基礎として機能できることを論じている．人々が他者から学習するとき，理性的選択は百科事典的な情報も関連する個人的な経験も必要としないのである．

　他の批判は，現代に生きる市民の多くがどのように情報を得ているかに注目し，人々は適当にかつ安易に騙されると結論づけている．しかしながら，これらの批判の多くは学習が能動的なものであることを認識することに失敗

している．もし学習がしばしば仮定されているように消極的なものであったなら，すべての重点的に広告された製品やプログラムは，多くの注目と幅広い絶賛を獲得するだろう．もちろんそんなことは起こらない．人々は自分たちが誰を信じるかについて極めて選択的である誘因を持っているし，実際そうなのである．

思考のための材料

我々は説得が認知，状況，そして選択の関数であることを論じている．また我々は，我々の示す説得についての説明が政治的相互行為についての多くの疑問を明らかにする助けになりうると主張している．本書の第Ⅱ部と第Ⅲ部で，我々は自分たちの主張を支持する広い範囲の実験と事例研究を説明する．何人かの読者はそんなに長く待ちたくないかもしれないので，2つの単純な寓話でこの章を締め括ることにする．

グリッツ（*Gritz*）． 政府は欠乏に対処し，何かをなすために集合行為を必要とするので，政府の産物はしばしば妥協の産物である．妥協を得ることはやさしくも困難にもなりうる．妥協が難しいとき，交渉が必要である．

近年，アメリカ政府は新たなアクター集団との交渉に従事しなければならなくなった．我々は慣習に従い，これらのアクターを民兵（militia）——政府の非正当性の主張をその存在基礎とする準軍事組織集団——として言及する．1990年代初頭から中期において民兵と政府の法執行部局との間の膠着状態が徐々に日常的なものとなった．たとえば，テキサス州ウェイコ(Waco)のルービー・リッジ（Ruby Ridge）における交渉は延長され，モンタナ・フリーマン（Montana Freeman）との交渉は数週間続いた．それぞれの紛争が全国的に注目された．

政府はこれらの交渉において大きな賭けをした．それらの膠着状態に関わった人々の生命に加えて，これらの状況に対する政府の処遇は，他の現存する，あるいは発生しようとしている民兵に，将来の紛争がどのように解決されるかについて強力な信号を送るものとなりえた．

アメリカ政府は世界最強でないとしても，まず間違いなく国内最強の組織である．その力の理由の1つは資本へのアクセスである．先ほど言及した交渉の重要性に鑑みれば，政府が見つけられる範囲で最も熟練した交渉者を雇

うことに関心を持っていると信じることは妥当である．資源にアクセスする政府の能力が示したのは1人の人物であった．

　ルービー・リッジとモンタナにおいてアメリカ政府は退役大佐ボー・グリッツ（Bo Gritz）を連れてきた．グリッツ大佐はアメリカ合衆国が探しうる最善の交渉者だったのだろうか．グリッツについての2つの事実はあなたに彼は最善ではないと思わせるかもしれない[35]．ボー・グリッツは元グリーン・ベレーで，高位の勲章を授けられた退役軍人であり，元特殊部隊のエージェントであった．1988年に彼は，人民党からの大統領候補であり元クー・クラックス・クランのデイヴィッド・デューク（David Duke）の副大統領候補であった．1992年に彼は人民党の大統領候補であった．彼は，所得税，対外援助，連邦準備制度を廃止するという綱領を掲げて10万票を獲得した．彼は普通の市民に武器利用と生存技術を訓練するスパイク（SPIKE, Specially Prepared Individuals for Key Events）と呼ばれるプログラムを実施していた．彼は，反名誉毀損連盟（Anti - Defumation League）が「ユダヤ人家族が連邦準備制度をコントロールしているという反セム族的神話」を広めるものと特徴づけた，『奉仕のために召されて』（Called to Serve）という本を書いてもいた．

　多くの卓越した人々が政府の交渉者としての求めに応じることができた．なぜ政府は，退役した将軍であるノーマン・シュワルツコフ（Norman Schwarzkopf）やコリン・パウエル（Colin Powell）のような人ではなく，政府に敵意を持つボー・グリッツを選んだのか．我々の理論は次のように解釈する．妥協は交渉が必要で，交渉には説得が必要である．我々が議論したように，説得には知識と信頼が必要である．それゆえに，民兵との効率的な交渉の必要条件は，知識を持ち信頼できると認知される交渉者の採用であった．民兵の基本的な行動の前提は政府の非正当性なので，パウエルやシュワルツコフのような政府に近い交渉者は信頼されにくかったのである．対照的に，グリッツは民兵のメンバーに対して説得力があるだろうと，政府が期待すること

---

(35)　共同通信（Associated Press）によって作成され，Salt Lake Tribute のインターネット・アーカイヴ（http://205.218.36.7:80/96/APR/29/TWR00281126.htm）に置かれている，"Freeman Makes Their Case on Paper, in Video" および "Gritz says Feds Must Move Quickly"，反名誉毀損連盟（Anti - Defumation League）により作成され，www.adl.org に置かれている "ADL Report: Armed and Dangerous Idaho" を見よ．

は妥当だった．その上，グリッツが有していた「民兵の信任状」を持つような，信頼できる別の人物を政府が得られたかどうかはまったく明らかではない．

ルービー・リッジとモンタナの膠着状態は，政府が望んだ形で決着した．グリッツは役割の遂行にあたって広く信頼された．共同通信（Associated Press）を引用すると，「グリッツは，FBIと白人の分離主義者（Separatist）ランディ・ウィーヴァー（Randy Weaver）との間で降伏するよう説得し，アイダホ州ルービー・リッジにおける1992年の膠着状態を終わらせる手助けをした」[36]．多くの人々にとってグリッツは危険な過激主義者だが，問題解決のために信頼を築き上げる必要のあった政府にとって，彼は「有効な過激派」であった．ある段階で政府は，民兵のメンバーが信頼する人間に近いところで選択を行うだろうと理解した．この理解は成功にとって本質的なものだった．

タマーレ． 我々が論理的に導く説得の条件が有益であることを示すもう1つの例は1976年大統領選挙である．サミュエル・ポプキン（Samuel Popkin）は彼の1991年の著作 *The Reasoning Voter* をその選挙からの逸話で始めた．

十分予測できたことだが，フォード大統領のサン・アントニオ集会はメキシコ料理を呼び物とし，アメリカ合衆国大統領は彼にとって初めてのタマーレを給仕された．それはミシガン州グランド・ラピッド（Grand Rapid）でも，ワシントンD.C.でさえも見かけないものだった．リポーターやテレビ・カメラはこのシーンを記録する間，フォードは美味そうにタマーレの中のとうもろこしの皮や全てをかじっていった．

ポプキンの本におけるこの点については，2つのタイプの読者がいる．1つの読者集団はフォードの「食事作法上の粗相」に気づく．なぜなら彼ら自身が熱いタマーレを食べるときに同様の経験をしているからである．別のタイプの読者はこの挿話から何か面白いことが起きるのを待っている．そのような読者は2頁待って，「この軽食は，彼のホストが包み紙として供し食べられることを予定していないとうもろこしの皮を除くことができたのに，一口噛んだ後に中断されてしまった」ことを学習する．

---

(36) "Freeman Makes Their Case on Paper, in Video" を見よ．

ポプキンの挿話は，単純な情報のかけらがどれほど知識を伝えることができるかを示している．しかしながら，話の要点を最初に掴んだり掴まなかったりする読者の存在は再び説得の限界を示している．メキシコ料理に親しみのある人々にとって，フォードの粗相は無知を示す．タマーレの皮むきについての無知がより重要な問題への無知につなげられる程度に，ニュース解説がフォードの争点位置について視聴者に違ったことを考えさせるかもしれない．しかしながら多くの人々にとって，皮むきと争点の結合は存在しない．だからこの出来事を見ていた視聴者はフォードの粗相を認識しても，あらゆる争点について彼が信頼できなくなったとは考えない．その上，タマーレの皮むき技術を訓練されていない多くの人々に対して，我々の第2章の議論は，彼らはフォードの味覚の話題を粗相として認識しないので，この話を無視しがちだろうと論じる．

　ポプキンのタマーレの逸話を利用することで我々が得る教訓は，政党，イデオロギー，あるいは評判といった単純な手がかりの効果が，人々に一様に影響すると議論するのは賢明でないということである．ポプキン自身が彼の本（p. 236）で結論するように，「市民にもっと真面目にとか，もっと敬虔であることを求めてはいけない．彼らは投票者であって判事ではないのだ．代わりに，彼らには彼らの世界と政治の世界をつなぐ手がかりや信号を示しなさい」．説得は認知，状況，そして選択の関数である．これを理解することが，人々がどうやって自分たちに提示された情報を用いるかをよりうまく説明することの助けになりうる．

第3章訳注
(i) この付録は本訳書には収録されていない．
(ii) ゲーム理論では，ゲームの開始に先立って，個々のプレイヤーの選好や戦略，ゲームのルールなどゲームに関する設定が，プレイヤーの選択によらず外生的に決まるような確率変数である場合（この場合，ゲームは不完備情報ゲームである），その確率変数がどのような値をとるかを「自然が選択する（nature chooses）」ものとして概念化する．

第4章

人々は他者から何を学習するのか

　政治において理性的選択は困難にもなりうる．政治や政府は多くの人々になじみのない問題を提起するので，困難になりうるのである．結果として，人々はしばしば理性的選択に必要な知識を持っている他者を頼る．

　前章で我々は人々がどのように他者から学習するかについての理論を提示した．説得は知識の認知と信頼の基礎を必要とすることに我々は気づいた．また我々は，信頼の基礎が外部からの力の誘因効果や，自分たちと語り手が共通の利益を持っているという聞き手の認知から導きうることをも示した．

　限られた情報と理性的選択の間の関係を説明するためには，人々が他者から何を学習するかを説明する必要がある．いかなる条件の下で，理性的選択を行うために我々が必要とする情報を，誰が我々に与えることができるのだろうか．一人の人間が別の人間から学習しようとするときに何が起こりうるかを説明する，3つの単純かつ相互に排他的な，そしてあわせると網羅的なカテゴリーが存在する．

・第1のカテゴリーは啓蒙（*enlightenment*）である．啓蒙とは，誰か別の人の行為を観察したり発言を聞くことの結果として，我々が自分たちの行為の帰結について十分な予測を行うための能力を増加させる過程のことである．もし我々が当初理性的選択を行うに十分な知識を欠いており，かつ我々がこの知識を他者から得ることができるなら，このような他者に啓蒙された場合にのみ，我々は理性的選択を行うことができる[1]．

（1）　啓蒙は誰かが真実を学ぶことを意味しないし，騙しは誰かに嘘をつかれることを意味しない．むしろ，啓蒙が起きるのは誰かが別の人に知識を与え

・第2のカテゴリーは**騙し**（*deception*）である．騙しとは，誰か別の人の行為や発言の結果として，我々の行為の帰結についての十分な予測を行う能力の低下する過程である．誰かが我々に嘘をつき，かつ我々がその人物を信じたときに我々は騙される．
・第3のカテゴリーは**何も学習しない**ことである．我々が何も学習しないとき，十分な予測を行う我々の能力に変化はない．

たとえば大統領選挙における選挙運動のような政治的コミュニケーションが，投票者を啓蒙もしくは騙すかどうかについては活発な議論がある（近年の例として Ansolabehere and Iyengar 1995; Greider 1992; Lodge, Steenbergen, and Brau 1995; さらに Popkin 1991 を見よ）．話題となっているのは，多くの市民の理性的選択を行う能力について，我々は何を言えるのかということである．もしこれらのコミュニケーションが啓蒙を行うのであれば，市民は理性的選択が可能である．もしこれらのコミュニケーションが通常失敗するのであれば（たとえばそれらがごまかしであったり，情報がなかったりすれば），市民にはそのような能力がないだろう．

本章で我々は，啓蒙と騙しの必要条件と十分条件を導くために，我々のコミュニケーション理論を用いる．これらの条件を理解することが，誰に理性的選択が可能で，誰に不可能かをより正確に判断する鍵となる．

啓蒙のための条件

定理4.1は我々のモデルにおける啓蒙のための必要十分条件を説明する[2]．
定理4.1．コミュニケーションは以下のような場合にのみ啓蒙を生み出す．
1. 語り手が説得力を持っている．
2. 当初は語り手だけが本人が必要としている知識を持っている．
3. 共通利益や外部からの力が語り手に彼の知っていることを明らかにするよう導く．

　　　るときである．本書第2章における知識の定義（たとえば，正確な予測を行う能力）を想起しつつ，啓蒙に必要なのは知識の改善のみであって，真実についての知識ではないことを我々は論じる．
　（2）　我々が焦点を当てるのは，啓蒙や騙しが故意である事例である．すなわち，啓蒙のための我々の条件は，語り手に啓蒙する意図がある事例を説明する．

定理4.1は啓蒙には3つの必要条件があることを示している．第1に，啓蒙は説得を必要とする．言い換えればこれは，語り手には知識があり信頼に値すると本人が認知することを必要とする．このような認知の源が，語り手個人的特徴についての信念や，外部からの力についての知識などから生じうることを想起せよ．第2に，語り手は本人が必要とする知識を所有していなければならない．これら2つの条件は共に，**実際の知識と認知された知識**が啓蒙の必要条件であることを示している．第3に語り手は本人と共通の利益を持っているか，彼に自分が知っていることを明らかにさせるよう誘導する外部からの力に直面していなければならない．この要件は第1の要件と共に，語り手の知っていることを明らかにする**現実の誘因**と，この誘因についての**本人の認知**の双方が啓蒙のための必要条件であることを意味している．図4.1は説得の条件と啓蒙の条件との関係を描いたものである．

定理4.1の含意は社会的，経済的，政治的学習についてのアリストテレス的説明と矛盾する．これらの説明は，誰が誰から学習するのかについての最も重要な決定要因として，語り手と本人との間の誘因の両立可能性にのみ焦点をあて，本人が知識を持ち信頼に値する語り手をそうでない者と区別できるという前提に依存している．しかしながら，多くの社会的，政治的，経済的

図4.1　説得と啓蒙のための諸条件

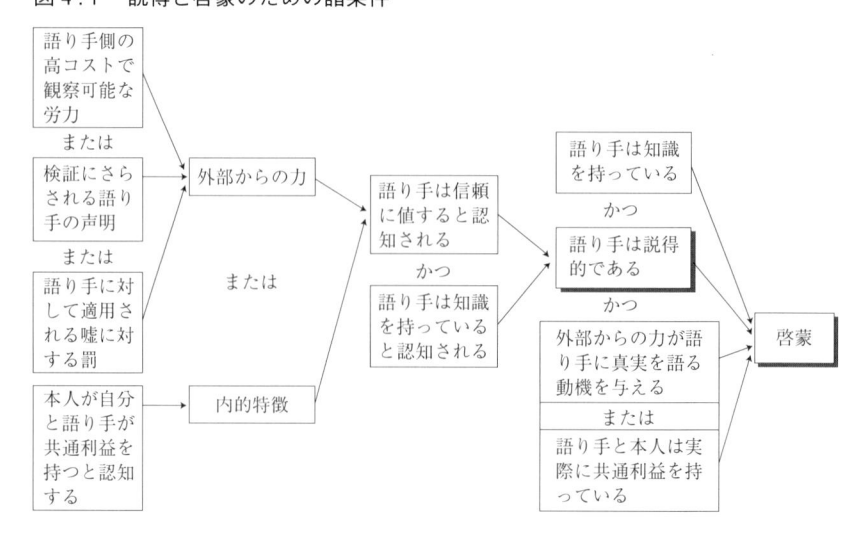

状況において人々は語り手が知識を持っていることや信頼に値することを知らない．このことが誘因を変化させるような契約や制度でさえ，啓蒙にとって必ずしも十分でない理由なのである．このことが真であるのは，啓蒙が，自分の知っていることを明らかにする誘因を持つ語り手と，語り手の誘因を十分に認知する能力を持つ本人を必要とするからである．それゆえに，語り手の誘因が本人の利益と両立可能であったとしても，これらの誘因についての本人の認知が十分でなければ，啓蒙は起こらないだろう．このことは，情報問題についての契約的あるいは制度的解決には，語り手の誘因と本人の信念の双方に作用する外部からの力を導入しなければならないということにつながる．

騙しの条件

多分，民主制にとって最大の内的脅威は，権力を行使する人々がその権威に基づいて行動する人々を騙すことができるということにある．しかしながらこの脅威は騙しが可能であることを必要とする．もしあなたが人を騙せないなら，あなたは人をその利益と反対に行動させることはできない．最も非道な騙しの形態は，故意の騙し——語り手がたまたまではなく，本人に害を及ぼすという意図を持って嘘をつくこと——である．我々はここでは故意の騙し（以後単に騙しと呼ぶ）に焦点をあてる．定理4.2は我々のモデルにおける騙しの必要十分条件を説明する．

定理4.2．コミュニケーションは次の場合にのみ，騙しを導く．
1. 語り手には説得力がある．
2. 語り手だけが最初に本人が必要とする知識を持っている．
3. 共通の利益も外部からの力も，語り手が自分の知っていることを明らかにするよう誘導しない．

騙しは，語り手が説得的でかつ知識を持っていることを必要とする．これらの要件は啓蒙の条件における2つの要件とまったく同一である．よって，啓蒙のための条件と騙しのための条件はたった1点においてのみ異なっている．前者では，現実の共通利益と外部からの力が語り手に自分の知っていることを明らかにするよう誘導する．後者では，そのような力は語り手に働かない．それゆえに，説得的な証言が啓蒙となるか騙しとなるかを決定する要因は，本人が認知する信頼の基礎が実際に存在するか否かである．もし信頼

の基礎があれば，説得的な証言は啓蒙を生む．そうでなければ説得的な証言は騙しを生む．

定理4.2は，語り手の騙しが予想されないか，見つからないであろうという語り手の信念が正しい場合にのみ，語り手は本人を騙すことができることを意味する．というのは，もし本人が騙しを予想したり発見したりすれば，そのとき彼女は語り手の助言を無視する誘因を持つからである．よって，**意図的な騙しは，語り手の誘因について知識を持たないか持つことができない本人を必要とする**．これらの条件は図4.2に描かれている．

もちろん，我々の最善の努力にもかかわらず，我々は他人に騙される．時に我々は，彼らが知識を持っていると我々が思い，しかし実は知識を持たない人々によって，偶発的に騙される．別のときに我々は，共通の利益を持っていると我々が考えていたけれど，実際には持っていない人々によって故意に騙される．どちらのタイプの騙しも我々の側の誤認を必要とする．

騙しにつながる誤認についての最も明白な実例は，トンキン湾決議（1964年8月7日）である．これはヴェトナムにおけるアメリカの軍備拡張の基礎を形成した．この決議は大統領に，「米軍に対するあらゆる武力攻撃を撃退し，更なる攻撃を防ぐために必要なあらゆる手段をとる」ことを許した

図4.2 騙しのための条件

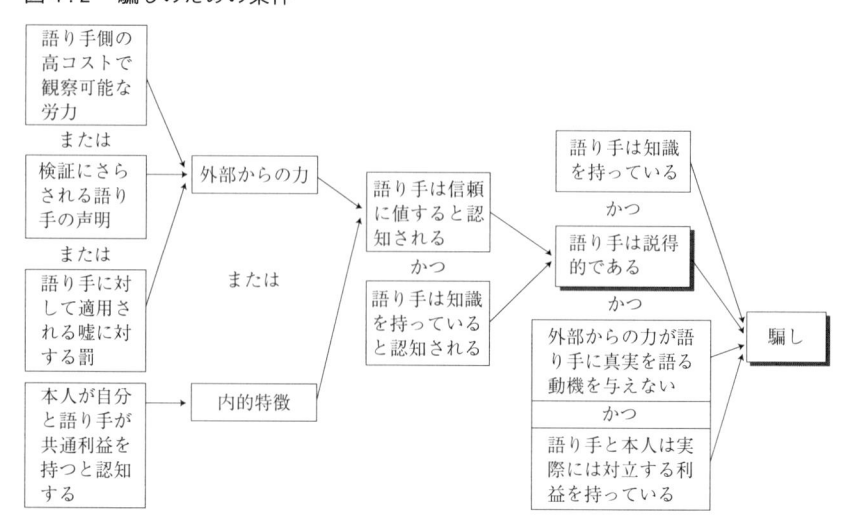

(Stone and Barke 1989: 481).上下両院の民主党多数派はこの決議を通す際に,リンドン・ジョンソン（Lyndon Johnson）大統領が彼らに与えた情報に依拠した.しかし,この大統領はトンキン湾事件についての知識を欠いていた.結果的に,この決議が議会を通過した後,多くの議員はトンキン湾事件に関する大統領の声明によって間違った方向に導かれたと感じた.たとえば,J・ウィリアム・フルブライト（J. William Fulbright）上院議員（民主党,アーカンソー州選出）は,「この出来事全体は率直さの欠如によって特徴づけられる」と述べた（Goulden 1969: 167 における引用）.端的に言って,執政府の知識に対する議会の誤認は,トンキン湾で起きた事件とは不釣合いなほど極端に大きな権力を大統領が手にすることを可能にした（Stone and Barke 1989: 481）[3].

しかしながら,説得と騙しについての我々の条件は,政治的意思決定者が通常,あるいは安易に騙されるという主張が限られた範囲でしか妥当でないことを示している.第1の限界は,**誰もが説得的であるわけではない**という事実から派生する.人々はあるラジオのトーク番組の司会者に耳を傾けるが,他の司会者に対してはそうではない.彼らはいくつかのニュース番組を見るが,他のニュース番組は見ない.彼らはある利益集団の推薦には従うが,別団体の推薦には従わない.彼らは友人のうちの誰かの言うことは聞くが,他の友人の言うことは聞かない.同様に,人々はある本は読むが別の本は読まないし,放送電波が繰り返し賛美する物の購入を減らしながら,めったに広告されない製品を買う.

第2の限界としては,説得をできる人間が全て,騙すことも可能であるというわけではない,ということである.説得的な語り手は,騙しが来ることを理解できない本人に対峙した場合にのみ,騙すことができる.検証や嘘に対する罰を実行したり,高コストで観察可能な労力を必要とする状況で助言を得る本人にとって,嘘つきになりそうな人物はそのように分類され,騙しはより困難になる.

定理4.1と4.2は,人々が相互に何かを学ぶにはお互いをよく知っていることが前提であるとする見解の危険性をも示している.というのは,もし人々

---

(3) 議会は1973年に戦争権限法（War Power Act）を通過させることによって,この状況を改善しようとした.

がお互いについてよく知っているのなら，騙すことは不可能だからである．

もちろん，政治について研究したり，民主制について注意する人々は，騙しがありうることを知っているし，騙しが起きると信じている．これらの観察者が知りたいことは，**騙しが発生する条件**である．人々はお互いをよく知っている必要はないと仮定する理論は，この条件を生み出すことができる．騙しは不可能であるという理論にはこれができない．

コミュニケーションについてのアリストテレス理論は，人々がお互いをよく知っているという仮定に基づいている．これらの理論の複合効果が2つの誤った印象を強化した．第1に，これらの理論は説得と啓蒙が等しいという印象を強化している．これらは同一ではない．説得は啓蒙の必要条件であり，啓蒙は説得の十分条件である．しかし，これらの命題の逆は真ではない．それゆえに，説得と啓蒙は同じではないのである．第2に，騙しが不可能であるがゆえに，これらの理論は，情報は多ければ多いほどよいという印象を強化している．この点については，以前の各章において我々は反駁してきた．

討論：我々はどうやって信じる相手を選ぶのか

啓蒙と騙しについての我々の条件は，人々が効果的に他者から学習するために用いる単純な戦略を明らかにしている．たとえば，人々は自分たちの必要とする知識を欠いていると信じる語り手を躊躇なく無視する．人々はまた，他者の背景についての知識や，彼らの環境についての知識を，彼らの性質や誘因を評価するために使う．これらの戦略は我々全てを家族や友人，同僚の証言により依存させるとともに，見知らぬ他人の証言を軽視させる．現実に，知識があって信頼に値するとあなたが認識する同僚の勧めによって，あなたがこの本を読んでいるということは大いにありそうだ．同様に，車を買う人々が『消費者レポート（*Consumer Reports*）』誌や『道路とトラック（*Road and Truck*）』誌からの助言を求めることは，『マッド（*Mad*）』誌からそれを得ようとするより，はるかにありうることである．

政治エリートもまた啓蒙条件に沿って戦略を選ぶ．たとえば候補者が立場を決めたり公約をするとき，自分の政敵や政治評論家があらゆる陰険な声明を公表すべく待ち構えていることを知りつつ，それを行う．彼らの多くにとって，偽りの発言が検証されることは政治生活の終焉というコストを潜在的

に伴っている．同様に，法案に対してどのような投票行動をとるかを決めたり，政府の行動を了承するかどうかを決定する際に，議員は多くの競合する情報源を利用する．選挙民，利益集団，執政府，そして彼らの同僚が助言をくれる．これらの情報源のうちいくつかは共通の利益を持っていると認知される[4]．他のものはこの助言を持ってくるために実質的なコストを支払うか，嘘に対する罰（たとえば評判を失うことなど）に直面する．競争に導かれた検証は，観察可能な労力や嘘に対する罰と共に，議員に彼らがしばしば欠いている詳細な政策情報の代わりになるものを与える．

　人々が他者からどのように何を学習するかについての我々の説明は，もう1つ決定的な利点がある．それは，政治制度の設計がどのように人々の理性的選択を助けるかについての洞察を与えるのである．この洞察を理解するために，2つの議論を考えよう．第1の議論にはなじみがある．理性的な政治選択は政治的知識を必要とし，この知識は通常，他者の証言を必要とし，他者からの学習は説得を必要とする．それゆえに，理性的選択は通常，説得を必要とする．第2の議論は以下のようなものである．人々は政治制度を設計することができる．制度は誘因を変える外部からの力を含むことができる．外部からの力は語り手の発言に影響を与え，聞き手が信頼性を評価することを助けることができる．語り手の発言に影響を与え，聞き手が信頼性を評価する助けとなるならば，啓蒙のための条件に適うように，かつ騙しの条件から外れるように方策を積み重ねることができる．それゆえに，人々は，それがなければ啓蒙が起こらないような状況で，啓蒙を可能にする政治制度を設計することができる．

　これら2つの議論の組み合わせは，**人々が理性的選択を促す制度を設計できる**という結論を生む．この帰結は，語り手に自分の知っていることを明らかにする誘因を与え，語り手の誘因を十分に認知するための能力を本人に与えるような，検証の脅威，高コストな労力という要件，嘘に対する罰といった発言特有のコストなどを強制する制度を人々が構築できるときに起こりうる．対照的に，理性的選択が啓蒙を必要としているにもかかわらず，これらの制度が作り上げられなければ，人々が理性的選択を行うことは困難かもし

（4）　議会における学習については，Matthews and Stimson（1970, 1975）およびKingdon（1997）を見よ．

れない.

　おそらく，それがなければ存在し得ないような状況で説得と啓蒙の条件を発生させる制度設計の最も明快な例は，法廷であろう．陪審員が直面する環境において，個人的経験は通常，理性的選択には不十分である．たとえば，彼らは時をさかのぼって犯行現場に行くことはできない．彼らを説得しようとする証人や弁護士は，彼らがこれまで会ったこともない人々であり，2度とは遭遇することはないであろう人々でもある．それゆえに陪審員がこれらの人々についてよく知っているということは起こりにくい．その上，彼らは検察当局と弁護側がお互いに対立する利益を持っていることを知っている．この環境において彼らはどちらの語り手が自分たちと共通の利益を持っているのかについて，確信が持てないことになりがちである[5]．しかしながら陪審員は，全ての証言がすみやかな検証に付され（反対尋問や証拠の集積を通じて），嘘に対する罰（たとえば偽証罪）に従うという事実に依拠することができる．

結論

　我々は自分たちが行う決定の多くについて情報を持っていない．本書第Ⅰ部において，我々は限られた情報が理性的選択を妨げる条件を識別した．第2章で我々は，理性的選択が詳細な情報を必要とすることは稀であり，人々は注意を向けるべき情報について非常に選別的な態度をとる誘因を持っていることを説明した．第3章で我々は，政治がしばしば理性的選択を行いたいと思う人々を他者からの証言に依存させることを説明した．第3章と第4章で我々は，人々がどのようにして彼らに提示された証言を整理するかを説明した．そうする中で，我々は政治的状況における啓蒙と騙しの戦略的基礎を識別した．我々は，制度が政治にとって重要であるのは，それらが人々の誘因を形成するからというばかりではなく，誰が誰から学習できるかに影響を与えるからであるということを明らかにした．

　我々の究極の目標は，限られた情報の政治的帰結について，より正確な判

　（5）　もちろん，裁判長は陪審員と共通の利益を有するかもしれない．しかし，彼または彼女が証拠について知識を持つかどうかは不明である．また，裁判長はしばしば公正よりも手続きに，より強い関心を持つものである．

断を行う能力である．我々は，限られた情報を持つ特定の民主体制内の本人（principal）に理性的選択が可能かどうかについて，より信頼できる予測を望んでいる．もし我々が性急な判断を避けたいと望むなら，我々が研究する人々について次の質問をすることを，我々は提案する．

1. その人はどんな選択をする必要があるか？
2. その人が理性的選択を行うために十分な情報は何か？

この2つの質問に対する答えは，理性的選択のために十分な知識を持つ人かどうかについて，焦点を当てている．これらの質問は，人が理性的選択をできないことを判断する基礎として，政治に関する些事について場当たり的な質問や，詳細な事実を想起する能力が他の人にないという事実を用いることを我々に思いとどまらせる．人々が理性的選択をする上で，百科事典的な想起はしばしば不用である．

3. その人は既に質問2において述べられた情報を持っているか？

もしそうなら，止まれ．理性的選択は可能であり，他者から学習する必要はない．

もしそうでなくば，次に進め．

4. その人が他者に依存することなくこの情報を得るコスト面で効率的な手段はあるか？

もしそうなら，止まれ．理性的選択は可能であり，他者から学習する必要はない．

もしそうでなくば，次に進め．

5. その人に必要な情報を与えられる人はいるか？

もしそうなら質問を続けよ．

もしそうでなくば，止まれ．理性的選択は不可能である．

6. その人は必要とする情報を与えてくれる他者を全て無視するか？

もしそうなら，止まれ．理性的選択は不可能である．

もしそうでなくば，次に進め．

7. その人はその語り手が知識を持っていると認知しているか？

もしそうなら，次に進め．

もしそうでなくば，止まれ．理性的選択は不可能である．

8. その人は，語り手が共通の利益か，彼が知っていることを話す誘因を持っていると認知しているか？

もしそうなら，次に進め．
   もしそうでなくば，止まれ．理性的選択は不可能である．
9. 啓蒙のための条件は存在するか？
   もしそうなら，止まれ．理性的選択は可能である．
   もしそうでなくば，止まれ．理性的選択は不可能である．

　コミュニケーションについての我々の理論は，普通の人々は理性的選択ができないという仮定に基づいた，多くの民主制批判に挑戦するものである．我々が論じているのは，相対的に少数のアメリカ人のみがたとえば上院議員の名前のような情報を記憶しているとか，合衆国憲法修正第7条を見ずに思い出せる人々が稀であるという事実によって，必ずしも民主制は脅かされないということである．これらの知識が理性的選択にとって必要条件でないのなら，人々がそのような情報を欠いているという事実は，彼らが理性に基づいて選択することができないと結論するには不十分な正当化である．それゆえに，公民の教科書から中心的な1節を引用することができない市民は，それができる市民よりも投票において相対的に無能だと仮定することは間違っている．

第5章　委任と民主制

　民主制は委任を必要とする．選挙を通じて国民は代表に権限を委ねる．選挙で選ばれた代表は彼らの権威の幾分かを議会の幹部や官僚制に委ねる．国民もまた憲法や法を通じて，彼らの権威を判事や陪審員に委ねる．これらの委任はそれぞれ，**本人** (*principal*) ——委任する人（達），そして**代理人** (*agent*) ——権能を委任される人達を含んでいる．

　民主制において国民とその代表は，異なる時期に異なった能力で本人や代理人になることができる．たとえば法廷において陪審員は国民の代理人，そして彼らに証拠を提示する弁護人に対する本人の双方として働く．選挙で選ばれた代表はもちろん，多くの関係において代理人であり，本人である．彼らは国民の代理人であるが，集合的には，政党幹部や官僚制との関係では本人である．

　委任における中心的なディレンマは，代理人がしばしば本人と共通の利益を持たなかったり，代理人が本人の持っていない委任についての情報を持っていることである．我々は民主制を研究する上で，これらのディレンマがどんなときに委任を失敗させたりさせなかったりするのかということに関心がある．我々は，代理人の行為が本人の厚生を**改善**する時に，委任は**成功**していると言う．代理人の行為が本人の厚生を**低下させる**時，我々は委任が**失敗**していると言う．

　多くの学者や政治評論家は，現代民主制の委任が失敗していると結論している．たとえば，世論，投票行動や選挙の研究者は，有権者から政府へという民主的委任はほとんどシステム的に失敗しかかっていると論じる．彼らの主張は，政治について情報を持たない選挙民や投票者と対立する利益を持っ

た無節操な議員が,この失敗をひきおこすというものである.アメリカ議会研究者は議員の無知について同様の効果を結論づけている.たとえば,Niskanen (1971) と Lowi (1979) は,あらゆるレベルの政府における政治家が,自己中心的な特殊利益集団,ロビイスト,官僚のなすがままであると論じている[1].これらの議論は議員を,彼らが監督する官僚の主人ではなく,奴隷として描いている[2].

この章で我々は,対立する利益と情報の非対称が委任を失敗させる条件を明らかにする.その過程で,委任の失敗についての通俗的な主張が再評価されなければならないと論じる.我々は,民主制における代理人と本人が対立的な利益を持っているかもしれないという前提,そして代理人は本人が持たない情報的優位性を持っているという前提には賛成だが,民主制における本人がこれらのディレンマに対処する手段を持たないという主張には挑戦する.代わりに我々は,もし本人が他者の証言に接触し,かつ,啓蒙的な証言を識別する能力か,彼女にその能力を与える制度を利用できれば,委任のディレンマが存在していても,委任は成功すると主張する.

本章は次のように編成されている.まず我々は,委任のディレンマについて議論する.次に,これまでの章からの教訓を組み込んだ委任についての新たな理論を導入する.そこで,民主制の最も重要な委任が成功したり失敗したりする条件を明らかにする.

委任のディレンマ

最も一般的な意味において,委任は少なくとも2人の人間を必要とする.本人——特定の行為をとるための権限を最初に持っている人もしくは人達,そして代理人——本人が権限を委任する人もしくは人達,である[3].図5.1

---

(1) Dodd and Schott (1979), Ogul (1976), Schick (1976) も見よ.
(2) 他の学者は,議員がいったん手にした権威がアメリカ議会においては委員会,他国では議会のリーダーによって奪われてしまったと論じている.Dodd and Oppeniheimer (1977), Ripley (1983), Shepsle and Weingast (1987) を見よ.
(3) ギリシャ人とローマ人は委任に関わる多くの問題を認識していたが (Magagna and Mares, 近刊),現代の代理人理論 (agent theory) は委任についての我々の理解を大きく進めた (Ross 1973).委任についての我々の基本的

図5.1　委任の基本モデル

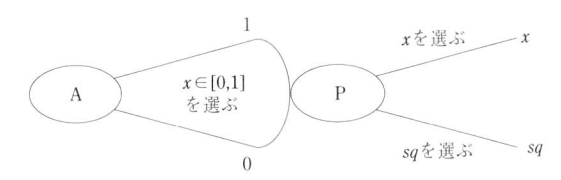

```
           1                 xを選ぶ    x
    ┌──┐  ┌──────┐  ┌──┐
    │ A │──│x∈[0,1]│──│ P │
    └──┘  │を選ぶ  │  └──┘
           └──────┘        sqを選ぶ   sq
           0
```

に我々は，委任の基本モデルを示した．わかりやすくするために，我々は本人を「彼女」，代理人を「彼」として言及する．

基本的な委任モデルにおいて，自然が最初に双方のプレイヤーに対して，ゲームについての情報を与える（この段階は図5.1には表されていない）．特に述べない限り，この相互行為についてのすべての側面は共通知識であると仮定する．次に，代理人は現状維持という政策に対して別の選択肢を提案する．このとき，本人はその提案を受けいれる（たとえばxを選ぶ）か，現状維持に賛成して提案を拒否する（結果や政策は代理人が提案する前と変わらない）[4]．共通知識の仮定に対する唯一の例外は，**代理人の提案が本人にとって現状維持より良いか悪いかについて，彼女が確信を持てない**ということである．

Lowi（1979），Schumpeter（1942），Weber（1946）のような民主制批判が，重要な委任が失敗していると宣言するとき，本人は自分の限られた情報に適応できないと彼らは論じている．しかしながら彼らの批判は，本人に適応力がないと**仮定する**ことによってその結論に達しているということを認識することが重要である．基本的な委任モデルのように，彼らの議論は，本人は無

な理論は，Niskanen（1971）やRomer and Rosenthal（1978）を含む多くの古典的な論じ方を反映している．

（4）　我々は委任を，代理人が本人に対して，採用か不採用かの政策を提示するときに始まり，本人がそれを（たぶん何もしないことによって）受け入れるか，現状維持政策（本人が代わりの政策を提案する以前と変わらない政策）に賛成して拒否するときに終わる連続ゲームとしてモデル化している．我々や多くの分析者は，委任に関する1回の動きに焦点をあわせているが，長期にわたる委任の帰結は，我々が説明するゲームを本人と代理人が繰り返し行うとすることによって理解できる．

知に対して他に採りうる道がないことを仮定している．それゆえに委任の失敗がいかに多いかについての彼らの結論は，驚くべきことではない．

この仮定は正当化されるだろうか．民主制における本人は限られた情報に適応する手段を欠いているのだろうか．これらの疑問に答えるために，我々は基本モデルの外へと踏み出し，無知に対してとりうる手段を概括する．

本人は，代理人の行為についての情報を得るために3つの手段を持っている．それらは，代理人の行為に対する**直接監視**（本人が自分自身で情報を集める），**代理人の活動についての自己申告**に注目する，あるいは代理人の行為についての第三者の証言に注目する，などである．3つの選択肢はそれぞれが，無知に対してとりうる手段を与えてくれるが，いずれも深刻な欠点を持っている．

直接監視にまつわる問題は，それが極めて高価なものとなりうるということである．たとえば，議員（本人）が税制や軍の大戦略についてのあらゆる微妙な差異を理解するためには，数年を要する．この努力に対する機会費用は膨大である．投票者，議員，そして陪審員は注意を向けるべき多くの責務を持つので，彼らのあらゆるすべての代理人に対する直接監視は極端にコストがかかる．それゆえに，多くの知識を得ようとする本人は，他者の口頭もしくは書かれた証言に依拠しようという強い誘因を持つ．

代理人の自己申告に依存することの欠点は，代理人が自分の知っていることをあまり明らかにしたがらないかもしれないということである（Lupia and McCubbins 1994a を見よ）．たとえば，もし本人と代理人が対立的な利益を持っていたら，そのとき代理人は彼の専門知識を本人と共有するという誘因を持たない．

もし代理人が専門知識を共有する誘因を持たなければ，そしてもし，直接監視が極端にコストの高いものであれば，より多くの知識を望む本人は第三者の証言からのみ，それを得ることができる．本人が**第三者の証言**（たとえば語り手の証言）に依拠するとき，彼女は直接監視にかかるコストを直接には払わなくていい．加えて，代理人が自分の知っていることを明らかにしないといった利益の対立に直面しなくていいかもしれない．しかしながら，第三者の証言は万能薬ではない．第三者と本人もまた対立する利益を持っているかもしれない（たとえば本人がリベラルで第三者が保守的であるとか）．別の言い方をすれば，知識を第三者に依存すること自体が委任行為である．も

し第三者と本人が対立する利益を持っていれば，もし第三者が本人の持っていない専門知識を持っていたら，そしてもし本人が第三者の優位に対応できなければ，そのとき本人は第三者から知識を得ることができない．

もし，本人と代理人が対立する利益を持ち，本人が代理人の活動についてあまりにわずかなことしか知らず，直接監視のコストが極端に高く，さらに本人が他者から学習できないということが本当に真であるなら，委任の失敗は不可避である．

しかしながら，委任の帰結はそう悲惨なものである必要はない．次に我々は，利益対立，知識の非対称，そして他者からの学習における危険にもかかわらず，委任が成功する条件を明らかにしよう．

コミュニケーションと委任の理論

我々は基本モデルに語り手を含んで拡張することから始める[5]．それゆえに，我々の委任モデルは3人の人物を必要とする．我々はこれらの人物をそれぞれ，**本人**，**語り手**，**代理人**と呼ぶ．代理人は共通に知られている現状維持政策に対して単一の選択肢 x（ただし $x \in [0, 1]$）を提示できる．x という選択肢は，たとえば特定の政策を変更させるための官僚（代理人）の提案や，候補者の政策綱領，議員（代理人）の非公式な行動計画の譬えである．本人は代理人の提案を受けいれるか，現状維持に賛成して拒否する．我々の説得モデルのように，語り手は代理人の提案について彼女に信号を送ること

---

(5) McCubbins and Schwartz (1984) からの洞察がこの選択を導いている．マカビンズ（McCubbins）とシュワルツ（Schwartz）は，民主的委任にかかっている実質的な何かがある場合，知識を持つ多くの個人は本人の決定に影響を与えるために登場し，証言を与えることに利益を見出すだろうと論じている．本人の決定に影響を与えることができる語り手は，それが彼らの望むことに密接につながっているなら，洗いざらい話すことによって自分自身の利益に資することができる．この場合，本人にとっての問題は，彼女が知識の源を奪われているという共通の仮定ではない．問題は，本人が誰の助言に従うべきか，そして誰の助言を無視すべきか，である．我々が説明する事例は，代理人が自分の提案について発言するような事例に対しても，一般性を失っていないことに留意されたい．この場合，代理人と語り手は同一プレイヤーである．

で影響を与えようとし，本人の決定はすべてのプレイヤーの厚生に影響する．特に断らない限り，モデルのすべての要素は共通知識であると仮定する．

　我々のモデルは5つの基本的な仮定から成り立っている．ここでこれらの仮定について概観し，5章の付録において技術的な説明を与える．

仮定5.1：代理人，語り手，本人は目標指向である．

　それぞれのプレイヤーは［0，1］における理想点と，単峰形の効用関数を持つ[6]．それぞれのプレイヤーは自分の理想点に近い選択肢（x または sq）を本人が選ぶことを望むと仮定する．

仮定5.2：本人は，どちらの選択肢が自分にとってより良いかについて確信を持っていない．

　本人は，x か sq のどちらかが自分の理想点に近いという信念を持っているが，実際にどちらが近いのかは知らないかもしれない．特に，本人は sq の位置と自分の理想点 p の位置は知っている．しかしながら本人は，x の位置については確信を持てない．

仮定5.3：語り手は発言し，嘘をつける．

　3章と4章のように，語り手は次の2つのうち1つの発言を行うことができる——「代理人の提案はあなたにとって現状維持よりも良い」「代理人の提案はあなたにとって現状維持よりも悪い」．これまでの章のように，語り手は真実の発言を行う必要はない．

仮定5.4：事象の連鎖は以下の通りである．

　図5.2は事象の連鎖における5つの段階を示している．第1に，自然がそれぞれのプレイヤーに共通の知識を与える（この段階は図に描かれていない）．第2に，代理人は現状維持に対して1つの選択肢を提案できる．提案にはコストがかかる．提案するために代理人は，外生的に決定されるコスト C（$C \geq 0$）を払わなければならない（たとえば候補者や国民投票を投票用紙に載せるためには署名が必要だし，立法議題に法案をのせるためには集合行為が必要である）．もし代理人が C を払わないなら，そこでゲームは終わり，それ

---

[6] 空間におけるどの2点も直線を決定するので，我々の結論が N 次元空間における二項選択であることを示すのはたやすい．加えて，我々のすべての結論は，価値が理想点からの距離において単調に減少する効用関数の種類に対しても適用されうる．

図5.2 コミュニケーションを伴う委任

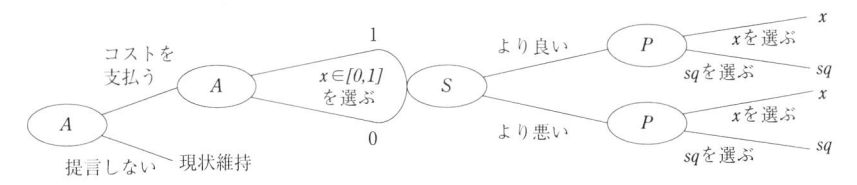

ぞれのプレイヤーの報酬が，sq とプレイヤー自身の理想点との空間距離によって定まる．距離が大きいほど，報酬は小さい．もし代理人が C を払えば，そのとき彼は x を提案し，ゲームは続く[7]．第3に，語り手は声明を行う（図5.2では良いか悪いとして描かれている）．第4に，本人は x か sq を選ぶ．そこでゲームは終わる．それぞれのプレイヤーの報酬は，x か sq という本人が選んだ選択肢と自分の理想点との間の距離によって決定される．代理人の報酬は，彼が提案を行った場合，C だけ減らされる．

仮定5.5：語り手は2つのタイプのいずれかである[8]．

我々は，説得的と非説得的と呼ぶ2つの語り手のタイプを定義するために，これまでの章で学んだことを用いる．語り手が説得的であるとき，本人はその信号を信じ，代理人の提案について彼女が知る必要のあることを学ぶことができるかもしれない．語り手が説得的でないとき，本人はその信号を無視する．この場合，委任についての我々のモデルは，（図5.1で描かれた）語り

---

(7) 我々の結果は，代理人が自分の行動の帰結に確信が持てない事例に対しても一般性を失わない．すなわち，コミュニケーションの効果は，代理人が自分の行動の帰結について知っているか，確信が持てないかにかかわりなく，代理人の誘因に同じタイプの効果を持っている．

(8) 不完備情報ゲームにおけるプレイヤーの「タイプ」とは，他のプレイヤーが確信を持てないことについての個人的属性の要約であることを想起せよ（たとえば Harsanyi 1968a, b）．第3章において我々は，政治的アクターがしばしば確信を持てない，実験上分離可能な属性が有する個別の効果に関心があった．そこでは，「タイプ」という用語の慣習的な用法は不十分なものであった．この章では，委任における不確実性の効果に関心があり，過去の章の結果を再び持ち出すことには意味がない．それゆえに本章では，「タイプ」という用語を慣習的に用いる．

手のいない委任モデルに等しい.

語り手のタイプに関するこの定義の背景には当然,3章の説得のための条件——語り手と本人の利益の間の認知された関係,語り手の知識,嘘に対する罰,検証,観察可能で高コストな労力などについての本人の認知——がある.仮定5.5によって我々は,モデルの複雑性を最小限に留めつつ,我々のこれまでの結論を委任という問題につなげるように導くことができる.

さていよいよ,委任についての我々の結論を示そう.まず最初に我々は委任の帰結を決定する2つの一般条件を提示する.次に,それら2つの条件それぞれがいつ満たされるのかを決定する,より正確な条件の集合を示す.

一般条件

委任が成功するための第1の一般条件は**知識条件**である.この知識条件が満たされるのは,代理人の提案が本人にとって現状よりも良いのか悪いのかを本人が正確に推論できる場合のみである.第2の一般条件は**誘因条件**である.この誘因条件を満足させるためには,代理人が,本人にとって現状よりも良くなるような提案をする誘因を持たなければならない.この第2の条件が満たされるのは,代理人と本人が共通の利益を持っているか,外部からの力が代理人をして,彼にとっても本人にとっても現状よりよい別の選択肢を提案するように動機づける場合である.我々のモデルにおいて,委任とこれら2つの一般条件との関係は以下の通りである.

定理5.1:もし知識と誘因の条件がどちらも満たされるなら,そのとき委任は成功する.もしどちらの条件も満たされなければ,そのとき委任は失敗する.

もし双方の条件が満たされるなら,そのとき代理人は本人の厚生を増大させる提案をするし,本人はそれが受け入れるに十分なものであると知っている.この場合,委任の帰結は本人にとって現状よりも良く,委任は成功である.いずれの条件も満たされないとき本人は,代理人にその行動に対して責任をとらせることができず,代理人は本人の厚生を増大させる誘因を持たないので,委任は失敗する.

もし,2つの条件のうち1つしか満たされないなら,本人にとって最悪の事態は,現状維持の継続である.これを理解するために2つの事例を考えよう.第1に,もし知識条件だけが満たされれば,本人は提案が自分にとって現状よりも良いか悪いかに基づいて自分の決定ができるほど,代理人の提案

について十分に知っている．この場合，本人は厚生を減少させるようなあらゆる提案を拒否することができる．それゆえに本人が得る最悪の結果は現状維持である．代わりに，もし誘因条件のみが満たされるのなら，そのとき代理人は本人の厚生を改善する提案を行う．この場合，もし本人が提案を拒否すれば現状維持だし，受け入れれば本人にとって事態は改善する．

知識条件の満たし方． 知識条件は，代理人の提案が自分にとって現状維持よりも良いか悪いかを区別できることを必要とする．この条件を満たす2つの方法がある．
定理5.2：知識条件は以下の場合にのみ満たされる．
・本人の事前知識が，彼女にとって現状よりも良い提案と悪い提案を彼女が区別する上で十分であるか，
・本人が同じ区別を行うに十分なほど学習できる．本人が当初，知識を欠いているとき，説得と啓蒙の条件が知識条件を満たすために必要である．

もし，知識条件と誘因条件が双方共に満たされるなら，委任は成功し，いずれも満たされなければ失敗することを想起せよ．それゆえに，定理5.1と5.2は次のような内容を含んでいる．もし，誘因条件と定理5.2における2つの条件が双方とも満たされなければ，そのとき委任は失敗する．対照的に，もし定理5.2の2つの条件のいずれか，あるいは誘因条件が満たされるなら，委任の帰結は現状よりも悪くはならない．その上，誘因条件が満たされ，かつ，定理5.2におけるどちらかの条件が満たされるなら，そのとき委任は成功する．

これら2つの定理も，本人は，自分の代理人が委任の成功を確実にするために行っていることについて，あまり多くを知る必要はないことを意味する．たとえば，もし誘因条件が満たされ，かつ，本人が代理人の提案の帰結について十分な事前知識を持っているか，あるいは代理人による高コストな労力を観察することによって十分な知識を獲得するか，あるいは語り手の証言によって十分に啓蒙されるのであれば，そのとき委任は成功する．

誘因条件の満たし方． 誘因条件は，現状よりも本人を良くする提案を代理人が行うことを必要とする．我々のモデルにおいて，この条件を満たす2つの方法がある．

定理5.3：誘因条件は以下の場合にのみ満たされる．

・本人の理想点が，現状よりも代理人の理想点に近く，もし本人が彼の提案を選択すれば代理人はCより大きな利得を得るか，

・知識条件が満たされ，かつ，本人と代理人（Cを払った後の）にとって現状よりも好ましい点が存在する．（もし本人が当初，知識を欠いていれば，そのときは説得のための条件と啓蒙のための条件が知識条件を満たすための鍵になる．）

　なぜ定理5.3が真であるのかを理解するために，以下のことを考えよう．我々のモデルにおいて代理人は，提案を行うというコストのかかる選択よりも，提案をしないというコストのかからない選択肢を重視しなければならない．それゆえに，代理人にとっては現状よりも悪くなる何かを提案するより，何も提案しないほうが常に良い．これを言い換えると，誘因条件を満たすための必要条件は，本人にとって現状より良く，代理人がCを払ってまでそれを得たいほどに現状よりも望ましい選択肢が最低1つ存在することである．もしそのような選択肢がないなら，代理人にとって現状よりも望ましい全ての提案は，本人を現状よりも悪い状態にすることであり，逆もまた真である．

　もし，代理人の理想点が現状よりも本人にとって望ましく，かつ代理人が提案のコストを回復できるのであれば，そのとき均衡において，提案を作成する際に代理人は理想点を提示する．もし代理人の理想点がこの記述に合致しなければ，そのとき誘因条件の満足は，知識を持っている本人を必要とする．これが成就しうるのは，本人が説得力のある語り手から学習するときである．

　これがどのように働くのかについての例を理解するために，図5.3を考察しよう．図5.3aは本人が代理人の提案に対して持っている事前信念の集合を示したものである．この例では$sq = .7$であり，本人の理想点は$.4$，代理人の理想点は0（本人はこのことを知らない），$C = 0$，そして本人は均一な事前信念を持っている（たとえば，彼女はxが0と1の間のどの点になる可能性も等しいと信じている）．説得的な語り手からの信号がなければ，本人の均衡は代理人の提案を受け入れることであり，代理人の均衡は自分の理想点を提案することである．現実には代理人の理想点は本人にとって現状よりも悪いので，誘因条件は満たされていない．そして知識条件も満たされていないので委任は失敗する．

図5.3 検証者として説得的な語り手の誘因条件

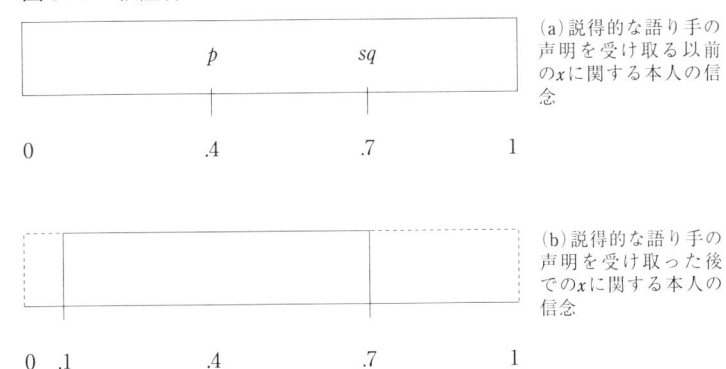

(a) 説得的な語り手の声明を受け取る以前の x に関する本人の信念

(b) 説得的な語り手の声明を受け取った後での x に関する本人の信念

ここで我々は新たな要素を加えてから，この例を再検証する．説得的な語り手が x は現状よりも良いと本人に発言する．図5.3bは，本人がこの信号を受け取った後の，更新された信念を表したものである．啓蒙条件は有効なので，語り手が「良い」という信号を発するのは，代理人の提案が実際に本人にとって良い場合に限られる．それゆえに，本人の最善の対応は語り手の信号が「良い」である場合にのみ，代理人の提案を受けいれることである．代理人の理想点は本人にとっては良くないので，代理人はもし自分の理想点を提案すれば現状維持になるであろうということを知っている．しかしながら，もし代理人が.1から.7の間の点を提案すれば，語り手は「良い」と信号を発し，本人は代理人の提案を受けいれるだろう．それゆえに，知識条件が満たされるとき，代理人は本人にとってより良い選択肢を提示する誘因を持つ．よって，この例において知識があって説得的な語り手の存在が，委任を成功へと導く．

逆に，啓蒙条件の代わりに騙しの条件が有効なら，そのとき代理人は自分の理想点を提案し，本人はそれを受けいれるだろう．語り手の騙す能力が，啓蒙されていれば拒んだであろう提案を本人に受諾させ，委任は失敗する．

代理人の提案コスト C についての本人の知識は同様の効果を持ちうる．すなわち，代理人が提案を行うために100万ドルを払わざるをえず，長期に亘るフィルバスター（filibuster）[i] のリスクを冒したという事実は，本人に提案の帰結について大きな知識を与える．具体的に言えば，本人は，提案と現状維持が代理人の支払ったコストに見合うほど大きく異なっていると推測でき

る．この例における本人の知識に対する代理人の高コストな労力の効果は，第3章で述べた語り手の高コストな労力の効果に対応する．

より一般的には，代理人が，より良い提案とより悪い提案を区別できる本人と出会うとき，代理人は，本人にとって現状よりも悪いいかなる提案を行っても，委任の帰結として現状維持となることを知っている．これらの条件の下で，代理人は彼にとっても本人にとっても現状より良い唯一の提案をする．対照的に，もし同じ代理人がより良い提案とより悪い提案を区別できない本人に直面すると，そのとき代理人は本人に有益な提案を行う誘因を持たない．それゆえに，本人と代理人（Cを払った後の）の双方にとって現状よりも好ましい提案が存在するとき，知識条件を満たすことは誘因条件を満たす上でも十分である．

委任は，もし知識条件と誘因条件が満たされれば成功し，どちらも満たされなければ失敗する．それは，もし知識条件と定理5.3の条件の**双方が失敗**すれば，そのとき委任は失敗につながる．対照的に，もし定理5.3における**2つの条件のうち少なくとも1つ**，もしくは知識条件が満たされるなら，委任の帰結は現状よりも悪くはならない．その上，もし知識条件と定理5.3における条件のいずれかが満たされれば，そのとき委任は成功する．

それが意味するもの

図5.4で我々は説得，啓蒙，そして委任の間の関係についての我々の結論を示している．図5.4における因果の方向は左から右となっている．たとえば，嘘に対する罰と成功する委任との間の関係を次のように辿ることができる．「語り手に適用された嘘つきへの罰」は，「語り手が信頼に値すると認知される」ことにつながる．「語り手が信頼に値すると認知される」ことは，「語り手が説得的である」ことにつながる．「語り手が説得的である」ことは「啓蒙」，ひいては「知識条件」につながる矢印を持っている．この特定のパスを辿ることの寓意は，嘘つきへの罰が啓蒙の成功を導きうるということである．

より一般的な意味は次のようなものである．図5.4の左端の枝における諸概念がそれぞれの設定をどのように特徴づけるかを比較することによって，我々は2つもしくはそれ以上の制度において委任が成功する確率を比較できる．すなわち，もし，「観察可能な高コストな労力」や「語り手は知識を持

図5.4（a） 知識条件へのステップ

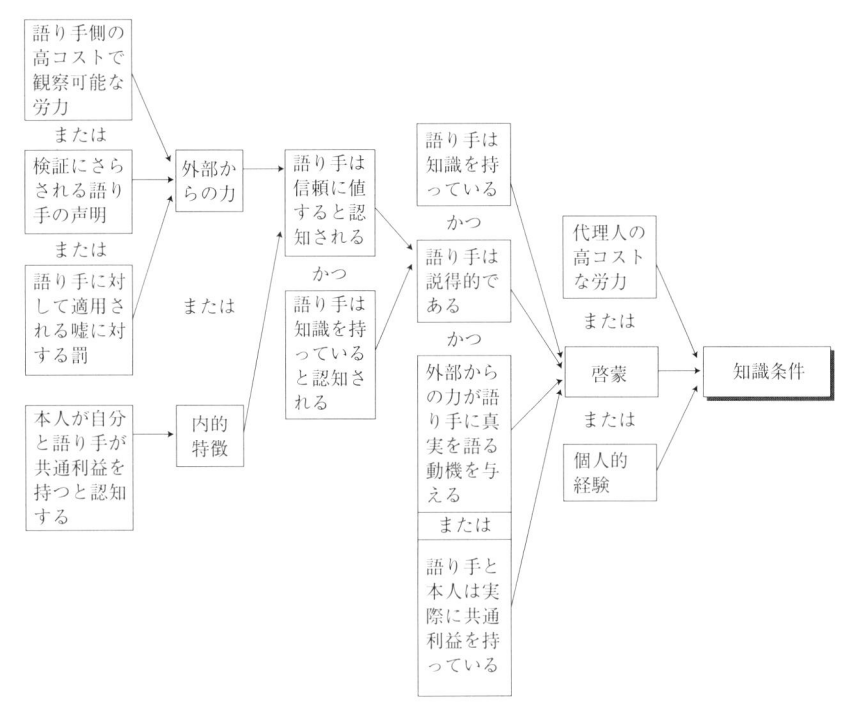

```
語り手側の高コストで観察可能な労力
  または
検証にさらされる語り手の声明      → 外部からの力 →  語り手は信頼に値すると認知される
  または                                       かつ
語り手に対して適用される嘘に対する罰              語り手は知識を持っていると認知される

本人が自分と語り手が共通利益を持つと認知する → 内的特徴
                                     または
```

- 語り手は知識を持っている
  かつ
- 語り手は説得的である
  かつ
- 外部からの力が語り手に真実を語る動機を与える
  または
- 語り手と本人は実際に共通利益を持っている

→ 啓蒙

- 代理人の高コストな労力
  または
- 啓蒙
  または
- 個人的経験

→ 知識条件

図5.4（b） 成功する委任のための条件

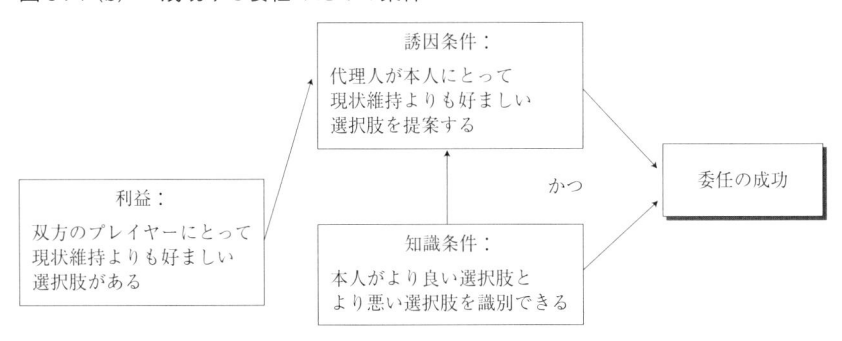

- 利益：双方のプレイヤーにとって現状維持よりも好ましい選択肢がある
→ 誘因条件：代理人が本人にとって現状維持よりも好ましい選択肢を提案する
  かつ
- 知識条件：本人がより良い選択肢とより悪い選択肢を識別できる

→ 委任の成功

つ」といった要素の範囲を列挙することができれば，そのとき我々はこれらの制度が委任の成功に資するかを説明できる．実際，我々は第10章において

それを実践する．

定理5.1から5.3は共に，委任を成功させる多くの道筋があることを意味する．それらの多くが本人に自分の限られた情報に対処する方法を提供する．たとえば，委任が失敗するのは，定理5.2と定理5.3の条件が全く満たされない場合だけである．対照的に，定理5.2の条件のいずれかと定理5.3の条件のいずれかが満たされれば，委任は成功する．定理5.1，5.2，5.3は委任を成功させる無数の方法を示しており，そのうちのいくつかは本人がほとんど情報をもたないことを必要とする．ゆえに，必ずしも専門知識を本人が持たなくても，無数の手段によって委任を成功させる強固な基盤を構築できる可能性はあるのである．

委任の帰結を評価するより厳しい基準

この章を通じて我々は，代理人が本人の厚生を改善する行動をとるときに委任は成功し，代理人の行動が本人の厚生を低下させるとき，委任は失敗すると論じてきた．しかしながら，委任の成功は単に本人の厚生を増大させる以上のものであるべきだと議論することは可能である．結局のところ，委任は本人にとって高コストな労力である（Alchian and Demsetz 1972; Jensen and Meckling 1976）．代理人を見つけること，その人に応対することはつらい機会や取引費用を強いることになりうる（たとえばSpence 1974; Kiewiet and McCubbins 1991; Laffont and Tirole 1993）．それゆえに，委任が成功だと呼ばれるべきなのは，わずかな量以上に本人の効用を増加させる場合だけであると議論することは可能である．

ここで我々はこれらの議論を計算に組み込んで，委任の成功についての第2のより厳しく複雑な定義を提示する．委任を立ち上げ継続するための機会費用と取引費用を定数 K（$K>0$）によって表現する．委任の成功に対する我々のより厳しい定義は，本人の厚生を K 以上強めるもの，である[9]．他の

---

(9) Kiewiet and McCubbins（1991）が説明するように，本人が機関制御メカニズムを使用するコストは負の正味便益を生みうる．Spence（1974）はさらに，機関制御メカニズムが必要となる以前でも，本人によって代理人が選ばれるので，委任の初期過程において回収できないコストを含んでいるとしている．

のすべての帰結は委任の失敗である．過去の定義と異なり，もし代理人が本人の厚生を K より少なく向上させる行為をとれば，そのとき我々は委任は失敗であると言う．

定理5.1′：もし，知識条件と誘因条件が共に満たされれば，そのとき委任は成功する．もし，どちらかの条件が満たされなければ，そのとき委任は失敗する．

　このより厳しい定義は定理5.2や5.3には影響しない．それゆえに，委任の成功への道は多く存在するという我々の結論は有効である．たとえば，この新たなより厳しい定義の下で委任が失敗するのは，定理5.2の2つの条件の**双方**か，定理5.3の2つの条件の**双方**が満たされない場合のみである．対照的に，もし定理5.2の条件のいずれかと，定理5.3の条件のいずれかが満たされれば，委任は成功する[10]．よって，このより厳しい定義によっても委任の成功は，我々がしばしば思い込まされているほどにありえないことではない．

結論

　委任は現代民主制にとって必要な要素である．多くの人々は，現代民主制の効力は「委任が成功できるか」という問いに対する答えに依存していると信じている．我々は委任の帰結が2つの条件に依存することを示した．誘因条件と知識条件である．この2つの条件を満たすことは，本人が啓蒙されうるか否かに帰着し，これ自身は説得条件と啓蒙条件に依存している．これら後者の条件が失敗するときだけ，本人の限られた情報と，民主制における本人と代理人が対立する利益を持つという強い傾向が，委任の失敗を意味する．そうでなければ，委任は成功する．

　本書の第5章までで我々が論じてきたのは，限られた情報は，我々の選択から理性を剥ぎ取ったり，我々の民主的委任をバラバラにしてしまうには不十分であるということである．第2章で我々は，人々が注意を向けるやり方や，幅広い範囲の理性的選択を行うためにわずかな事実の配列を人々に使わせるコネクションの作り方について論じた．第3章において我々は，もし人々が他者から学習することができるのなら，そのとき理性的選択は包括的な

---

　(10)　これらの例において，成功は K の規模に依存する．それが大きければ大きいほど，委任の成功は難しくなる．

個人情報を必要としないと論じた．第4章では，人々が他者の証言から自分たちに必要な知識を学習する条件を明らかにした．また我々は，政治制度が説得，啓蒙，そして理性的選択を促すように働くために必要な特徴を明らかにした．本章では，なぜ複雑性も利益の対立も民主的委任の失敗をひきおこすには十分でないのかを説明し，これらすべての教訓を複合的に論じた．我々は，もし政治的アクターが自分たちの限られた情報に対処できないのなら，彼らは理性的選択を行えないし，委任を成功させることもできないことに気づいている．しかしながら，認知科学と社会科学の双方からの教訓は，人々が限られた情報に対処できるような多くの方法を明らかにしている．これらの方法を明らかにし，これらが活用できる条件を示すことで，表面的に情報の乏しい人々に理性的な自治が可能であることを示す，広い範囲の条件集合を明らかにした．

第5章訳注
(i) アメリカ議会において長時間の演説によって議事の進行を妨害すること．

第Ⅱ部
実　験

第 6 章　理論，予測と科学的方法

　第Ⅰ部で我々は，限られた情報は理性的選択や委任の成功を妨げないと結論した．もしこれらの条件が納得できるものなら，我々の議論に説得力がなければならない．我々の議論の説得力は 2 つの点に依存する．第 1 に，我々の結論は我々の前提から導かれるものでなければならない．第 2 に，我々が提示する前提と結論は，現実の意思決定に合致したものでなければならない．本書第Ⅰ部と付録における証明は読者に，我々の結論が真実，前提に沿ったものであることを納得させるためのものである．第Ⅱ部は，我々の理論が真に人々がどのように推論と選択を行うかについての適切な表現であると読者を説得するものである．

　第Ⅱ部において，我々はコミュニケーションと委任についての我々の理論を議論としてではなく，**説明**として扱う．議論の目的とは結論が真であることを示すことにある．説明の目的は，なぜ結論が真であるのかを示すことである (Schwartz 1980: 202)．換言すれば，議論の前提は観察不可能な結論に達するために構築される観察可能な出発点である．対照的に説明は，観察不可能な前提から観察可能な結論へとつながる．

　説明の前提のいくつかが観察不可能であるとき，それらの全てが，説明対象をめぐる状況を適切に表現しているということを示すのは不可能である．これは科学に共通のディレンマである．たとえば，量子力学の基本前提である，原子の内部でどのように見えない力が働いているかについては（現時点においては）観察することができない．同様に，我々の理論は部分的に人間の脳内で生じている物理的，科学的過程の組織的特徴に依存する．現時点ではそのような過程を我々自身が観察することはできない．

それゆえに我々は次のような方法で，読者に我々の説明が現実の意思決定を適切に表現していると信じられるように説得する．第1に，我々は自分たちの理論的結論を経験的な予測に変換する．表6.1はこれらの予測を列挙し，それぞれの予測を導く定理を示している．後続の章において我々は，表6.1にあげられた11の予測を検証する．

第2に，我々はこれらの予測を実験室と世論調査形式による一連の実験を利用して評価する．第7章で我々は説得についての実験室での実験（laboratory experiments）について説明する．第8章では，委任についての実験を提

表6.1　予測

定理	予測
	説得
3.1	もし本人が，語り手が知識を持っていると信じていれば，語り手が**共通利益**を持っている確率が本人の検証によって増加すれば，説得の発生率が増加する．
3.2	もし本人が語り手と共通利益を持っていると信じるなら，語り手が**知識を持っている**確率が本人の検証によって増加すれば，説得の発生率は増加する．
3.3	もし本人が，語り手が知識を持っていると信じるなら，語り手の観察可能で**高コストな労力**の増加は説得の発生率を増加させる．
3.3	もし本人が，語り手が知識を持っていると信じるなら，**嘘に対する罰**の増加は説得の発生率を増加させる．
3.3	もし本人が，語り手が知識を持っていると信じるなら，**検証**の確率が増加することは説得の発生率を増加させる．
	啓蒙
4.1	共通利益または真実を告げることを促す外部からの力の下で，説得の発生率の増加は啓蒙の発生率を増加させる．
	騙し
4.2	共通利益または真実を告げることを促す外部からの力がなければ，説得の発生率の増加は詐欺の発生率を増加させる．
	委任
5.1と3.1	もし語り手に知識があって，かつ外部からの力がなければ，語り手と本人に**共通利益**がある場合は，本人と共通利益をもつ代理人は本人にとって好ましい提案を行う．
5.1と3.2	語り手と本人が共通利益を持っている場合，語り手に**知識**があれば，代理人に本人にとって好ましい提案を行う．
5.1と3.3	語り手に知識があり，さらに本人と対立する利益を持っている場合，語り手が嘘をつくことに対して十分な罰を与えることは，本人と共通利益を持つ代理人に，本人にとって好ましい提案をさせるように導くだろう．
5.1と3.3	もし語り手に知識があり，さらに本人と対立する利益を持っている場合，十分な威嚇を伴う**検証**を導入すれば，本人と共通利益を持つ代理人は，本人にとって好ましい提案を行う．

示する．第9章では我々の説得についての世論調査形式の実験（survey experiment）について説明する．

我々の実験の設計は，実験心理学（たとえば Campbell and Stanley 1966; Cook and Campbell 1979; Hovland, Janis, and Kelley 1953; O'Keefe 1990; Petty and Cacioappo 1986）および実験経済学（たとえば Fiorina and Plott 1978; Forsythe et al. 1992; Friedman and Sander 1994; Frolich and Oppenheimer 1992; Herzberg and Wilson 1990; Kinder and Palfrey 1993; McKelvey and Ordeshook 1990; Miller and Oppenheimer 1982; Morton 1993; Palfrey 1991; Plott 1991; Roth 1987; Williams 1991）の教訓からひきだしている．

全ての経験科学がそうであるように，我々の実験室での実験は**推論上の飛躍**（inductive leap）を必要とする．この飛躍とは，実験の観察に対する我々の手法がその理論に対する誠実な操作化であるという仮定である．多くの社会科学者がそれを認識しないが，全ての科学者は理論的説明を評価するために経験調査を用いるとき，この飛躍を行っているのである[1]．

---

(1) 社会科学の経験的作業において問題となるのは，研究者がしばしばこれらの仮定について，それらが偽であるにもかかわらず，明示的に述べ，疑問を投げかけ，論じることに失敗することである．たとえば，「人間の教育水準は彼，もしくは彼女の人種に関する寛容さに影響しない」という帰無仮説を評価する分析に従うためには，教育や寛容さについての分析者の尺度がこのような抽象的な概念についての妥当な操作化であると信じなければならない．典型的には，寛容性についての尺度が学校統合や公的和解についての質問に対する回答を含むのに対して，世論調査研究文献における教育の測定は，回答者による自己申告の通学年数である．しかしながら，いずれも現実には，それと関係する抽象的な概念を測定していないことは明白である．その上，研究者は暗黙の仮定の妥当性（plausibility）についてほとんど議論しない．たとえば，教育の代理変数としての自己申告通学年数は，実際に教室で過ごした時間，履修科目の水準，学校の質，そして個人の成績を説明することはできない．実際，そのような尺度はワシントン・レッドスキンズ（Washington Redskins）の選手，デクスター・マンレイ（Dexter Manley，彼は自分が字を読めないことを認めていた）が，マイクロソフト社（Microsoft）の会長ビル・ゲイツ（Bill Gates）と同じ程度の教育を受けていたということを意味することになる．

もし社会科学者が人々に自らの主張を受けいれさせたいと望むのなら，彼

我々の実験室は，実験環境の重要な側面を我々がコントロールすることを可能にするので，理論に対して適切な経験的操作化を生むために用いることができる．たとえば，我々はコイン・トスの結果を実験参加者に予測させることによって，本人が二項選択を行うという仮定に対応する．本人は語り手の声明から学ぶことができるという仮定に対応するために，複数の実験参加者（たとえば語り手）がコイン・トスの帰結について他の実験参加者（たとえば本人）にメッセージを送った．我々が論じるのは，我々の実験上の操作化が我々の理論の真に忠実な表現であり，我々の予測が信頼できるものであると主張するに十分であるということである．

　我々の実証の2つ目のタイプは世論調査形式の実験（survey experiment）である．1930年代以来，世論調査は一般的になり，「世論調査方法論のあらゆる側面において長足の進歩が遂げられた」（Kalton 1983: 6）[2]．これらの進歩はサンプリング・デザイン，データ分析，計測（instrumentation）などを含んでいる．コンピュータを用いた電話インタビュー（computer-assisted telephone interviewing，CATIと略称される）と呼ばれる近年の技術革新は，世

らは自分の理論と経験的な事象を結びつける上で適切な操作化を行わなければならない．同様に，いかなる統計的手法もデータとの関連で議論されるべき複数の仮定（たとえば，ガウス-マルコフ仮定）を必要とする．社会科学者はしばしば自分たちが行った仮定をないがしろにする．それも，彼らが研究する領域内においてそれらがしばしば偽であるという事実にもかかわらず，である．たとえば，政治学者は政党やイデオロギーといった要因の影響を調べるために，しばしば7点尺度を用いる．回帰式においてこれらの尺度を用いる多くの学者はその尺度が線形であることを仮定する（たとえば，通常3という数字で表される「強い民主党帰属」は，通常1という数字で表される「弱い民主党帰属」の3倍党派的であるといったように）．これは極端に強い仮定であり，多くの人々の相対的な党派性の程度にとっては悪い操作化となりがちである．回帰分析によって，推定された係数は特定の仮定に強く依存している．もしこの仮定が良い操作化でなければ，分析は説得的ではないのである．

（2）政治学における世論調査利用におけるいくつかの傑出した例は，Campbell et al. (1960)，Johnston et al. (1992)，Nie, Verba, and Petrocik (1976)，Sniderman, Brody, and Tetlock (1991)，そしてWeisberg (1995)の所収論文などを含む．

論調査回答者との間に新たなタイプの相互作用を可能にしている．我々はこの技術を，1400以上の実験参加者に対して複雑な二項選択を示すために用いた．そこで我々は実験参加者に語り手からのメッセージを伝えた．語り手の属性を変化させ，語り手の属性と動機づけについての実験参加者の認知を測定することによって，説得についての推論を我々は導き出した．実験参加者の争点位置と語り手の認知との関係は，誰が誰を説得できるかについての強力な推論を我々がひきだすことを可能にした．

第10章において我々は，統制された実験から現代民主制の中心的な制度の考察へと向かう．特に，選挙，立法，官僚，および司法制度によって構築された誘因を調査することによって，我々は民主制という制度が知識の制度でもありうることを示す．すなわち，我々が示すのは，民主制度の誘因効果もまた啓蒙，理性的選択，そして委任の成功のための条件を作り出しうるということである．

第7章 情報，説得，選択についての実験

　第Ⅰ部では，注意とコミュニケーションに関する我々の理論を，情報と選択の関係を明らかにするために用いた．第2章では，理性的選択は完備情報を必要としないと論じることから始めた．第3章では，多くの人々は理性的選択を行うために必要な知識を他者から得なければならないことを論じた．それから，人々がどのようにして他者から学習するかを説明した．アリストテレス理論とは対照的に，我々は人々がお互いをよく知る必要のない事例に焦点をあわせた．我々は，外部からの力や語り手の特徴についての本人の知識に説得の根源があることを発見した．第4章においては，本人が十分に説得的な語り手の動機づけと知識を検証する場合においてのみ，コミュニケーションが啓蒙をもたらすことを説明した．そこで我々は理性的選択が困難だとする多くの批判的な主張に比べ，実際にははるかに幅広い範囲の事例においてそれが可能であることを明らかにした．

　以下では我々の結論を検証する．本章において我々は説得，啓蒙，騙し，そして理性的選択についての我々の想定が妥当であることを実験によって評価していく．我々は自分たちの理論に近い操作化となるように実験を設計した．我々の実験には本人と語り手がいる．我々のモデルと同様に本人の仕事は2つの選択肢から1つを選ぶことであり，語り手の仕事は本人に対してその選択について2つの発言のうちから1つを行うことである．具体的には我々は本人に，コイン・トスの結果を予想するよう依頼した（たとえば，我々はコインが地面に落ちたときに表を向いているか裏を向いているかを予想するよう依頼した）．語り手に対して我々は，表と裏のどちらが良い予想なのかについて本人に発言するよう求めた．

実験参加者の誘因を我々のモデルにおける本人と語り手の誘因と同じものにするために，我々は彼らの行動に対してお金を支払った．正確な予想をした本人には一定の金額，通常1ドルを支払った．我々は語り手への報酬の支払い方法を変えることで，我々の理論仮説のいくつかを検証した．いくつかの実験設定では本人が正確に予想したときに語り手も1ドルを得ることを本人は知っていた（語り手と本人が共通利益を持つ例）．別の実験設定においては，本人が間違った予想をしたときに語り手が1ドルを得ることを本人は知っていた（本人と語り手が対立する利益を持つ場合）．さらに別の実験設定では，語り手がどのようにお金を得るのか，自分と語り手が共通の利益を持っているのか，対立する利益を持っているのかについて本人にはわからないようにした．

さらに，語り手の認知された属性，実際の属性，そして外部からの力を変化させることによって我々の理論仮説を検証した．これらのパラメータを変化させる理由は，我々のモデルでは，外部からの力や語り手の属性によって語り手の発言が説得的であるか否かを決定し（定理3.3），外部からの力や現実の語り手の属性によって説得的な発言が啓蒙（定理4.1）ないし騙し（定理4.2）をもたらすかどうかを決定するからである．簡単に言えば，我々は実験において，語り手が**説得的で啓蒙的**，**説得的で嘘つき**，**非説得的**といった条件を作り出したのである．

たとえば，語り手が発言を行う前にコイン・トスの結果を見て（つまり語り手には知識がある），かつ共通の利益か外部からの力によって彼が知っていることを明らかにするような誘因を持っていれば（語り手は信頼に値する），我々は彼が説得と啓蒙を行うことを予測する．対照的に，語り手が知識を持っていてかつ本人が語り手の動機について誤った信念を持っているとき（たとえば，本人は語り手と共通の利益を持っていると信じているが，実際には対立する利益を持っている），語り手が説得と騙しを行うことを我々は予測する．語り手が**説得的でない**ことを我々が予測した実験設定では，語り手が発言を行う前にコイン・トスの結果を見ていないことを本人が知っていた[1]．

（1） 実験を行う過程で我々は，実験のルールを伝えることとそれ以上のことを伝えないことに注意を払った．たとえば，我々は，本人と語り手がいかにしてお金を得るかということと，語り手がコイン・トスの結果を見たかどう

表7.1は説得実験における本人の行動の要約である．表の上段は，語り手が説得的で啓蒙的だろうと我々が予測した実験試行における本人の行動を示している．表の中段は，説得が発生しないだろうと我々が予測した時の本人の行動を示している．表の下段は我々が説得を予測したが，必ずしも啓蒙を予測しなかった時の結果を示している．

表7.1において我々が測定したのは，本人の予想が語り手の声明と一致した回数である．この一致回数が，偶然によって発生するであろう一致回数（たいてい50％）よりも有意に大きかった時，我々は説得についての強力な論拠を得たことになる．啓蒙と騙しについての我々の測定は説得的な声明だけを含み，コイン・トスの結果について本人が正確な予測を行ったか否かに依存している．もし本人の予想が語り手の声明に一致しかつ正確であったなら，そのとき我々は本人が啓蒙されたと言う．声明が説得的でかつ本人の予想が誤っていたとき，そのとき我々は本人が騙されたと言う．

表7.1は，我々の理論が観察された実験行動に対して強力な予測を与えたことを明らかにしている．表の上段は，説得と啓蒙の条件が実験計画によって満たされている状況における行動を要約している．これらのケースにおいて我々の理論は，語り手が本人を説得し啓蒙することを予測している．表

表7.1　結果の要約

	説得	啓蒙	騙し	理性的選択
	説得と啓蒙の条件が満たされた場合の行動			
観測値	89 1,136/1,280	93 1,057/1,136	7 79/1,136	83 1,067/1,280
予測値	100	100	0	100
	説得の条件が満たされない場合の行動			
観測値	58 668/1,161	57 383/668	43 285/668	52 600/1,161
予測値	50	50	50	50
	説得の条件が満たされ，啓蒙の条件が満たされない場合の行動			
観測値	90 104/116	50 52/104	50 52/104	53 62/116
予測値	100	N/A	N/A	50

かについては話したが，彼らが自分たちの利得を最大化するためにどのように振舞うべきかについては話さなかった．

7.1の上段はこの結果の発生を示している．説得はこれらの事例においてほとんど90%，啓蒙は90%以上起こった．

表7.1の中段は，説得の条件が満たされていない状況での行動を要約している．これらの事例において我々は，本人の予想が語り手の発言から独立しており，語り手が正確な予想をするのはほぼ半数（コイン・トスの結果を偶然によって予想する割合）と予測した[2]．表7.1の中央部は，我々の予測が再び実現したことを示している．説得，啓蒙，そして理性的選択は（正確にコイン・トスの結果を予測し），ほぼ偶然の水準で発生した．

表7.1の下段は，説得条件が満たされているが啓蒙条件が満たされていない事例における行動を要約したものである．これらのケースにおいて我々の理論は，語り手は本人を説得するが，啓蒙条件が満たされていないので，表7.1の上段における試行で観察された7%よりも，はるかに多くの騙しが発生すると予測した．表7.1の下段部は，説得が予測された通りに起きたこと（約90%の事例で発生した）を示している．しかしながら，表の上段で示された結果とは対照的に，これらの試行の半数において本人は語り手に騙された．

全体として，我々の理論の説得条件を満たすように実験のパラメータを設定するとき，約90%の語り手が説得的だった．そうでないときには，語り手は偶然に等しい割合（約50%）でしか，説得しなかった．同様に啓蒙条件が実験に存在するとき，啓蒙が実際に発生した——90%以上の説得的な発言が啓蒙を行い，7%だけが騙した．よって，我々の理論は，我々の実験において人々がどのようにして知る必要のあることを学び，そしていつ騙されるのかを理解するための強力で効率的な方法を提示している．

---

(2) なぜ我々が，0%の説得や0%の理性的選択ではなく，「独立」と偶然の割合での理性的選択を予測したかを理解するためには，本人が自分の行動を語り手の発言に基づかせる理由がないとき，説得のための条件が満たされないことを思い起こしていただきたい．0%の説得を得るためには，本人は組織的に語り手の発言と正反対のことを行わなければならない．しかしながら，そのような行動をとることは，本人が語り手の発言の上に自らの**行動を条件づけている**ということを意味しており，それはこの事例におけるモデルの予測とは対照的なものである．代わりに我々は，「本人が」自分の予想が語り手の発言と合致しているか，矛盾しているかに対して系統だった考慮を払うことなく，コイン・トスの結果を推測することを予測した．

次節では我々の実験計画を説明する．続いて5つのタイプの説得実験を精査する．これらの実験を概観し，結果をより詳細に説明し結論を導く．

実験計画

1996年に我々は情報，説得そして選択に関する一連の実験を行った．我々の実験参加者はカリフォルニア大学サン・ディエゴ（University of California San Diego, UCSD）の学部生だった．我々は実験参加者を UCSD 学内でビラによって募集した．ビラの内容は実験参加希望者に対して，実験時間の予約をどのように行うかを伝えるものだった[3]．

実験参加者が約束のために来たとき，顔を出してくれたことに対してわずかな額（通常2ドル）を彼らに対して我々は支払った．それから我々は実験参加者に標準的な合意書を読んで署名するよう頼んだ．合意書は彼らが「意思決定」についての実験に参加することを彼らに伝え，彼らにはいつでもやめる権利があることを知らせるものであった．全ての実験参加者は合意書に署名し，途中で実験をやめた人はいなかった．

我々は実験を，我々の理論において語り手と本人が直面する状況に似せるように設計した．我々の実験はこれらの操作化が我々の理論に忠実である場合にのみ，我々の仮説に対して有効な検証となる．我々はこれらの操作化を示すことで実験計画を提示する．そのうち最も重要なものは表7.2に示されており，以下で説明する[4]．

---

(3) 我々のビラは未来の実験参加者に予約を入れるための電話番号を知らせた．我々の研究助手はこれらの電話をさばき，電話をしてきた人の年齢（18歳以上）や学部生としての身分を確認し，適格と判断された志願者に対して実験の予約時間を割り振った．我々は，20%の欠席を予想し，概して実験に必要な数よりも多くの実験参加者を予定した．余分な実験参加者がやってきたときは，実験室に来た順番に実験に必要な人数だけを参加させた．余ってしまった人には我々は5ドル支払い，別の実験への参加を促した．複数回実験参加者になった人はいない．

(4) この章の読みやすさを高めるために，我々は実験計画の詳細をいくつか削除している．これらの詳細は利得の枠組みや実験を行う場所におけるいくつかのバリエーションなどを含んでいる．これらのバリエーションが結果に影響したという証拠を我々は発見しなかった．さらなる情報は http://polisci

表7.2の上段に我々は，実験を通じて一定だった前提と操作化のペアを提示している．我々はこれらの操作化を「定数（constant）」と呼ぶ．なぜなら我々は全ての実験においてこれらを用いたからである．表7.2のほかの部分で我々は，実験において**変化させた**前提とその操作化のペアを示している．我々は実験状況ごとに操作化を変化させ，異なるバージョンを用いることによって我々の仮説を検証する．つまり，説得のための条件や啓蒙のための条件をある実験状況においては作り出し，別の状況においては作り出さないために，我々は変数を操作化した．

定数

第1の定数の操作化は参加者に関わっている．我々の理論において我々はコミュニケーションを**本人**と語り手の間の相互作用としてモデル化している．我々の実験で我々はそれぞれの実験参加者に本人と語り手の立場を割り振った．

第2の定数の操作化は本人の選択に関連している．我々の理論では本人はxとyと呼ばれる2つの選択肢から1つを選ぶ．我々の実験においても本人は表と裏という2つの選択肢から1つを選んだ．つまり我々は本人の選択をコイン・トスの結果を的中させる機会として形成した．コイン・トスの無作為性は，本人の決定に不確実性を導入する単純な方法である．

第3の定数の操作化は本人の選択の帰結に関わる．我々の理論において本人は，自分にとってより良い選択肢を選んだときにより高い利得を得る．実験では，本人は**正しい予想**をしたときに，より多くのお金を得る．たとえば，コイン・トスの結果が表だったとき，本人が正確に表を予想していれば1ドルを支払った．しかし，もし本人が間違って裏を予想していたら，我々は何も支払わなかった[5]．

---

　　explab.ucsd.edu において入手可能である（訳者が確認したところ，2005年2月8日現在このサイトへのリンクは切れており，代替的なものとして http://www.mccubbins.org/dataarchive.html#exp-data が存在している）．このウェブ・サイトは我々の実験についてのビデオテープを得る方法も説明している．

（5）　我々はこれらおよび次のような支払い計画を，**価値誘発理論**（*induced value theory*）の必要条件を満足させるために実行した．価値誘発理論は，実験者が実験参加者の誘因に影響を与えることを可能にする条件を説明する．

表7.2 理論の前提と実験の操作化

理論の前提	実験の操作化
定数	
1.「我々は，コミュニケーションを**本人**と**代理人**という2人のプレイヤー間の相互作用としてモデル化する．」	実験参加者はそれぞれ，本人または語り手であった．
2.「本人は，xとyと呼ばれる2つの選択肢のうちの1つを選択する．」	本人は，「表」か「裏」かを予想した．
3.「もし自然が**良い**を選択し，本人がxを選択するならば，彼女は正の効用を得る．もし自然が**悪い**を選択し，本人がxを選択するならば，彼女は負の効用を得る．もし本人がyを選択すれば，彼女は0を得る．」	実験者は，本人が行った**正確な**予想のそれぞれに対して，本人に一定額の正のお金を支払った．実験者は，本人が行った**間違った**予想のそれぞれに対して，本人に何も支払わなかった．
4.「語り手は本人に「良い」または「悪い」という合図を送る……，そして真実を語る必要がない．」	語り手は，本人に「表」か「裏」の合図を送った．語り手は，真実を語る必要がなかった．
本人の特徴に関する変数	
1.「自然は$b \in [0, 1]$の確率で良いを選択し，$1-b$の確率で悪いを選択する．」	実験者は，公平なコイン・トスを行った．
1a. 本人は，どの選択肢が良いのか知っている．	1a. 本人は，コイン・トスの結果を観察した．
1b. 本人は，どの選択肢が良いのかに関して不確実である．	1b. 本人はコイン・トスの結果を観察できないが，実験者が公平なコイン・トスを行うことを知っていた．
語り手の特徴に関する変数	
2.「自然は，語り手と本人が**共通する**利益を持つか，**対立する**利益を持つかを選択する．」	実験者は，語り手と本人が共通する利益を持つか，対立する利益を持つのかを選択した．
2a. 語り手と本人は，**共通する**利益を持っている．	2a. 本人が**正確な**予想をした場合に限り，本人と語り手はお金を手に入れた．
2b. 語り手と本人は，**対立する**利益を持っている．	2b. もし本人が**正確な**予想を行ったならば，本人だけがお金を手に入れた．もし本人が**間違った**予想を行ったならば，語り手だけがお金を手に入れた．
2c. 自然は，$c \in [0, 1]$の確率で**共通する**を選択し，$1-c$の確率で**対立する**を選択する．	2c. 実験者は，語り手と本人が共通する利益を持つか，対立する利益を持つかを決めるためにサイコロを振った．語り手だけがサイコロの出た目を知っていた．

　これは実験参加者の報酬と彼らの行為を結びつけることによって行われる（Smith 1976, 1982）．価値誘発理論は，それぞれの実験参加者の報酬が自分の行為選択に依存していること，実験参加者がより多くの報酬（たとえばお金）を好むこと，実験参加者は自分の効用を主に報酬に基づかせていること，それぞれの実験参加者が自分の報酬について個人的な情報を持つこと，などを必要とする．

第7章 情報，説得，選択についての実験 139

理論の前提	実験の操作化
3.「語り手は $k \in [0,1]$ の確率で，x が y よりも良いのか悪いのかを知っている．そして $1-k$ の確率で，x が y よりも良いのか悪いのかを知っていない．」	実験者は，語り手がコイン・トスの結果を観察したかどうかを選択した．
3a. 語り手は，完備情報を持っている．	3a. 語り手は，コイン・トスの結果を観察した．
3b. 語り手は，不完備情報を持っている．	3b. 語り手は，コイン・トスの結果を観察しなかった．
3c. 本人は，語り手がどれだけ多くのことを知っているのかに関して不確実である．	3c. 実験者は，語り手がコイン・トスの結果を観察したかどうかを決めるためにサイコロを振った．語り手だけがサイコロの出た目を知っていた．
外部からの力に関する変数	
4.「検証：語り手が発言した後，本人が選択する前に，自然は本人に，x が彼女にとって良いのか悪いのかを開示する．」	
4a. 検証がない．	4a. 検証がない．
4b. 検証がある．	4b. 実験者は，v の確率でコイン・トスの本当の結果を開示した．
5.「我々は嘘に対する罰を，語り手が偽りの合図を送った場合に支払わなければならないコスト $pen \geq 0$ として表現する．」	
5a. 嘘に対する罰がない．	5a. 嘘に対する罰がない
5b. 嘘に対する罰がある．	5b. もし語り手が偽りの発言を行ったならば，彼または彼女は罰を支払わなければならない．
6.「我々は高コストな労力を，語り手が合図を送るのに支払わなければならないコスト $cost \geq 0$ として表現する．」	
6a. 高コストな労力が要求されない．	6a. 高コストな労力が要求されない．
6b. 高コストな労力が要求される．	6b. 語り手は，発言を行うために一定額のお金を支払わなければならない．

　第4の定数の操作化は語り手の選択に関わる．我々の理論では，語り手は「より良い」か「より悪い」かを合図するが，真実を告げることを求められてはいない．実験では，語り手が「表」か「裏」かを合図するが，やはり真実を告げる必要はなかった．その上，実験で用いられた合図「表」と「裏」は，理論的な信号である「より良い」と「より悪い」の良い操作化であった．このことを理解するために，コイン・トスの結果が裏だった場合を想定してみよう．我々は正確な予想をした本人に報酬を支払うので，「裏」という合図は「より良い」という信号の操作化であり，「表」という合図は「より悪い」という信号の操作化である．

変数

我々は自分たちの仮説を検証するためにそれ以外の操作化を変化させた．我々の一般的な考え方は，本人が語り手の発言や行為によって説得されることを予測しない条件を確立するというものであった．我々はこの条件を**統制**(*the control*) として参照する．我々は，別のしばしば説得的な結果を予測するもう1つの条件を確立することによって仮説を検証した．この条件を我々は**処理**(*the treatment*) として言及する．

統制と処理の条件がお互いに異なるのは1点においてのみである．処理条件において我々は通常，説得を導くと予測する刺激を導入する．単純な例を紹介するために，認知された語り手の知識が説得の必要条件であるという我々の結論を思い出してもらう．この結論に基づく仮説を検証するため，我々は実験の条件によって語り手の知識を変化させた．統制条件では，語り手は本人に合図を送る以前にはコイン・トスの結果を知らされなかった．処理は，語り手がコイン・トスを観察するという点においてのみ統制と異なっている．

操作化される第1の変数は本人の情報に関連する．我々の理論において本人は自分の行為の帰結について完備もしくは不完備情報のいずれかを有している．実験において我々は，コイン・トスの結果に対する本人の知識を変化させた．いくつかの条件の下で，我々は本人に対してコイン・トスの結果を，予想を依頼する前に示した．別の条件では，本人は事前に正しい結果を知らないまま予想しなければならなかった．

3つの変数が語り手の特徴を定義している．このうち最初の変数は本人と語り手の利益の関係をめぐるものである．我々の理論において本人と語り手の利得はともに本人の選択に依存している．我々の実験でも同じ関係が存在した．いくつかの事例では，本人が正しい予想をした場合にのみ，我々は語り手に報酬を支払った．これらの事例では語り手と本人は，本人に正しい予想をさせることに共通の利益を持っている．ほかの事例では，本人が**誤った**予想をした場合にのみ，我々は語り手に報酬を支払った．これらの事例では，語り手と本人は対立する利益を有している．つまり，本人は正しい予想を行ったときに利益を得，語り手は本人が誤った予想をしたときに利益を得た．

操作化される第2の変数は本人が語り手の利益について何を知っているかに関連する．我々の理論において，本人は語り手の利益を知る必要がない．

第7章 情報，説得，選択についての実験　141

　我々は実験において時々本人に，本人と語り手が共通の利益を持っているのか，それとも対立する利益を持っているのかを告げなかった．その代わりに，語り手と本人の利益が共通なのか対立するのかを決定するために，我々はサイコロを振った．我々は全てのプレイヤーに，語り手の利益がサイコロの目で決められることを告げたが，語り手だけがサイコロの結果を知っていた．それゆえに，語り手だけが自分の真の利益が本当は何であるのかを知っていて，本人は利益については単に信念を持っているに過ぎなかった．

　語り手の特徴についての第3の変数は語り手の知識に関連している．我々の理論は，語り手がどの程度知識をもっているかのを本人が知る必要はないと仮定している．実験において我々は時折，本人に語り手がコイン・トスの結果を知っているかどうかを告げなかった．代わりに我々はサイコロを振って，語り手にコイン・トスの結果を知らせるかどうかを決めた．我々は全てのプレイヤーに，語り手の知識がサイコロを振ることによって決められることを告げたが，語り手だけがサイコロを振って出た目の結果を知っていた．それゆえに語り手だけがコイン・トスの結果が示されたかどうかを知っていた．

　残る3つの変数の操作化は，説得についての我々の理論に由来する外部からの力に関わるものである．いくつかの処理条件において我々は嘘に対する罰を導入した．これらの条件において全ての実験参加者は，もし語り手がコイン・トスの結果について嘘を言うと，語り手が罰せられることを告げられた．別の処理において我々は，語り手の発言を無作為に選んで検証した．さらに別の処理において我々は語り手に，合図を送る以前に目に見える高コストな労力（たとえば，一定のコストを払うなど）を強いた．

　表7.2における10の操作化が我々の基本的な実験計画を構成している．この計画は，我々の理論を模倣することに加えて，単純で親しみやすい状況下に実験参加者を置くという価値がある．実験参加者がこの状況を単純で親しみやすいものとして理解したことを保証するために，我々は実験における出来事のつながり，実験参加者が持つ情報が何で，どのように実験参加者はお金を得るのかなどについて簡単な説明と例を示しつつ，それぞれの実験セッションを始めた．我々は実験参加者に特定の行動を提示しないことについて極めて細心の注意を払った．我々は彼らに単に選択肢について説明しただけで，どの選択肢を選ぶべきかについては彼らに告げなかった．一通りの説明

を与えた後，この説明についての簡単なクイズを行った．大部分の実験参加者はこれらのクイズについて満点をとった．実験参加者が説明をよく理解していたことは，彼らが我々のモデルにおける本人と語り手のように自分たちの置かれた状況を理解していたという信頼を我々に与えるものである．したがって，我々の仮説から意味のある推論を引き出すために我々の実験結果を用いることに，我々は自信を持っている[6]．

他の計画要素

我々の実験を我々の理論により近づけるために，我々は実験参加者がお互いに学習することを制限する2つの対策をとった．第1に，我々はアイ・コンタクトを妨げるために間仕切りを用いた．実験参加者はお互いを見ることはできなかった．第2に，我々は実験参加者同士に会話をさせなかった．この第2の予防策は我々の理論におけるコミュニケーションの重要性からみて，いくぶん皮肉なものだった．しかしながら，実験参加者同士に会話をさせる

---

(6) このクイズは第1に実験の主題になじむための教育装置として機能した．第2に，我々はこのクイズを実験の説明に関する疑問に答えられる実験参加者とそうでない実験参加者を識別するために用いた（我々は実験参加者が説明に対して注意を向けることを促すためにクイズの正解1つについて少額（たとえば10セント）を支払った）．もし実験参加者が前もって決められていた数の質問に間違って答えたら，そのとき彼らの反応はデータから排除された．我々は彼らの目の前でそれぞれのクイズの正答を示したが，我々は決して実験参加者自身が正答したか否かを知らせなかった．クイズに失敗した実験参加者からの反応をデータに含めても，結果は変わらなかった．

予備実験に参加する実験参加者が本番の実験に参加するために予測されたように振舞わなければならないという点において，我々は『合理性のテスト』を行っていないので，経済学の実験とは異なっていることに注意されたい．そのようなテストの例はCooper et al. (1993: 1309) によって説明されている．彼らが述べるには，「我々はデータに加える以前に，プレイヤーがセッションIにおいて『合理性のテスト』に合格し，全ての集団が支配戦略を85％以上選択することを求める．我々は我々が公刊した実験については全てこれを求めた」．この手続きは回帰分析における異常値の排除と似ており，その科学的価値は疑わしい．我々の実験を計画，実施するに当たって，我々は予備実験における**行動**に基づいて実験参加者を選別することは決してしなかった．

ことには問題があった．このコミュニケーションの形態を許すことは，コミュニケーション環境を制御することを難しくする．その結果，説得条件や啓蒙条件が満たされるか侵されるかを制御することが困難になる．この制御なしで我々が，自分たちの仮説を検証するための実験を行うことはできなかった．よって，コミュニケーション環境を制御しつつ我々の理論をシミュレートするために，我々は紙に示されたチェック・ボックスをチェックすることによって，「表」か「裏」のシグナルを送るよう語り手に求めた．そのとき，語り手ではなく実験者がこのメッセージを読みあげた．これらの制御は実験参加者がお互いを視線や声によって識別することを妨げた．

我々の実験計画に2つの要因を付加することによって，コスト面で効率的に実験を遂行することができた．第1に，我々は本人と語り手が複数回相互にプレイすることを認めた．我々の理論では，本人と語り手は1回だけプレイする．理想的には我々は実験において本人と語り手が1回だけプレイするようにしたかった．しかしながら，実験を立ち上げるためにはかなりの労力，時間，そして費用を必要とした．たった1回の決定を行う目的で我々の実験室に実験参加者を招くというのは現実的でない．それゆえに我々は本人と実験参加者に何回もプレイさせた．

しかしながら我々は，それぞれのプレイがあたかも1回きりのものであるかのようにするための予防策をとった（たとえば，我々は繰り返しプレイすることに伴う効果を減少させるためにいくつかの段階を踏んだ）．特に，全ての実験において我々は実験参加者に，他の実験参加者の過去の行為について一切の情報を与えなかった．だから，参加者は**実験が終わった後にのみ**，実験で彼らがいくら得たかを知らされた．その上，実験参加者は彼らの稼ぎの総額だけを教えられた．我々は彼らに個々の決定についての詳細な情報は与えなかった．その結果，我々の実験参加者は自分の予想のどれが正しく，どれが誤っていたかを学習することはできなかった．本人は語り手が本当のことを言ったときも嘘をついたときも学習しなかった．実験の間，実験参加者はほかの実験参加者が過去に何をしたかについてまったく何の情報も与えられなかった．よって，彼らは語り手（もしくは本人）との全てのプレイをあたかも唯一のプレイであるかのように処理する設定となっていた．

第2に，我々は実験を1人の語り手と7名から11名の本人と行った[7]．我々の理論においては対照的に，1人の語り手と1人の本人との間の相互行為

を研究している．複数の本人を用いるという我々の決定は，人々がどのようにして信じる人を選ぶかについての実験データを引き出すという我々の狙いによって動機付けられていた．明確に言うと，我々は語り手の行動についてのデータを集めることに関心があったが，本人の行動についてのデータを集めることにはさらに関心を持っていた．我々の計画は，1人の本人に1人の語り手で実験を行うよりも，非常に低いコストでデータを収集することを可能にした．

　再び我々は，あたかも1人の語り手と1人の本人しか存在していないかのように実験参加者が振舞う誘因を保証するための予防策をとった．第1に，我々は本人たちが自分の予想のためだけに他の実験参加者に報酬を支払うことによって相手の利得に影響を与えることを妨げた．第2に，そして我々が以前に説明したように，我々は本人たちがお互いを見たり，たずねあったり，他のプレイヤーの過去の行為について情報を得ることによって間接的にお互いの利得に影響を与えることを妨げた．それゆえに，本人たちの利得は直接的にも間接的にも他の本人たちの行為によって影響されることはなかった．結果として，本人たちそれぞれの視点からは，実験は自分自身と語り手の間でのみ存在するかのようになった．我々はまた，全ての本人たちに正確に同一の誘因集合を与えた．語り手はこれを知っており，本人の過去の行為についてフィード・バックを受けられなかったので，語り手は本人たちを区別するための基礎を持たなかった．それゆえに語り手の視点からは，彼があたかもたった1人の本人とプレイしているかのようであった[8]．

説得と理性的選択についての実験

（7）　新しい条件それぞれの初めに，我々は1人の実験参加者を語り手として選んだ．他の実験参加者は全て本人として行為した．実験をあまり抽象的なものにしないために，我々は実験の間，本人たちを「予言者（predictors）」，語り手を「レポーター（reporter）」と呼んだ．

（8）　たとえばいくつかの処理において，本人が正確な予想をするたびに我々は1ドルを語り手に支払った．だからもし10名の本人が正確な予想をしたら，そのとき語り手は10ドルを得た．もし我々がたった1人の本人しか持たず，正確な予想ごとに10ドルを支払っていれば，そのとき語り手の誘因についての我々の予測（そして期待利得）は同一であろう．

それぞれの実験セッションには2人の実験者，2名から4名のアシスタント，そして8名から12名の実験参加者が関与した．それぞれのセッションは2種類の基準試行（benchmark trial）と，1つから4つの異なる実験条件から構成されていた[9]．

基準

　我々は全ての実験セッションにおいて，2つの重要な基準を確立するために，5つの試行を行った．第1の基準は，**もし本人たちが自分たちの行為の帰結を知っていたらどのような選択を行うか**，である．この質問に対する答えは，実験における行動が理性的選択と等しいということについての我々の主張の信憑性を高める．

　我々の予測は，もし本人が自分たちの行為の帰結を知っていれば，そのとき**彼らは最も高い利得が自分に与えられるような選択肢を彼らが選ぶであろう**ということである．後続する我々の全ての仮説は（表6.1を見よ），この命題が真であるかどうかに依存する．我々はこれらの命題を，それぞれの実験を2つの完備情報基準試行から始めることによって検証する．これらの試行において全ての実験参加者は本人で，我々は彼らに予想を依頼する前にコイン・トスの結果を見せた．実験における本人たちは正確な予想を行った場合にのみお金を得るので（たとえば，正確な予想ごとに1ドル，不正確な予想には0ドル），我々は彼らが正確な予想をしようとするだろうと予測した．実際に，完備情報下での基準となる試行において実験参加者は，389回中376回（97％）正確な予想をした．したがって，我々は完備情報を持った本人が**最も価値の高い選択肢を選び，そのような選択が理性的選択となる**という命題に対する強力な証拠を持っている．

　第2の基準は，**もし本人が自分の行動の帰結についての知識を欠いていて，さらに語り手から学習する機会を持たなかったらどんな選択を行うか**，である．この疑問に対する答えは，語り手のいない状態で本人がどのような選択を行うかについて，語り手がいるときのこの行動からの一定の乖離が，我々に妥当な主張と思われ説得の証拠となる．

（9）　最後の試行の終わりに，我々は全ての実験参加者に実験後の質問票に記入してもらい，それから彼らに報酬を支払い，実験セッションを終えた．

我々の全ての実験のうちの3番目から6番目の試行では，全ての実験参加者は依然として本人である．これらの試行において我々は本人に，前もってコイン・トスの結果を見ることなしに予想するように依頼した．このような環境の下で我々が予測したのは，**本人の予想がランダムに現れる**（たとえば，表と裏が同程度になる）ということであった．なぜなら正しいコインをはじけば，**表を予想することから来る期待利得と，裏を予想することからくる期待利得が等しい**からである．もし本人がランダムに選んだら，我々はそのとき約50％の正確な予想を観測することになろう．実際，我々は不完備情報下の基準試行において，正確な予想を約48％（780回のうち377回）観測した．したがって我々は，不完備情報しか持たず，同じ期待値の選択肢から選択を行う本人はランダムに選択するという命題について強力な証拠を持っている(10)．

実験

我々は5つの実験を行った．そのうち知識実験と利益実験を含む2つにおいて，我々は語り手の特徴を変化させた．そして残る3つの実験において我々は外部からの力を導入した．それらは嘘に対する罰実験，検証実験，高コストな労力についての実験を含んでいる．説明を単純化するために，我々は説得と理性的選択に対してこれらの実験が持つ含意を述べる．そのあとで我々は啓蒙と騙しについてこれらの実験が持つ含意について論じる．

それぞれの条件は複数の試行で成り立っていた（たとえば4回から10回のコイン・トス）．我々は全ての試行が同一の環境条件の下で行われるように設計した（コイン・トスの結果は除いてである．それぞれの試行のために1回のコイン・トスを実際に行った）．我々は条件を通じてのみ，実験のパラメータを変化させた．全ての統制と処理条件において，**本人はコイン・トスの結果を見ていなかった**．

---

(10) いくつかの試行において，我々は予想が正確であるか否かに関わりなく，表を予想した本人に小額の賞金を支払った．これらの試行において我々は，実験参加者が144回中124回（86％）表を予想したことを発見した．これは期待された100％よりも低いが，無規則な行為とは有意に異なる．

データの使い方． 全ての本人にとってそれぞれの条件は一連のデータを生む．たとえばある条件内の5回以上の実験を通じて，我々は本人がその連鎖，たとえば「表，表，裏，表，裏」を予想するといった結果を得る．我々はこうした結果を仮説の評価に用いる．説得についての我々の仮説を検定する統計量は，単純に本人の予想が語り手の合図に応じた回数である．説得の確たる証拠は，一連の一貫した矛盾のない整合性，すなわちランダムな行為の結果，そのような一連の結果の見込みが試行回数の増加につれてゼロに近づくこと，である．我々はまた，これら一連の結果を「本人はランダムに予想を行う」（不完備情報下の基準試行における事例のように）という帰無仮説を評価するためにも用いる．もし検定統計量がランダムな行為から有意に逸脱し，本人による予想のほとんどが語り手の助言に合致していれば，そのとき我々は説得についての確たる証拠を得る．

以下，我々は2つの方法でデータを提示する．本文中に我々は，説得と理性的選択の発生に関する統計量を示す．一連の図において我々は，行為におけるトレンドを示す棒グラフを作成するために，上で言及した選択の連鎖を用いる．それぞれの図は1つか複数の棒グラフで，それぞれの棒グラフは特定の制御や処理条件に対応している．

それぞれのグラフの横軸は，語り手の合図と合致した本人の予想回数を示す．それぞれのグラフの縦軸はその行動がそれぞれのカテゴリーに合致した本人の数を測定している．たとえば図7.1aは，7名の本人が5回の試行において2回，語り手の合図と合致した予想を行ったことを示している．

ランダムな行為からの乖離についての我々の主張を理解しやすくするために，それぞれの図は，最も起こりやすいであろうと思われる，全ての本人がランダムに選択した場合の本人の行為連鎖の分布を示す線をも示している[11]．たとえば図7.1aでは，もし11名の本人がランダムに選んだら，我々が最も多く観測されると思われるパターンは5回の試行中2回，語り手に賛成する選択をした本人が3名ということになる（たとえば，選択連鎖の31%は図では2つのカテゴリーに分かれた）．右端の棒グラフは，本人の予想が一貫して語り手の合図と一致した状態を示している．これらのグラフが説得に

---

(11) この確率は二項分布に基づく．したがって我々は，それぞれの予想が独立かつ同一に分布していることを仮定している．

ついての確たる証拠を示すのである．

知識実験
仮説：もし本人が，語り手と自分が共通の利益を持っていると信じている場合，そのとき，語り手が知識を持っている確率が本人の判断において増加すれば，説得の可能性は増加する．
統制：本人はコイン・トスの結果を見ない．語り手は本人と共通の利益を有しているが，コイン・トスの結果を見ていない．外部の力はなかった．これら全ては共通の知識である．
処理：語り手はコイン・トスの結果を見た．

統制．統制条件において本人が正確な予想を行ったとき，本人と語り手は同じ金額を得る（たとえば双方が1ドルを）[12]．本人の予想が不正確なら双方とも何も得ない．

　本人と語り手が共通の利益を持っていたので，本人は統制および処理条件において語り手の助言に従うという非支配戦略を持っていた．つまり我々は，本人が予想の際に語り手の助言に毎回従うことで自らの状況を悪化させることはないと予測した．説得における語り手の知識効果を分離するために，我々は知識実験において，その予想が正確であるか否かに関わりなく，表を予想した全ての本人に対して小額（たとえば10セント）を支払った．我々が予測したのは，本人が統制条件においては語り手の合図と関わりなく表を選び，処理条件では彼らが「表」か「裏」を聞くかどうかに関わりなく，語り手の助言に従うということであった．

　図7.1は5回の試行からなる統制条件における本人の行為を示している．図7.1aにおいて我々は，本人の予想が語り手の助言と必ずしも一致しないこ

---

(12) 前に説明したように，我々の発見が1回の実験における特定のパラメータに依存することを緩和させるために，我々は全ての実験を微妙に異なる条件の下で数回行った．たとえば，我々は1つの実験における正確な予想に対して本人に1ドルを支払ったが，しかし別の実験では50セントしか支払わなかった．これらの変化は結果に何の影響もないことを我々は発見した．より多くの情報は，http://www.mccubbins.org/Tommy's%20Work/dataarchive.html#exp-data にある．

図7.1　知識実験：統制条件

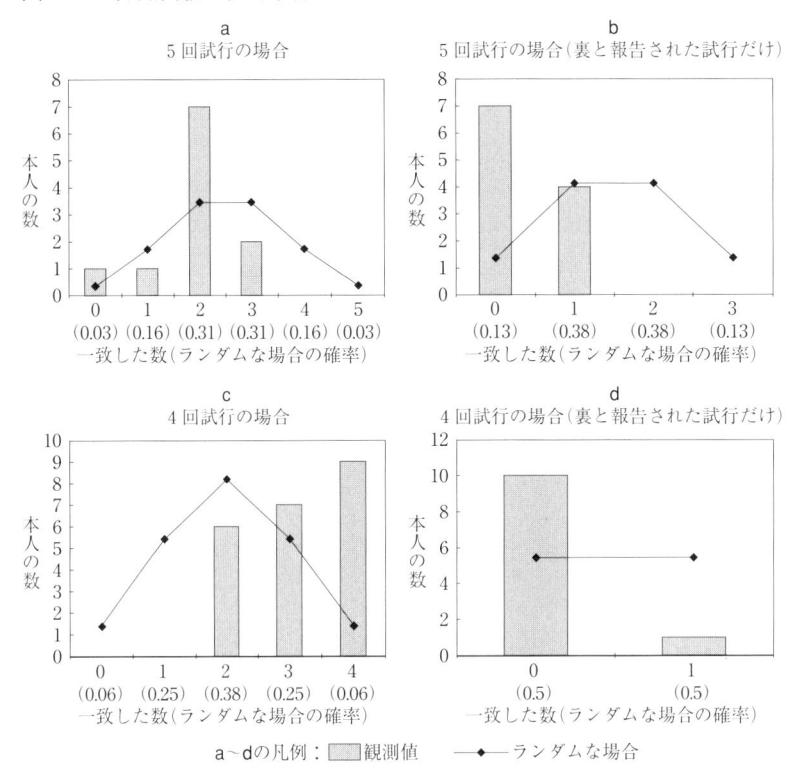

a 5回試行の場合

一致した数	0	1	2	3	4	5
本人の数（観測値）	1	1	7	2	0	0
(ランダムな場合の確率)	(0.03)	(0.16)	(0.31)	(0.31)	(0.16)	(0.03)

b 5回試行の場合（裏と報告された試行だけ）

一致した数	0	1	2	3
本人の数（観測値）	7	4	0	0
(ランダムな場合の確率)	(0.13)	(0.38)	(0.38)	(0.13)

c 4回試行の場合

一致した数	0	1	2	3	4
本人の数（観測値）	0	0	6	7	9
(ランダムな場合の確率)	(0.06)	(0.25)	(0.38)	(0.25)	(0.06)

d 4回試行の場合（裏と報告された試行だけ）

一致した数	0	1
本人の数（観測値）	10	1
(ランダムな場合の確率)	(0.5)	(0.5)

a〜dの凡例：　■観測値　　◆ランダムな場合

とを確認することができる．特に，7名の本人の予想は5回中2回，語り手の助言と合致し，2名の本人は5回中3回語り手の助言と合致し，そして1名の本人は1回だけ語り手と合致し，もう1人の本人は一度も語り手の助言と合致した予想を行わなかった．図7.1bは同じ結果をより明確に示している．それは，語り手が「裏」と報告した試行に限った本人の反応を示している．これらの場合，語り手の助言（裏）は常に本人の期待利得を最大化する選択（たとえば表）と食い違っていた．これらの場合，我々は本人が語り手を無視することを予測していた[13]．図7.1bはほとんどの本人が，裏を選べという

---

(13)　十分情報を持たない語り手の助言に従って裏を選ぶことから来る本人の期待利得は，0.5×1ドル＋0.5×0ドル＝50セントである．これは，語り

語り手の助言と関係なく表を選ぶことを確証している（実際，10名中7名の本人が常に表を選んだ）．ランダムに選ばれた一連の選択が3回中1回も語り手の発言と合致しない確率は0.13である．このようにして，11名中7名の予想が（語り手が「裏」と述べたときに）全く語り手の発言と合致しなかったという事実は，本人が「表」を予想する代価である10セントに誘惑されていたことの強力な証拠である．図7.1cと7.1dは統制条件が4回の試行からなる事例の結果を示している．これらの図において，我々は同様の行動パターンを観測することができる[14]．

　全体として，統制条件における本人の予想は語り手の助言と63%（90/143）合致した．加えて，語り手が正直な報告を約46%（6/13）送り，本人は理性的選択を約50%（71/143）行った．

　語り手が裏と合図した試行についてだけ言えば，本人の予想が語り手の助言と合致したのは11%（5/44）だけで，語り手は50%（2/4）正直な報告を行い，本人は約57%（25/44）理性的選択を行った．これらの結果が示すのは，本人は情報を欠いた語り手を，語り手が自分と共通の利益を持っていることを知っていても無視したということである[15]．

処理条件の設定． 我々の処理は，共通利益同様，知識を持つ語り手を導入した．この刺激は実験参加者の行動を大きく変えた．図7.2は処理条件に関する10回の試行結果を含んでいる．図7.2aは全ての試行からの結果を示し，一方で図7.2bは再び語り手が裏を知らせた試行からのみの結果を示している．

　　　手の助言を無視して，代わりに表を選ぶことから来る期待利得――0.5×1ドル＋0.5×0セント＋10セント＝60セント――よりも少ない．
（14）　図7.1cで報告されている処理条件において，語り手の助言に合致した予想を行った本人の大半は，語り手が4回中3回，表を合図したので騙しが発生している．図7.1dは語り手が裏を合図したとき，ほとんどの本人が表を選んだことを示している．
（15）　5回の試行を伴う処理条件において，我々はひそかに，60%の割合で裏と言う語り手に5ドルを提供した．我々がこれを行ったのは，我々に語り手の発言（裏）が本人の支配戦略（表）と異なる観測結果を与えるように，語り手が時々は裏と合図することを確実にするためである．我々はこの手続きを用いたことを実験の終わりに公表した．

図7.2　知識条件：処理条件

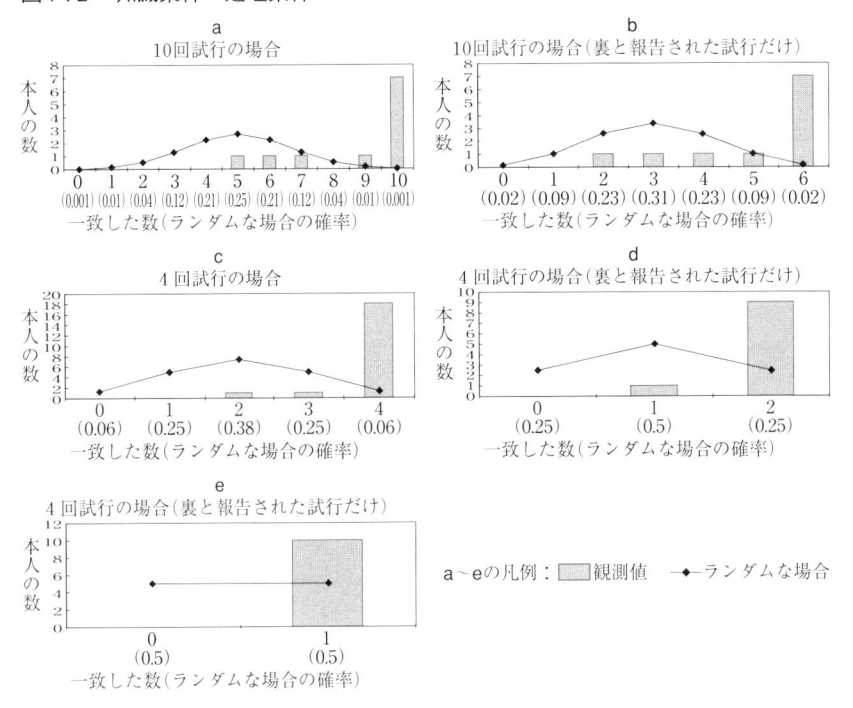

a 10回試行の場合
b 10回試行の場合（裏と報告された試行だけ）
c 4回試行の場合
d 4回試行の場合（裏と報告された試行だけ）
e 4回試行の場合（裏と報告された試行だけ）

a〜eの凡例：　□観測値　◆ランダムな場合

図7.2c，7.2d，7.2e では処理条件における4回の結果を示した[16]．

全ての事例において，統制条件と対照的に，処理条件における本人の予想は語り手が裏と知らせたときでさえ，語り手の助言と一貫して一致した．たとえば，図7.2b は11名中7名の本人が，表を選択することで支払いが保証されていたにもかかわらず，語り手が裏と助言すれば毎回裏を予想した．ランダムに選ばれた一連の予想が，6回中6回とも語り手の発言と合致する確率は2％より低い．もし，本人がランダムに行動すれば，選択連鎖11のうち7つが6回中6回とも合致する確率はほとんど0である．したがって，我々の

---

[16] 図7.2c が図7.2a と異なっているのは，我々が行った試行の回数だけである．図7.2d と7.2e は図7.2b に対して同様の関係にある．図7.2d と7.2e が異なっているのは，実験を通じて語り手が裏の合図を出した回数だけである．

発見は説得についての強力な証拠を構成する．図7.2の別の部分は類似した行動を示している．

全体として，処理条件において本人の予想は92％（174/190）語り手の助言と合致した．加えて，語り手は約94％（17/18）の割合で正直な報告を送り，本人は約86％（164/190）理性的選択を行った．この最後の統計は完備情報下の基準試行によく似ている．

我々の知識実験では，処理条件においてのみ本人が一貫して語り手の合図を，自分たちが持っていない情報の効果的な代替物として用いた．したがって我々は，語り手と本人が共通の利益を持っているとき，語り手の知識を増やすことが説得を誘発し，情報を持たない人々が理性的選択を行うことを可能にするという仮説に対して強力な根拠を持っている．

処理条件の変種． 我々は知識処理条件に関する2つの変種を実験した．第1の変種のポイントは，**認知された語り手の知識**がどのように説得に影響するかを示すためのものだった．我々の予測は，語り手が実際に持っている知識ではなく，語り手の認知された知識が説得のための必要条件であるということである．

この仮説を検証するために，我々は10面のサイコロを用いて語り手の知識を決定した．我々は試行のたびに1度サイコロを振った．もしサイコロが1から7を示せば，そのとき我々はコイン・トスの結果を語り手に見せた．そうでなければ，我々はそうしなかった．もちろん語り手は彼が発言するとき，自分が知識を持っているか否かについて知っていた．対照的に本人は，語り手が70％の機会で知識を持っていることだけを知っていた．

図7.3はこの処理条件からの一連の本人の行動を示している．我々の実験におけるパラメータの下で我々が予測していたのは，もし語り手が知識を持っている確率が50％より大きいと本人が信じるなら，彼らは語り手の助言に従うだろうということだった．したがって我々はこの処理の変化において説得を予測していた．図7.3aは，本人の予想のほとんどがこの処理条件における語り手の助言に合致していたことを示している．ランダムに選ばれた一連の予想が語り手の申し立てに毎回一致する確率は0.001だが，この処理条件における11名中7名の本人による予想は毎回，語り手の申し立てに合致していた．図7.3bが示すように，本人の予想は語り手が「裏」と合図したときで

図7.3　知識実験：70％の確率で知識がある場合の処理条件

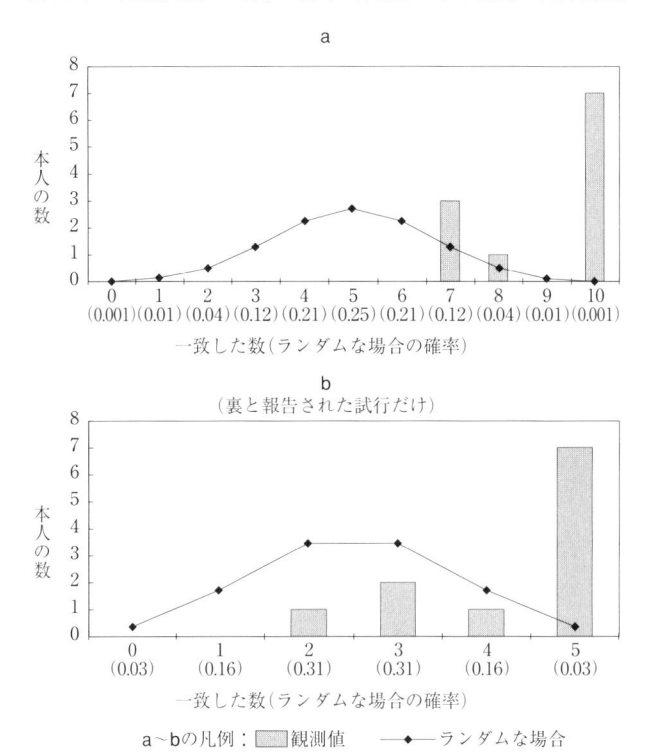

a

一致した数	0	1	2	3	4	5	6	7	8	9	10
(ランダムな場合の確率)	(0.001)	(0.01)	(0.04)	(0.12)	(0.21)	(0.25)	(0.21)	(0.12)	(0.04)	(0.01)	(0.001)

b
（裏と報告された試行だけ）

一致した数	0	1	2	3	4	5
(ランダムな場合の確率)	(0.03)	(0.16)	(0.31)	(0.31)	(0.16)	(0.03)

a〜bの凡例：　▩ 観測値　　◆ ランダムな場合

さえ，その申し立てに合致していた．全体として，知識処理におけるこの変化では，本人の予想は語り手の助言に約90％（99/110）一致した．

　我々はこの処理条件についての全ての試行において説得を予測した．なぜなら，説得のための条件が満たされていたからである．しかしながら我々は，これら全ての試行において理性的選択を予測してはいなかった．この予測の理由は，語り手が70％の割合でしか知識を持っていないということだった．我々はこれらの試行においても理性的選択を予測してはいたが，別の30％の試行において同じような頻度での理性的選択を予測してはいなかった．

　語り手が実際に知識を持っていた14回の試行においては，説得のための条件同様，啓蒙のための条件も満たされていた．これらの試行において語り手は正直な報告を100％（7/7）行い，本人は理性的選択を約87％（67/77）

行った．対照的に，語り手が知識を持たなかった3回の試行では，説得のための条件は満たされていたが，啓蒙のための条件は満たされていなかった．これらの試行において語り手は3回のうち2回は**知らぬまま**に正直な報告を行った．本人の予想は97％（32/33）この予測に合致しており，約70％（23/33）の理性的選択を行った（この値は観測された本人の行動を考慮すると低めかもしれないが，語り手が知らないうちに間違った報告を多めに送ったということである）．要するに，説得と理性的選択は，語り手が実際に知識を持っているときに起きるが，語り手が実際には知識を欠いているとき，理性的選択が発生する頻度は低くなる．全体として，もともとの知識処理条件とこの変種からの結果は，認知された語り手の知識が共通利益を伴うとき説得をひきおこし，理性的選択を促進するという予測に対応している．

知識の処理条件に関する第2の変種において我々は，語り手が知識を欠き，かつ対立する利益を持っている事例を検証した．我々は，知識と共通利益を欠いた語り手が，いずれかの特徴を欠いている語り手よりも説得的である（あるいはより説得的でない）というわけではないと立証するためにこの処理を行った．

具体的に言うと，我々は語り手にコイン・トスの結果を見せず，本人が**誤った**予想をするごとに50セントを語り手に支払った．我々が予測していたのは，この処理においては本人が語り手の助言に従わないことだった．図7.4は，本人の予想が実際に語り手の助言と一貫して合致していなかったことを裏付けている．具体的にいうと，本人の予想が語り手の助言に合致したのはわずかに33％（18/55）であった．加えて，語り手が正直な報告を60％（3/5）行い，本人は理性的選択を58％（32/55）行った[17]．これらの結果は，不備情報基準や制御条件において観測された行動（いずれも我々が予測していたもの）に類似している．

利益実験
仮説： もし語り手が知識を持っていると本人が信じていれば，語り手が本人と共通の利益を持つ確率を本人が高いと判断すると，説得の可能性は高まる．

---

[17] 我々は再びひそかに，60％を裏と報告する語り手に5ドルを提供した．

図7.4　知識実験：利益が対立しかつ知識がない場合

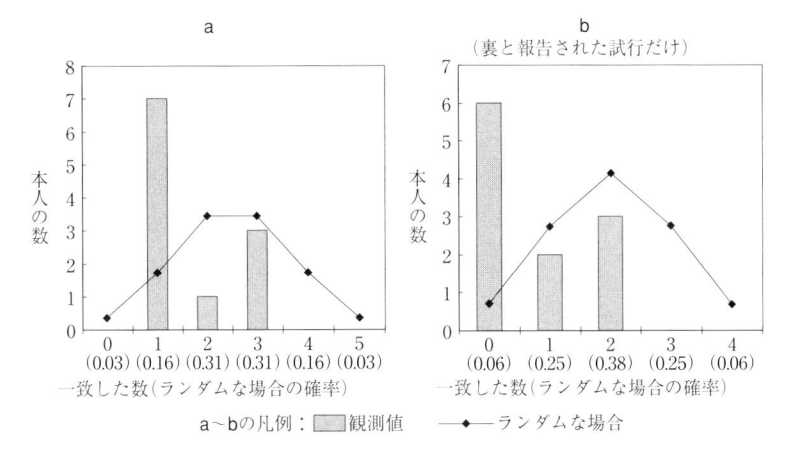

a

b（裏と報告された試行だけ）

縦軸：本人の数
横軸：一致した数（ランダムな場合の確率）

a〜bの凡例：観測値　◆ランダムな場合

統制：　本人はコイン・トスの結果を見なかった．語り手と本人の利益は対立し，語り手はコイン・トスの結果を見ていた．外部からの力は存在しなかった．これら全てはいずれも共通の知識であった．
処理：　語り手と本人は共通利益を持っていた．

統制．利益実験の統制条件において我々は語り手にコイン・トスの結果を見せ，本人が誤った予想を行った見返りとして語り手に報酬を支払った．我々が予測したのは，統制条件における本人は語り手の助言に従わず，不完備情報基準試行と同じ割合で理性的選択を行うだろうということだった[18]．図7.5は統制条件の結果を示している．

図7.5における全ての棒グラフはランダムな行動に類似した本人行動の一連の結果を示している．実際，これらの図は，ほとんどの実験における最も頻度の高い本人の行動が語り手の助言に半分ほど従うというものであったことを示している[19]．要約すると，統制条件における本人の行動は不完備情

---

[18] この実験および全ての後続実験において，表を選ぶことに対して小額（たとえば10セント）を支払う（我々が語り手の知識実験において行ったように）ことによって，得られるものはなかった．したがって，我々はそのような支払いはしなかった．

図7.5 利益実験：統制条件

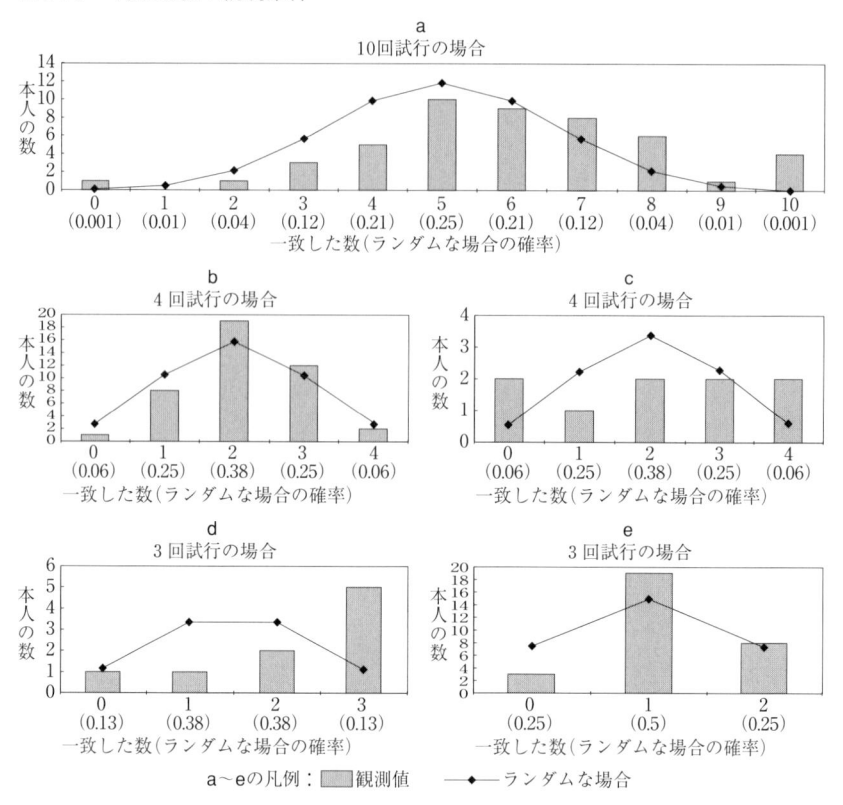

報基準試行において観察された行動に類似するものだった．

　全体として，統制条件においては，本人の予想は語り手の助言に59％（452/771）合致し，語り手は約58％（46/79）正直な合図を送った．加えて，本人は約54％（413/771）理性的選択を行った．これらの結果が示すのは，本人が共通利益を持たない語り手を無視したということである．

---

(19) 図7.5c，7.5d，そして7.5eは語り手が合図を送らないことを選んだという変種から得られた結果を示している．この場合，本人は9回中4回（44％）正確な予想を行った．

図7.6　利益実験：処理条件

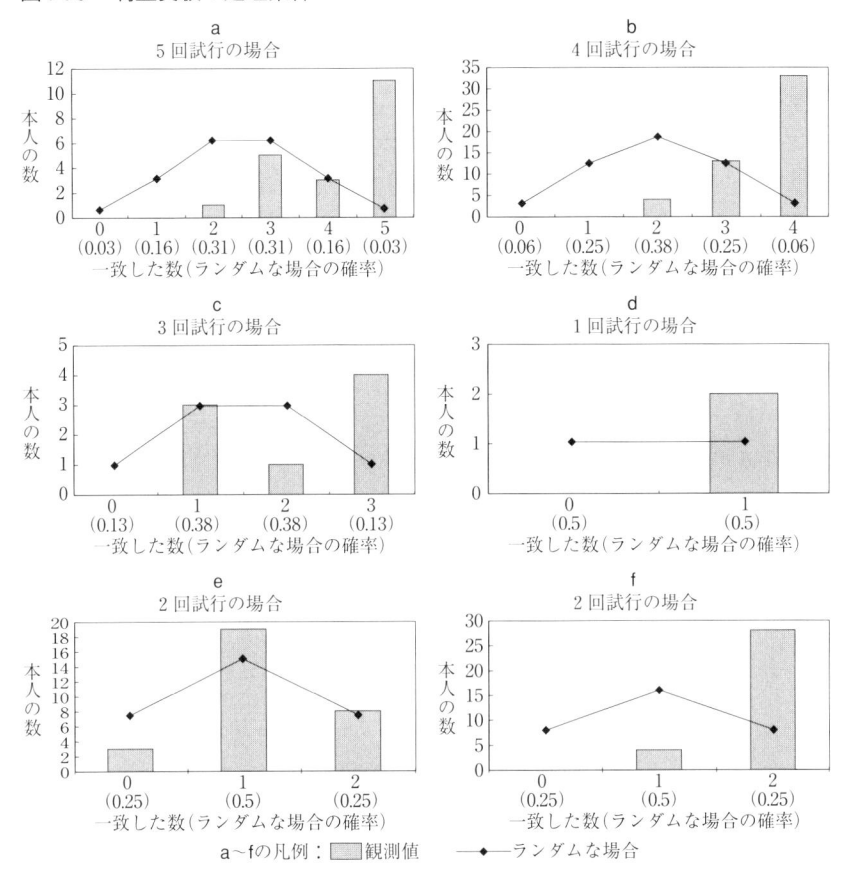

a　5回試行の場合

横軸：一致した数（ランダムな場合の確率）
0 (0.03), 1 (0.16), 2 (0.31), 3 (0.31), 4 (0.16), 5 (0.03)
縦軸：本人の数

b　4回試行の場合

横軸：一致した数（ランダムな場合の確率）
0 (0.06), 1 (0.25), 2 (0.38), 3 (0.25), 4 (0.06)
縦軸：本人の数

c　3回試行の場合

横軸：一致した数（ランダムな場合の確率）
0 (0.13), 1 (0.38), 2 (0.38), 3 (0.13)
縦軸：本人の数

d　1回試行の場合

横軸：一致した数（ランダムな場合の確率）
0 (0.5), 1 (0.5)
縦軸：本人の数

e　2回試行の場合

横軸：一致した数（ランダムな場合の確率）
0 (0.25), 1 (0.5), 2 (0.25)
縦軸：本人の数

f　2回試行の場合

横軸：一致した数（ランダムな場合の確率）
0 (0.25), 1 (0.5), 2 (0.25)
縦軸：本人の数

a〜fの凡例：■観測値　◆―ランダムな場合

処理．　図7.6が示すように，共通利益と知識を持つ語り手の導入は，説得の発生を大幅に増加させた．全てのグラフにおいて本人による行動の一連の結果は，説得の可能性を高めることを示すように大きく右側に偏っている．たとえば図7.6aでは半分以上の本人の予想が，毎回語り手の助言と合致した．ランダムに選択された一連の予想が毎回語り手の助言と合致する確率が0.03であることを考慮すると，これらは説得が起こることの証拠となる．図7.6の他の図も同様の結果を示している．すなわち，本人の予想は一貫して語り手の助言と合致していたのである[20]．

処理条件においては全体として，本人の予想は語り手の助言に88%（372/422）合致し，語り手は正直な合図を約98%（48/49）送った．加えて，本人は約87%（366/422）理性的選択を行った．これらの結果は完備情報基準試行における行動に類似している．これらが示すのは，本人は自分たちが持っていない情報の効果的な代替物として，語り手の合図を使っているということである．統制条件下と処理条件下の行動の比較は我々の仮説に強い裏づけを与える．すなわち，語り手が知識を持っているとき，語り手と本人の利益の共通性を高めることは説得を生み，情報を欠いた人々が理性的選択を行うことが可能になるのである．

処理条件における変種． 我々は利益処理についてさらに2つの変種を実行した．第1の変種のポイントは認知された語り手の利益が説得にどのように影響するのかを示すものであった．我々が予測したのは，実際の共通利益ではなく認知された共通利益が説得のための必要条件であるということである．

この予測を検証するにあたり，語り手が共通利益か対立利益を持つかどうかを決定するために10面サイコロを用いた．我々は1回の試行において1度サイコロを振った．もし，サイコロの目が1から7を示したら，我々は本人が正しい予想を行うたびに語り手に報酬を支払い，そうでないときは本人が誤った予想を行うたびに語り手に報酬を支払うことにした．したがって，語り手は自分が共通利益を持っているのか否か，対立利益を持っているのか否かを知っていたが，本人が知っていたのは共通利益の可能性が70%で，対立利益の可能性が30%であるということだけであった．

図7.7aはこの処理の結果を示している．実験のパラメータを考慮すると，我々が予測したのは本人が語り手の助言に従う（たとえば共通利益の確率が50%以上であれば，本人は従うだろう）ことであった．本人の行った予想の過半数が，語り手の助言に毎回合致していたことを我々は発見した．これもまた我々の仮説に強力な支持を与えるものである．なぜなら，ランダムに選ばれた予想の連鎖が毎回語り手の助言に合致することなどほとんど起こらな

---

(20) 図7.6eと7.6fは語り手が合図を送らなかったという変種からの結果を示している．語り手が合図を送らなかったとき，本人は18回中11回（61%）正確な予測を行った．

第7章 情報，説得，選択についての実験 159

図7.7 利益実験：処理条件の変種

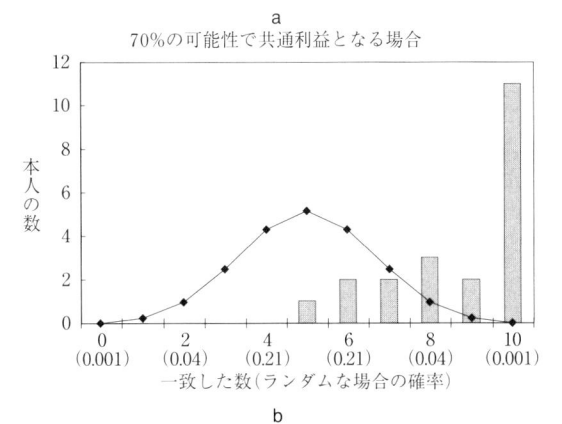

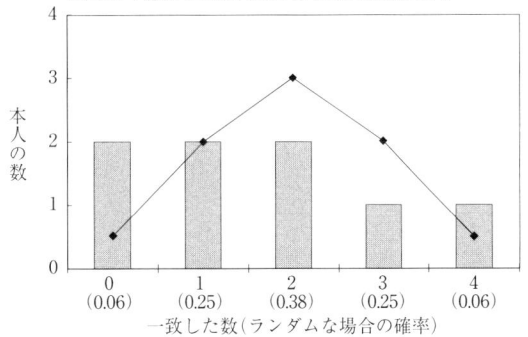

a
70%の可能性で共通利益となる場合

本人の数

一致した数（ランダムな場合の確率）
0 (0.001), 2 (0.04), 4 (0.21), 6 (0.21), 8 (0.04), 10 (0.001)

b
25%の可能性で共通利益となり10回試した場合

本人の数

一致した数（ランダムな場合の確率）
0 (0.06), 1 (0.25), 2 (0.38), 3 (0.25), 4 (0.06)

c
25%の可能性で共通利益となり4回試した場合

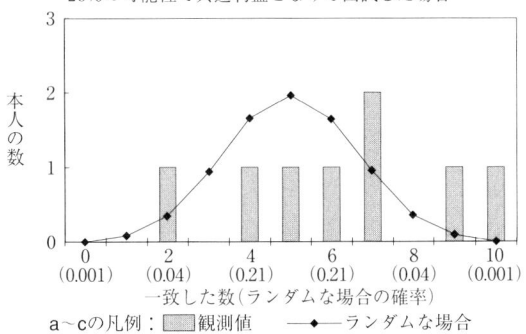

本人の数

一致した数（ランダムな場合の確率）
0 (0.001), 2 (0.04), 4 (0.21), 6 (0.21), 8 (0.04), 10 (0.001)

a〜cの凡例： ■ 観測値　◆ ランダムな場合

いからである．全体として利益処理におけるこの変化において本人の予想は87％（183/210）語り手の助言に合致した．

　我々はこの処理における全ての試行において説得を予測していた．なぜなら説得のための諸条件が満たされていたからである．しかしながら我々は，これら全ての試行において理性的選択を予測してはいなかった．なぜならば，語り手が共通利益を有し，試行の70％においてのみ事実に即した合図を送るという誘因を持っていたからである．我々はこれらの試行において理性的選択を予測していたが，残りの試行については予測していなかった．

　語り手が実際に共通利益を持っている14回の試行において，啓蒙のための条件同様，説得のための条件は満たされていた．これらの試行において語り手はコイン・トスの結果を約79％（11/14）正直に報告し，本人は理性的選択を約69％（102/147）行った．対照的に，語り手が実際に対立的な利益を持っている6回の試行において，説得のための条件は満たされているが，啓蒙のための条件は満たされていなかった．これらの試行において語り手は正直な報告を約33％（2/3）行い，本人は理性的選択を約49％（31/63）行った．これらの結果は，ランダムな行動という帰無仮説を棄却できるので，我々の予測に対する支持を与えている．

　利益処理における第2の変種において，我々は語り手が共通もしくは対立的な利益を持っているか否かを決定するために8面のサイコロを用いた．この処理における全ての試行についてサイコロを1回振った．我々が実験参加者に伝えたことは，もしサイコロの目が1か2を出した場合，本人が正しい予想をしたなら語り手に報酬を払うが，そうでなければ不正確な予想に対して報酬を支払うということであった．したがって語り手は自分が共通もしくは対立的利益を持っているのかどうかを知っていたが，本人が知っていたのは共通利益の可能性が25％，対立的利益の可能性が75％ということだけであった．我々が予測していたのは，この水準の共通利益（50％以下）では，語り手が実際に共通利益や対立的な利益を持っているかに関わらず，説得を引き出すには十分ではないだろうということだった．

　図7.7bと7.7cはこの処理からの結果を示している．それらが示しているのは，本人による予想の分布がランダムな行動の分布とは有意に異なっているということである．この処理において，本人の予想が語り手の助言に合致したのは56％（63/112）であった．加えて，語り手が事実に即して報告を行っ

たのは50％（7／14），そして本人が理性的選択を行ったのは46％（51/112）であった[21]．この変種における本人の行動は不完備情報基準試行における行動に類似していたと言える．

「嘘に対する罰」実験
仮説：もし語り手が知識を持っていると本人が信じれば，嘘つきに対する罰の増大は説得の可能性を高める．
統制：本人はコイン・トスの結果を見なかった．語り手は対立的な利益を持ち，コイン・トスの結果を見ていた．外部からの力はなかった．これらは全て共通の知識であった．
処理：我々は嘘に対する罰を導入した．

統制．　これらの実験に対する統制は語り手の利益実験における統制と同じであった．この条件においては，本人の予想が語り手の助言に59％（452/771）合致し，理性的選択を約54％（413/771）行ったことを思い起こしていただきたい．この条件における本人の行動は不完備情報基準試行における行動に似ていた．

処理．　我々の「嘘に対する罰」処理においては，統制条件のように，本人と語り手が対立的利益を持っていた．具体的に言うと，本人が不正確な予想をするごとに1ドルを語り手が得，本人は正確な予想をするたびに1ドルを得た．処理と統制を区別していたのは嘘をつくことに対する罰――もし語り手が偽りの発言をすれば，それに続く本人の予想に関わりなく，彼は我々に支払いをしなければならなかった――であった．
　我々は最初の「嘘に対する罰」処理では，嘘をつくことに対する罰は10セントと設定した．したがって，もし語り手が**虚偽**の発言を行い，かつ本人が正確な予想を行ったら，そのとき語り手は実質的に得た額から10セントを引かれた（たとえば語り手は正確な予想からは何も得ないが10セント引かれる）．

---

(21)　これらの試行において，表と報告する，裏と報告する，何も言わない，という選択肢があった．語り手が何も言わないことを選んだ試行において，本人は8回中3回（37.5％）正確な予想をした．

もし語り手が偽りの発言を行い，本人が不正確な予想をすれば，そのとき語り手は90セントを得る（たとえば，語り手は1ドルを不正確な予想から得るが，10セントを引かれる）．もし語り手が真実を述べれば，語り手の稼ぎは本人の予想にのみ依存する（たとえば，不正確な予想からは1ドルを得るが，正確な予想からは何も得ない）．

我々が最初の処理条件において嘘をつくことに小額の罰を設けたのは，罰の効果は語り手が真実を告げるように導かれるだろうと本人に信じさせられるか否かによって決まることを示すためであった．我々が予測したのは，**この罰は説得を引き出すにはあまりに低すぎるだろう**ということだった．図7.8a はまさにこれがその通りの事例であったことを示している．この図における本人の行動分布はランダムな行動に似ており，説得の欠如を示している．

全体として語り手は正直な合図をおおよそ70％（7/10）送った．統制条件と比べ，10セントの罰は真実を告げることを誘導した．しかしながら，彼らの予想が語り手の助言に一致したのがわずか56％（45/80）であることから，本人は明らかにこれらの発言の多くを信じないことを選んだ．加えて，本人が理性的選択を行ったのは約41％（33/80）であった．

第2の「嘘に対する罰」処理は罰を1ドルに増やした．我々はこの罰が説得を誘発することを予測し，図7.8b はそうなったことを示している．嘘つきへの罰が1ドルあれば，本人は一貫して，彼らと対立的な利益を持っていることがわかっている語り手を信用することを選んだ．具体的には，17名中11名の本人の予想が語り手の言葉と毎回合致した．

全体として，「嘘に対する罰」処理条件の変種において語り手は約80％（16/20）正直な合図を送り，本人の予想は約85％（152/179）が語り手の助言に合致した．そして本人は約74％（126/170）の理性的選択を行った．これらの結果が示しているのは，嘘をつくことに対する罰が，情報を欠いた本人と対立する利益を持つ語り手に対する信用を生みだし，理性的選択を促進できるということである[22]．

---

(22) 我々は嘘に対する罰を90セントや91セントにした実験も行った．これらの事例に対する我々の予測は，これらが実験参加者のリスク回避についての程度のような観察できない要因に大きく依存していたため，不明確なものだった．我々が発見したのは，これらの事例における行動は10セントの罰にお

図7.8 嘘に対する罰の実験：処理条件

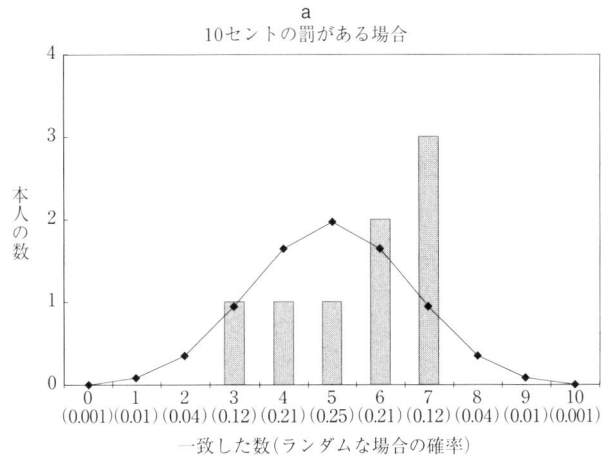

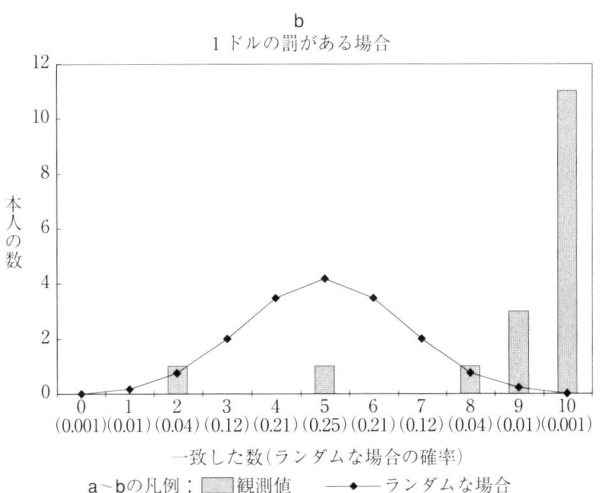

a
10セントの罰がある場合

横軸: 一致した数（ランダムな場合の確率）
0 (0.001), 1 (0.01), 2 (0.04), 3 (0.12), 4 (0.21), 5 (0.25), 6 (0.21), 7 (0.12), 8 (0.04), 9 (0.01), 10 (0.001)
縦軸: 本人の数

b
1ドルの罰がある場合

横軸: 一致した数（ランダムな場合の確率）
0 (0.001), 1 (0.01), 2 (0.04), 3 (0.12), 4 (0.21), 5 (0.25), 6 (0.21), 7 (0.12), 8 (0.04), 9 (0.01), 10 (0.001)
縦軸: 本人の数

a〜bの凡例： ▨ 観測値　——◆—— ランダムな場合

ける行動と1ドルの罰処理における行動の混合であった．具体的には，語り手は74％（28/38）正直な報告を送り，本人の予想は81％（263/324）語り手の助言と一致し，本人が理性的選択を行ったのは3分の2（218/324）であった．

検証実験

仮説：もし，語り手が知識を持っていると本人が信じるなら，検証の確率が増大することは説得の可能性を高める．

統制：本人はコイン・トスの結果を観察しなかった．語り手は観察していた．語り手は自分と本人が共通利益を持っているのか，対立的な利益を持っているのかを知っていた．本人はこれを知らなかった．しかしながら本人は共通利益の確率が25%で対立的な利益の確率が75%であることは知っていた．外部からの力はなかった．これら全ては共通の知識であった．

処理：我々は検証の脅威を導入した．

この検証実験において本人は語り手の選好について不完備情報しか持っていない．具体的に言うと，この実験における全ての試行において我々は8面サイコロを1回振った．我々は全ての実験参加者に，もしこのサイコロが1か2の目を出せば，我々は本人が正しい予想をするたびごとに語り手に報酬を支払い，それ以外の目を出したときには，本人の不正確な予想に対して語り手に報酬を支払うことを告げた．語り手は自分が共通する利益を持っているのか，対立する利益を持っているのかを知っていたが，本人は共通する利益の可能性が25%で，対立する利益の可能性が75%ということしか知らなかった．

我々はこのような条件の下で検証実験を行った．なぜなら，これらの条件が重要な相互作用を生むかどうかを疑っていたからである．これとは対照的に，語り手が知識を持っていてかつ共通の利益を有することを本人が知っていた（この場合，検証は無意味になる）という実験が重要でなくなるかどうかを，我々は疑っていた．同様に，もし語り手が対立的な利益を有することを本人が知っていたなら，本人は語り手を無視する誘因を持つことを我々は予測していた．結果として，我々の検証処理に対して観察された全ての反応は，語り手の誘因に対する本人の評価とは何の関連もなかった．

統制．統制条件において検証は存在しない．図7.7bと7.7cは（以前に説明したが），我々の統制条件からの結果を示している．この条件の下で本人の予想が語り手の助言と一致したのは56%（63/112），語り手が真実を告げたのは50%（7/14），そして本人が理性的選択を行ったのは46%（51/112）であっ

た．

処理．検証は2つの関連する効果を有する．第1にそれは嘘の価値を低下させる．つまり，知識のある語り手が対立する利益を持ち検証の脅威に直面している場合，通常はそのような脅威がない場合に比べ本人との相互作用から得られるものは少なくなる．第2に，検証は本人に語り手を信じる強い理由を与える．

これらの仮説をともにテストするために，我々は実験計画にわずかな変更を加えた．以前の実験とは異なり，我々は語り手にある選択肢を与えた．我々実験者に代金を払って声明を発するか，沈黙を守るか，である．もし語り手が発言することを選んだら，そのとき我々は彼に2ドルを課金し，本人の選択によって決定される収入を彼に与えた．もし語り手が発言しないことを選んだら，我々は語り手には一切課金せず，彼が発言することも許さなかったので，語り手には何も支払われなかった．結果として，語り手が何も発言しないことを選んだ時，本人は何の助言も受けることなく（検証もなく），選択を行った．我々が語り手にこの選択肢を与えたのは，検証がどの程度語り手にとってのコミュニケーションの価値に影響しているのかを測定するためである．

我々は検証の脅威を，10面サイコロを振ることによって設定した．もしサイコロが1から7までの目を出せば，我々は検証を行ったが，そうでない時は行わなかった．換言すれば，検証実験における全ての試行においては，語り手の行動と無関係に，我々が本当のコイン・トスの結果を本人に知らせる機会が70%あったのである．

この実験計画の2つの側面が特に重要であった．第1に，語り手は発言する以前には，検証があるかないかを知らなかった．第2に，本人は自分たちが得たメッセージが語り手から直接来たのか，それとも我々の検証の結果なのかを知る方法はなかった．本人は単に「表」か「裏」かを聞いただけだった．語り手と本人はそれぞれの試行において70%の検証機会があることを知っていた．

我々が予測していたのは，本人と語り手が共通の利益を持つ時，語り手が真実の信号を送ることだった．対照的に本人と語り手が対立する利益を持つ時には，語り手が信号を送らないことを予測した．さらに我々は本人が，彼

らが聞いた助言の全てに従うだろうと予測した[23].

図7.9は我々の検証処理についての結果を示している．19名中11名の本人の予想が毎回発表された声明と一致した．この処理では，全体として本人の予想は語り手の声明と88％（260/294）合致した．

検証のあった試行においては，説得と啓蒙の条件はともに満たされた（語り手の利益とは無関係に）．したがって，これらの試行において我々は説得と理性的選択が高い発生率を示すことを予測していた．実際，本人の予想は声明と一致し，本人は理性的選択を約86％（187/217）行った．

検証はないが，語り手が実際には本人と共通利益を持っている試行においても，説得のための条件や啓蒙のための条件は満たされていた．これらの試行において語り手は6回中6回，真実のシグナルを送った．本人の予想はこのシグナルに約96％（55/57）合致した．つまり本人は理性的選択を約96％（55/57）行ったのである．

我々はまた，語り手と本人が共通の利益を持つ場合にだけ，語り手が発言することを予測していた．実際，語り手と本人が共通利益を持っているとき，語り手は100％（9／9）発言した．

検証がなく，語り手が本人と対立する利益を持つ試行では，啓蒙のための条件が満たされていなかった．これらの試行において我々は，語り手が発言することを予測しなかったし，理性的選択の発生率は約50％——不完備情報基準試行と同じ程度——を予想していた．語り手が発言しない試行において，本人が行った理性的選択は3分の2（24/36）であった．我々の予測に反して，

---

(23) 我々が予測したのは，この処理における語り手が本人と共通の利益を持つ場合にのみ発言することだった．なぜなら70％の検証の脅威は本人と対立する利益を持つ語り手にとって，予想の上で得にはならないからである．これを理解するためには，均衡において本人が発表された声明に従うという支配戦略を持つことを考えよ．たとえばもし10名の本人がいたら，発言するための2ドルの課金は，本人1人当たり20セントの料金と同義である．この情報の下で，語り手が不正確な予想それぞれについて50セントを得る時，語り手の期待利得は，$0.7 \times (-20 \text{セント}) + 0.3 \times (50 \text{セント} - 20 \text{セント}) = -5$セントである．この額は発言をしないときの期待利得0.00ドルよりも少ない．よって，語り手が本人と対立する利益を持つ時，語り手は発言しないほうが良い．

第 7 章　情報，説得，選択についての実験　167

図 7.9　検証実験：処理条件

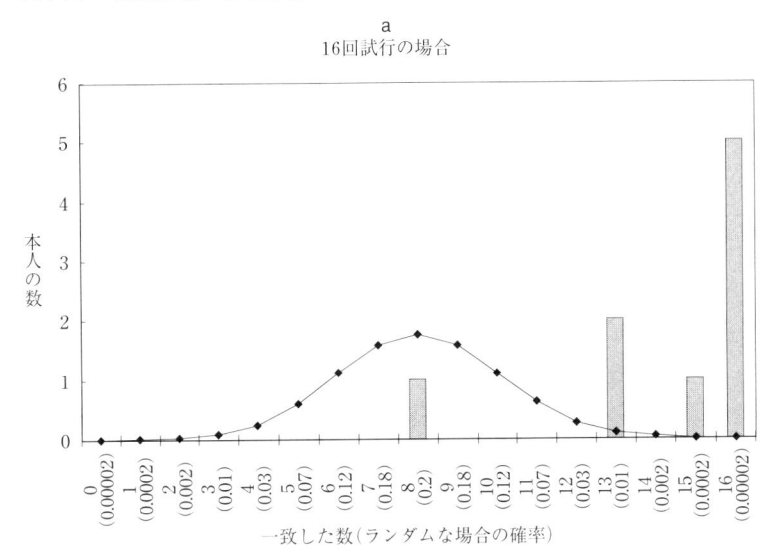

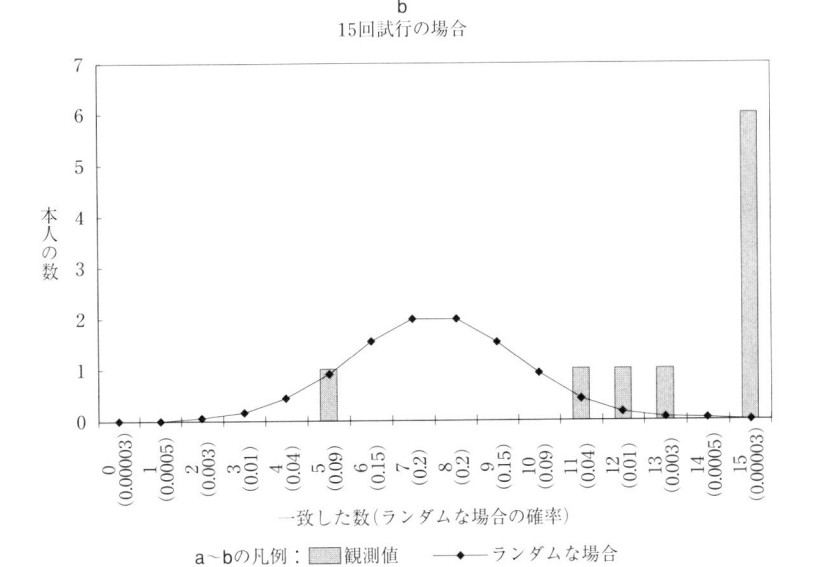

a
16 回試行の場合

横軸：一致した数（ランダムな場合の確率）
0 (0.00002), 1 (0.0002), 2 (0.002), 3 (0.01), 4 (0.03), 5 (0.07), 6 (0.12), 7 (0.18), 8 (0.2), 9 (0.18), 10 (0.12), 11 (0.07), 12 (0.03), 13 (0.01), 14 (0.002), 15 (0.0002), 16 (0.00002)

縦軸：本人の数

b
15 回試行の場合

横軸：一致した数（ランダムな場合の確率）
0 (0.00003), 1 (0.0005), 2 (0.003), 3 (0.01), 4 (0.04), 5 (0.09), 6 (0.15), 7 (0.2), 8 (0.2), 9 (0.15), 10 (0.09), 11 (0.04), 12 (0.01), 13 (0.003), 14 (0.0005), 15 (0.00003)

縦軸：本人の数

a～b の凡例：■観測値　◆─ランダムな場合

本人と対立する利益を持つ語り手が発言した事例が2件あった．そこでは2つのシグナルのうち1つが真実であった．本人の予想は90％（18/20）がこれらのシグナルと一致して，本人が理性的選択を行ったのは40％（8/20）であった[24]．これらの試行における語り手の行動は我々の予測したものではなかったが，本人の反応は予測どおりであった．一般的にいって検証実験は，検証が情報を持たない本人に理性的選択をより多く行わせるという仮説を強く支持している．

高コストな労力実験
仮説： もし本人が語り手は知識を持っていると信じれば，語り手による観察可能で高コストな労力が増加すれば，説得の可能性は高くなる．
統制： 本人はもう1つの選択肢が自分にとってより良いものだとは知らなかった．語り手は別の選択肢のほうがより良いことを決定するコイン・トスの結果を見ていた．語り手は自分と本人が共通利益を持っているのか，それとも対立する利益を持っているのかを知っていた．外部からの力はそこにはなかった．これら全てが共通の知識であった．
処理： 我々は語り手が観察可能で高コストな労力を負担する機会を導入した．

我々の理論において，知識を持つ語り手が本人に対してコストの高いシグナルを送る機会をもつという状況を設定する．知識を持つ語り手が現状からの変更を訴えるために高コストな労力を負担するとき，本人は提案された変更の規模についてより正確な推論を行うことができる．つまりその変更が語り手にとって背負ったコストを保証するに十分なものであるに違いないと本人は信じるのである[25]．現状を変えるための試みに対して払われるコスト

---

(24) 我々はまた，本人と語り手が常に対立する利益を持ち，70％の割合で検証を行う検証処理を実行した．これらの試行において語り手は検証されない発言は一切しなかった．本人の予想は発言と一致し，本人は理性的選択を98％（62/63）行った．語り手が発言せず検証が行われなかったケースが2回あった．この場合，21人中15人（71％）の本人が理性的選択を行った．

(25) 本書第5章では，本人が代理人による高コストな労力からどのように学習できるかを説明した．したがって，ここで議論されている実験は代理人または語り手からの学習に適用される．

が大きいほど，現状における変更はより大きなものとなるに違いない．これを知ることで本人はありうる選択肢の集合を狭くすることができるし，そうすることで理性的選択が可能になる．

　高コストな労力実験は我々の理論の構造を反映している．我々の実験において語り手はもはや良いか悪いかのシグナルを送らなかった．代わりに我々は語り手に，現状に対する別の選択肢を提案するために一定額を支払う機会を示した．もし語り手が支払いをしないことを選んだら，そのとき本人は決定をせず，全ての実験参加者の報酬は現状維持に決まり，その試行は終了した．もし語り手が払うことを選んだら，そのとき本人は語り手の提案を受け入れるか，現状を維持するかの間で選択を行い，その選択が彼ら自身と語り手の利得を決定した．

　これまでの全ての実験と同様に，本人の行動の結果はコイン・トスの結果に依存していた．高コストな労力実験において，本人は現状維持の価値（たとえば現状維持から来る彼らの報酬）を知っていた．しかし，彼らは語り手の提案の価値を知らなかった．むしろ彼らが知っていたのは，その提案が2つの価値のいずれかをとり，実際の価値がコイン・トスの結果によって決まるということである．たとえば本人は現状を選ぶことで40セントを得る．一方でもし，コインが表になれば提案を受け入れれば10セント，裏ならば60セントが報酬として支払われる．つまり本人は選択に直面したとき別の選択肢がより高い報酬を与えるかどうかを知らなかった．この設計の結果，全ての実験参加者は，もし特定の試行におけるコイン・トスの結果がたとえば裏であったら，そのとき本人は現状よりも語り手の提案を受け入れることでより多くを得，表が出れば逆になることを知っていた．本人は提案による語り手の報酬についてもよく知らなかった．すなわち提案による語り手の報酬もまた，コイン・トスの結果によって決められる2つの値のうち1つをとる．しかしながら語り手は本人と異なってコイン・トスの結果を知っていた．

　語り手の利得はこれまでの実験と同様に本人の決定によって決められた．もし語り手が一定のコストを支払ったら，本人が提案を受けいれた場合，語り手はコイン・トスの結果によって決められる一定の金額（たとえば60セント）を得る．全ての本人が現状を選べば語り手は何も得ない．だからもし，どの本人も選ばない提案を語り手が行うためにお金を支払ったら，そのとき語り手は何も得ず，提案をするために支払った額を失う．一方，もし語り手

が提案をするための支払いをしなかったら，そのとき彼は何も得ない（たとえば現状維持から来る語り手の報酬は0ドルだった）が，何も失わない．

　我々が予測していたのは，2つの条件が保持されている場合にのみ，語り手は提案を行うことである．2つの条件とは，第1には，もしそうすることからくる彼の報酬が提案するコストを上回る場合，そして第2に，もし本人が提案を受け入れることを語り手が予想した場合，である．もし，提案の採用による語り手の利得が提案するためのコストを上回らなかったら，そのとき語り手は提案をしないだろうと我々は予測した．

基準．　我々はこの実験を新たな基準試行を行うことから始めた．これらの試行の目的は，本人が自分たちの行動の結果を知っていたとき，語り手と本人が何をするかを決定することであった．そのような試行は，特定の選択が「理性的」であることを主張するための基礎を与える．

　これらの試行において，本人は選択を行う前にコイン・トスの結果を知っていた．それゆえに，彼らは現状維持か提案を選択することのどちらが自分により高い報酬をもたらすかを知っていた．これらの試行において高コストな労力は冗長なので，我々は語り手に提案するための支払いを強いることはしなかった．我々が予測していたのは，これらの試行において本人はより高い報酬の選択肢を選ぶ（たとえば理性的選択を行う）ことであった．事実，本人は85%以上（152/178），最も高額の選択肢を選んだ．

統制．　我々の統制条件は，高コストな労力の基準試行とただ1点のみにおいて異なっていた．我々の統制条件では本人はコイン・トスの結果を知らなかった．それゆえに，本人はもう1つの選択肢が彼らにとってより良いかどうかについて確信が持てなかった．我々のこれまでの実験のほとんどと同じように，語り手はコイン・トスの結果を観察していた．

　我々は統制条件においては，本人が相対的に少なく理性的選択を行うと予測した．事実，371のうち135（36%）だけが理性的選択だった．しかしながら我々は，これらの試行における本人の行動が以前の実験における統制処理のようにランダムではないと予測し，観察した．以前の実験においては表か裏を選ぶことについての期待値は等しく，ほかの全てが定数だった．高コストな労力実験においては，提案の期待値と現状の値は等しく**ない**からである．

第 7 章 情報，説得，選択についての実験　171

統制条件においては72%（266/371）の本人が期待値の最大化と合致した選択を行った．つまり，現状について知られている値よりも提案の期待値が大きい場合にのみ，提案が選ばれた．たとえば，コインが表を示したときに提案を選べば，本人は80セントを得た．そしてコインが裏のときに提案を選べば40セントが本人に支払われた．そのとき，提案を選ぶことから得られる期待値は60セントであった．だからもし現状を選択することに対する報酬が50セントだったら，提案を選ぶことが期待値の最大化に合致している．

処理．我々の処理において，我々は観察可能な高コストな労力の機会を導入した．処理の１つのバージョンにおいて，我々は語り手が発言するために本人１人につき20セントを課金することによって高コストな労力の効果を実施した．**我々は語り手の報酬を，本人１人につき20セントを払うことが，１つのコイン・トスの結果（たとえば表）の下では語り手にとって利益になり，そうでない場合には利益にならないというように設定した．**

たとえば，もし提案することによって得られる語り手の報酬が，コインが表を出した場合，本人１人当たり60セントで，裏なら10セントであれば，そのとき我々が予測したのは，コインが表を出した場合にのみ，語り手は提案をするためのコストを支払うだろうということだった．これは真である．なぜならば，コインが表を出した場合にのみ語り手は本人１人当たり20セントという提案のためのコストを埋め合わせることができるのだから．そうでない場合，語り手は提案するための支払いを行わず，報酬０ドルの現状にしがみつくほうがよい．したがって，もし語り手が提案したら，本人はコインが表を出したと推理することができた．この処理についての第２のバージョンにおいて我々は，語り手に本人１人当たり40セントを課金し，報酬については同様の方法を設定した．

20セント処理では，165人中142人（86%）の本人が理性的選択を行った[26]．

---

(26) これらの結果は，語り手が提案をすると我々が予測した試行（たとえば，提案による語り手の報酬が提案のコストを上回り，その高コストな労力を見た後に本人がその提案を選ぶと予測されるとき）のみを含んでいる．もし，語り手の支配戦略が提案しないことであるときに語り手が提案を行ってしまうと（この行動は均衡の道筋から逸脱したものであるから），そのとき本人がどのように反応すべきかは不明確になる．それにもかかわらず，提案すべき

40セント処理においては，220人中198人（90％）の本人が理性的選択を行った[(27)]．これらの行動と，基準試行および統制条件の行動の比較は，情報を持たない多くの本人に対して，高コストな労力が理性的選択に必要なコイン・トスの結果についての知識を与えたことを強く示している．

語り手の行動． 我々の以前の仮説についての事例と同様に，我々は高コストな労力についての我々の予測をゲーム理論モデルから導いた．これの意味するところは，我々の結論はプレイヤーの戦略が均衡の要素であるという前提に依存しているということである．それは，我々が語り手の行動について特定の予測を持つことをも同様に意味する．我々は，2つの必要条件が満たされる場合にのみ，語り手が提案を行うことを予測した．2つの必要条件とは，本人が語り手の提案を採用することで語り手が得る報酬が提案のコストよりも高いことと，本人が提案を受け入れると語り手が予想することである．これらの条件のうちいずれかが満たされなければ，語り手にとっては提案をするもしないも違いのないことだと我々は予測した．

表7.3は基準試行における語り手の観測された行動と予測された行動の関係を示している．この表から語り手が予測されたように振舞ったことがわかる．

統制条件で我々は同じ語り手の行動を予測した．表7.4は我々の予測に合致している．

表7.5は，高コストな労力処理における語り手の行動が，我々の予測と全く合致しなかったことを示している．語り手は我々が提案を予想した40回の試行のうち35回において，提案を行った．しかしながら，我々が提案しないだろうと予想した40回の試行のうち，17回において語り手は提案を行った．実験後に我々が行った質問票が示したのは，数名の語り手は数学に問題があり，

でないときに語り手が提案を行ったときに，本人たちは予測値計算に合致した別の選択肢を121回中108回（89％）選び，理性的選択が121回中40回なされたことを我々は観測した．

(27) 20セント状況と同様に，これらの結果は語り手が提案すると予測した（そして実際に提案を行った）事例だけを含んでいる．語り手が予測に反して提案を行ったときに，本人は66回中59回（89％）予測値計算に沿って選択を行い，66回中44回（67％）の理性的選択をした．

表7.3　基準となる試行における語り手の行動

実際の語り手の行動	予測される語り手の行動	
	提案する	無差別
提案する	8	9
提案しない	0	3

表7.4　処理条件における語り手の行動

実際の語り手の行動	予測される語り手の行動	
	提案する	無差別
提案する	11	26
提案しない	1	2

表7.5　処理条件における語り手の行動

20セントの処理の条件	予測される語り手の行動	
実際の語り手の行動	提案する	無差別
提案する	15	11
提案しない	5	9
40セントの処理の条件	予測される語り手の行動	
実際の語り手の行動	提案する	無差別
提案する	20	6
提案しない	0	14

他の語り手は自分の利得を最大化するという動機を持っていなかった．

結論

　本章では，限られた情報の政治的帰結に関する我々の仮説を検証するために，一連の実験結果について説明してきた．我々は基準試行から始めた．最初の基準試行は理性的選択を構成する実験行動を明確にするものである．第2の基準試行は，もし実験参加者が自分の行動の帰結に関する情報を持たず，学習する機会もない場合，どんな種類の意思決定を行うかを確認するものであった．これらを基準として我々は説得に関する一連の実験を行った．最初に我々は，説得条件が満たされない統制条件を導入した．これらの条件の下では，説得についての証拠も得られず，理性的選択が偶然以上に高い発生率を示すこともなかったことを確認した．次に処理条件を導入した．これらの処理のほとんどにおいて，説得条件は満たされており，説得と理性的選択についての強い証拠を得ることができた．

　表7.6は我々の発見を要約し，本章を結論づけるものである．この表は，正確な報告，説得，啓蒙，騙しそして理性的選択が関わる全ての実験処理における頻度を示している（たとえば，高コストな労力実験の形式は異なってい

るので，これらの試行はこの表に含めなかった）．

表7.6は5つのセクションからなっている．第1セクションは全ての実験を通じての完備情報基準試行における行動を要約している．これらの試行において97％の本人が理性的選択を行った．

第2セクションは説得と啓蒙の条件が満たされた全ての試行における行動を要約している．我々がこれらの試行で予想したのは**説得，啓蒙そして理性的選択**が高い発生率を示すことだった．この結果は我々を失望させるものではなかった．これらの試行においてコイン・トスの結果を見なかった実験参加者は，83％以上が正確な予想をした．実際，特定の条件の下で，たとえば

表7.6 語り手と本人の行動の要約

第1セクション　基準となる試行：完備情報					
	真実を語る報告	説得	啓蒙	騙し	理性的選択
完備情報である基準となる試行	N/A	N/A	N/A	N/A	97% 376/389
第2セクション　説得の条件と啓蒙の条件が満たされた場合の行動					
	真実を語る報告	説得	啓蒙	騙し	理性的選択
知識と共通する利益　*a*	94 17/18	92 174/190	94 164/174	6 10/174	86 164/190
知識と共通する利益（裏と報告されたものだけ）	100 9/9	89 85/96	100 85/85	0 0/85	89 85/96
70％の知識と共通する利益（語り手が知識を持っている場合）	100 7/7	87 67/77	100 67/67	0 0/67	87 67/77
70％の知識と共通する利益(語り手が知識を持っている場合)（裏と報告されたものだけ）	100 5/5	86 47/55	100 47/47	0 0/47	86 47/55
共通する利益と知識　*b*	98 48/49	88 372/422	98 364/372	2 8/372	87 366/422
70％の共通する利益と知識（共通する利益である場合）	79 11/14	88 129/147	77 99/129	23 30/129	69 102/147
対立する利益と1ドルの罰	80 16/20	89 152/170	80 121/152	20 31/152	74 126/170
	真実を語る報告	説得	啓蒙	騙し	理性的選択
25％の共通する利益と70％の検証（検証される場合）　*c*	N/A	86 187/217	100 187/187	0 0/187	86 187/217
25％の共通する利益と70％の検証（共通する利益でありつつ立証されない場合）	100 6/6	97 55/57	100 55/55	0 0/55	97 55/57
総計	92 105/114	89 1,136/1,280	93 1,057/1,136	7 79/1,136	83 1,067/1,280

第7章 情報，説得，選択についての実験　175

第3セクション　基準となる試行：不完備情報					
	真実を語る報告	説得	啓蒙	騙し	理性的選択
不完備情報である基準となる試行	N/A	N/A	N/A	N/A	48 377/780
第4セクション　説得の条件が満たされて啓蒙の条件が満たされなかった場合の行動					
	真実を語る報告	説得	啓蒙	騙し	理性的選択
70％の知識と共通する利益（語り手が知識を持っていなかった場合）　*d*	67 2/3	97 32/33	69 22/32	31 10/32	70 23/33
70％の共通する利益と知識（対立する利益である場合）	33 2/6	86 54/63	41 22/54	59 32/54	49 31/63
25％の共通する利益と70％の検証（対立する利益でありつつ検証されない場合）　*e*	50 1/2	90 18/20	44 8/18	56 10/18	40 8/20
総計	45 5/11	90 104/116	50 52/104	50 52/104	53 62/116
第5セクション　説得の条件が満たされなかった場合の行動					
	真実を語る報告	説得	啓蒙	騙し	理性的選択
知識なしと共通する利益	46 6/13	63 90/143	47 42/90	53 48/90	50 71/143
知識なしと共通する利益（裏と報告されたものだけ）	50 2/4	11 5/44	80 4/5	20 1/5	57 25/44
知識なしと対立する利益	60 3/5	33 18/55	78 14/18	22 4/18	58 32/55
知識なしと対立する利益（裏と報告されたものだけ）	50 2/4	18 8/44	50 4/8	50 4/8	50 22/44
対立する利益と知識　*f*	58 46/79	59 452/771	60 271/452	40 181/452	54 413/771
25％の共通する利益と知識　*g*	50 7/14	56 63/112	46 29/63	54 34/63	46 51/112
対立する利益と10セントの罰	70 7/10	56 45/80	60 27/45	40 18/45	41 33/80
総計	57 69/121	58 668/1,161	57 383/668	43 285/668	52 600/1,161

a これらの結果は，知識の実験における処理条件によるものである．我々がこの実験において表を予想する本人に小額のお金を支払ったことを思い出そう．
b これらの結果は，利益の実験における処理条件によるものである．これらの試行のうちのいくつかにおいて，語り手は発言しないという選択肢を持っていた．これらの試行のうち2つにおいて，語り手は発言しないことを選択し，18人のうち11人の本人は理性的選択を行った
c 説得，啓蒙，そして騙しの統計値は，検証された声明に基づいている．
d これらの事例において，語り手はいつも表を報告した．
e 語り手は，発言しないことを4回選択した．これらの事例において，36人のうち24人の本人は理性的選択を行った．
f これらの試行のうちのいくつかにおいて，語り手は発言しないという選択肢を持っていた．これらの試行のうち1つにおいて，語り手は発言をしないことを選択し，9人のうち4人の本人は理性的選択を行った．
g これらの試行のうちのいくつかにおいて，語り手は発言しないという選択肢を持っていた．これらの試行のうち1つにおいて，語り手は発言しないことを選択し，8人のうち3人の本人は理性的選択を行った．

97％の理性的選択が行われた検証実験（この試行では語り手は本人と利益を共有しており，実際の検証は存在しなかった）など，本人は非常に高いレベルで正確な予想を行うことができた．多くの事例において，本人が誤った予想をしたとき語り手が報酬を得られるという事実にもかかわらず，本人はこの偉業を達成したのである．

表7.6の第3セクションは，不完備情報基準試行における行動を要約している．これらの試行において48％の本人が理性的選択を行った．

第4セクションは，説得条件が満たされ，しかし啓蒙条件が満たされていない全ての試行を要約している．これらの試行において我々は，**説得，騙しの高い発生率と理性的選択の発生率が低いこと**を予測した．再び実験結果は我々の予測と一致した．これは騙しに対する関心との関連で注視すべきである．我々の実験においては，本人の予想が語り手の発言と合致し，そしてその予想が不正確なものであったとき，我々は本人が騙されたと言う．我々が説得と騙しを予測した試行において，我々はおおよそ90％（104/116）の説得を観察した．この説得的なコミュニケーションのうち，50％（52/104）は本人を騙すことに役立った．これと第2セクションにおける騙しの発生率とを比較されたい．そこではほとんど騙しはなかった．説得的なコミュニケーションのうち，わずかに7％（79/1136）だけが騙しであった．

第5セクションは，我々が説得を予測せず，理性的選択が同様に低い発生率となることを予測した試行を要約している．我々の予測は再び確証された．説得と理性的選択はともに50％近くまで落ち込んだ．これは，もし本人がランダムに選択を行っていたならば，我々が観察することになるだろうと予測していた値である．

表7.6は，誰が理性的選択を行うことができて，誰にできないかを決定する上で説得と啓蒙の条件がどれほど重要であるかを明白に示している．この表は重要な情報の一部を持たない実験参加者が，説得と啓蒙の条件が機能している時，他者によってなされた発言を理性的選択の根拠としてどのようにして代替させるかを繰り返し示している．

我々の実験結果は説得についての我々の理論に対して文句なく支持を与えている．それらが示しているのは，複雑な選択に直面した人々が，自分たちの目的に沿うように統一性のある適応行動を選択したということである．これらの実験において理性的選択は，自分の行動の帰結について完備情報を持

つ本人も，本人たちがよく知っている語り手からの発言も必要とはしなかった．

　限られた情報の政治的帰結は極めて危険なものになりうる．しかしながら，我々の実験はそのような危険がいつ起こるかを明らかにしている．もし情報を持たない人々が，啓蒙条件が満たされている時に語り手と交流できないのなら，その時限られた情報は理性的選択を妨げる．そうでなければ，限られた情報は理性的選択に何も影響しないかもしれず，この場合，限られた情報の政治的帰結は危険とは言いがたい．

第8章　委任についての実験

　民主制は委任の成功を必要とする．しかし委任は困難を伴う．もし我々が細心の注意を払わなければ，委任は容易に権限放棄と化す．その場合，代理人は自分が代理を務める本人の厚生を省みずに行動する（Kiewiet and McCubbins 1991; Miller 1992）．

　委任が放棄となるのは2つの不運な状況が続く時である．第1の状況とは，委任の結果に関して本人と代理人が対立する利益を有する時である．この状況が起こる時，代理人は本人の厚生を減退させるような提案を行う動機を持っている．第2の状況は，代理人の提案によって自分の厚生が増大されるのか，減退するのかを判定するために十分な情報を本人が持っていない場合である．

　委任に関する我々の理論の中心的な教訓は，これらの不運な状況が，**知識条件と誘因条件**が満たされた時，克服されうるというものである（定理5.1を見よ）．知識条件が満たされるのは，代理人の提案が自分自身にとって現状を良くするか悪くするかについて，正確に推察できる場合のみである．誘因条件が満たされるのは，本人にとって現状維持よりも良い提案をするように代理人が動機付けられている場合のみである．

　我々はまた，啓蒙が知識条件と同様に誘因条件をも満たしうることを示している（定理5.3）．これを理解するために，本人が自分の厚生を増大させる提案とそうでないものを区別できると仮定しよう．この場合，代理人は，本人にとって現状維持よりも悪い提案をすれば，本人がその提案を拒否することを知っている．したがって，本人が啓蒙されるとき，代理人には本人にとって現状よりも良い提案だけを行う誘因をもつ．だから本人の啓蒙は，利害

の対立する代理人を本人の利益に従って行動するように誘導する．

この章では，委任に関する我々の理論を検証する．ここで我々は，実験参加者が本人，代理人，そして語り手の役割を演じる一連の実験について説明する．説得についての我々の実験と同様に，情報を持たない本人が2つの選択肢のうち1つを選ぶよう求められる．語り手はここでも本人自身の選択に関して本人に助言した．委任実験の新たな特徴は，他のプレイヤーの損得にその選択が影響を与える代理人を加えたことである．結果として啓蒙のための条件が満たされる場合もあれば，そうでないこともあった．

我々の実験の要点は，啓蒙条件を満たすことがどのように代理人の誘因に影響を与えるかを示すことであった．我々が期待していたのは，もし啓蒙条件が満たされれば，そのとき代理人は本人の利益になる提案をするだろうということだった．実際，それが我々の観察したことだった．結果として我々の実験は，もし啓蒙条件が満たされたなら，そのとき本人が情報を欠いており，**かつ本人と代理人が相反する利益をもっていてさえも，委任が成功しう**るという結論を支持するものであった．

以下ではまず我々の実験計画について説明する．それから利益，情報，説得のための条件，そして委任の間の関係についての4つの実験について検討する．

実験計画

我々は1996年前半の6か月間，委任についての実験を行った．我々の実験参加者プールと実験参加者採用の方法は，前の章において説明したものと同一であった．

我々はそれぞれの実験試行を，委任に関する我々の理論に即して設計した．したがって，それぞれの試行は本人に対して代理人が提案を行うかどうか決定することから始まる．もし代理人が提案しなかったならそのときに試行は終わり，現状維持となる．もし代理人が提案を行えば，そのとき本人はコイン・トスの結果を予想することによって，実質的に代理人の提案を受け入れるか，拒否する．しかしながら，本人の予想より前に，語り手は本人に対して発言し，本人に助言を行った．代理人が提案を行った時，それぞれのプレイヤーの報酬は本人の予想の正確さによって決められた．

この実験計画は，この操作化が我々の理論を忠実に反映する場合にのみ，

理論から予測されることについての有効な検証となる．表8.1に最も重要な操作化をまとめた[1]．

表8.1の上段に我々は，実験の中で一定であった前提－操作化のペアを掲げた．我々はこれらの操作化を定数と呼ぶ．なぜならこれらを実験条件の全てにおいて用いたからである．表8.1の後半に我々は実験の中で変化させた前提－操作化のペアを掲げた．我々は自分たちの予測をこれらの操作化を変化させることによって検証している．次にこれらの操作化について詳しく説明しよう．

表8.1 理論の前提と実験上の操作化

理論の前提	実験上の操作化
定数	
1.「我々の委任のモデルは，3人の人々…本人，語り手，そして代理人を必要とする．」	実験参加者はそれぞれ本人，語り手，または代理人であった．
2.「代理人は…現状に対する（1つの代替案）を提案することができる．提案することには…コストがかかる．もし代理人が支払わなければ，ゲームは終了し，それぞれのプレイヤーの所得は…（現状）によって決定される．もし代理人が支払えば，ゲームは…継続する．語り手が助言を行い，（次に）本人が（提案か現状）を選択する．」	代理人は提案を行うかどうかを選択した．もし代理人が提案しないを選択するならば，ゲームは代理人と本人で終了し，それぞれが一定額の正のお金を得た．もし代理人が提案することを選択すれば，本人はコイン・トスの結果を予想した．しかしながら，本人がコイン・トスを予想する前に，語り手が本人に「表」か「裏」を予想するように助言した．本人によるコイン・トスの予想の正確さは，代理人および本人が一定額よりも多くのお金を得るか何も得ないかを決定した．
3.「我々は，本人が（どちらの選択肢のほうが良いのか）についての信念を持っているが，知ってはいないかもしれないと仮定している．」	本人は予想を行う前にコイン・トスの結果を見なかった．
4.「本人は…目標指向である．」	もし代理人が提案を行わなければ，本人は，コイン・トスとは無関係に一定額のお金を得た．代理人が提案を行ったならば，本人は正確な予想をすれば一定額より多くのお金を得て，間違った予想をすれば何も得なかった．

(1) この章の読みやすさを増すために，我々は実験計画の詳細をいくつか省略している．より多くの情報は，http://www.mccubbins.org/dataarchive.html#exp-data で入手可能である．第7章において説明された実験と同様に，我々はときどき実験セッションごとに報酬の枠組を変えた．これらの変更が結果に影響を与えたという証拠を我々は発見していない．

理論の前提	実験上の操作化
5.「語り手は…本人に『良い』か『悪い』というシグナルを送るが，真実を語る必要はない．」	語り手は本人に「表」か「裏」というシグナルを送った．語り手は真実を語る必要はない．
代理人の利益に関する変数	
1.「自然は，代理人と本人が共通する利益を持っているか対立する利益を持っているのかを選択する．」	実験者は，代理人と本人が共通する利益を持つか対立する利益を持つのかを選択する．
1a. 代理人と本人は共通する利益を持っている．	もし代理人が提案を行い，本人が正確に予想すれば，代理人と本人は一定額よりも多くのお金を得た．もし代理人が提案を行い，本人が間違った予想をすれば，代理人は何も得なかった．
1b. 代理人と本人は対立する利益を持っている．	もし代理人が提案を行い，本人が正確に予想するならば，代理人は何も得なかった．もし代理人が提案を行い，本人が間違って予想するならば，代理人は一定額よりも多くのお金を得た．
語り手の特徴に関する変数	
2.「自然は，語り手と本人が共通する利益を持つか対立する利益を持つのかを選択する．」	実験者は，語り手と本人が共通する利益を持つか対立する利益を持つのかを選択した．
2a. 語り手と本人は，共通する利益を持っている．	もし本人が正確な予想を行えば，語り手は正のお金を得た．もし本人が間違った予想を行えば，語り手は何も得なかった．
2b. 語り手と本人は，対立する利益を持っている．	もし本人が正確な予想を行えば，語り手は何も得なかった．もし本人が間違った予想を行えば，語り手は正のお金を得た．
3. 自然は，$k \in [0, 1]$ の確率で「語り手は x が y よりも良いか悪いのかを知っている」を選択し，$1-k$ の確率で「語り手は x が y よりも良いか悪いのかを知らない」を選択する．	実験者は，語り手がコイン・トスの結果を観察するかどうかを選択した．
3a. 語り手は，完備情報を持っている．	語り手は，コイン・トスの結果を観察した．
3b. 語り手は，不完備情報を持っている．	語り手は，コイン・トスの結果を観察しなかった．
外部の力に関する変数	
4.「我々は（嘘に対する罰を），語り手が偽りの信号を送るときに支払わなければならないコスト $pen \geq 0$ として表す．	
4a. 嘘に対する罰がない．	嘘に対する罰がなかった．
4b. 嘘に対する罰がある．	語り手は，偽りの発言をした場合に罰を支払った．
5. 検証：「語り手が発言をした後に，本人が選択する前に，自然は，x が本人にとって良いか悪いのかを本人に開示する．」	
5a. 検証がない．	検証がなかった．
5b. 検証がある．	実験者は，v の確率で硬貨投げの真実の結果を本人に開示した．

定数の操作化

第1の定数操作化は実験参加者と関連している．我々の理論において我々はコミュニケーションを代理人，語り手，そして本人の間の相互作用としてモデル化している．実験において我々はこれらの役割を演じる実験参加者を選択した．

第2の定数操作化は出来事の連鎖に関わっていた．我々の理論では，**代理人は共通知識である現状維持に代わる提案をするか否かを選ぶ**．代理人にとって提案をすることにはコストがかかり，本人がその提案を受け入れた場合にのみ利益がもたらされる．対照的に，提案をしないことを選ぶことには，代理人にとってコストはかからない．もし代理人が提案するためのコストを支払わなければ，そのときゲームは終わり，すべてのプレイヤーの効用は彼らの理想点と現状との空間的距離によって決定される．もし代理人が提案のコストを支払えば，そのときプレイヤーの効用は本人が提案を受け入れるかどうかによって決まる．すなわち，本人が代理人の提案を受け入れるか，それを拒んで現状維持を選ぶか，である．

我々の実験において代理人は同様のディレンマに直面した．代理人は提案をするか否かを選ぶ．もし代理人が提案しないことを選んだら，そのとき代理人と本人の報酬は現状維持である．それは正の一定額だった．もし代理人が提案を行えば，そのとき語り手は発言し，本人はコイン・トスの結果を予想する．代理人が提言したとき，それぞれのプレイヤーの報酬は本人の予想の正確さ次第である．したがって提案を行うために代理人に課されたコストは，既定の現状維持によって保証されていた報酬であった．

第3の定数操作化は本人の選択に関わっていた．委任に関する我々の理論では，代理人の提案が本人にとって現状よりも良いのか悪いのかについて本人は確信を持たない．実験において本人は予想をする前にコイン・トスの結果を見ておらず，そのため表と裏どちらがより多くの報酬を生むかについて確信が持てなかった[2]．

（2） 要するに，本人は代理人の提案を受け入れるか拒絶するかを決定していた．しかしながら，代理人の提案を受け入れるか拒絶することが，現状維持という一定額よりも本人にとってより高い報酬を生むかどうかをコイン・トスの結果が定めていた．したがって本人にとって重要な決定，かつ我々が注

我々の説得実験において，コイン・トスの結果について本人が個人的に持っている知識は実験についての変数であった．ある処理において本人はコイン・トスの結果を見ており，別の処理においては見ていなかった．我々の委任実験では，**本人は決してコイン・トスの結果を見てはいない**．

第4の定数操作化は本人の選択の帰結に関わっていた．我々の理論と実験の双方において，もし代理人が提言をしなかったなら，そのとき本人は現状維持から一定額（たとえば70セント）を得た．対照的に，もし代理人が提案を行えば，本人が正確な予想を行ったとき一定額よりも多い報酬を得る（たとえば1ドル）し，不正確な予想をしたときは何も得られない．

第5の定数操作化は語り手の選択に関わっていた．委任についての我々の理論では，語り手は「より良い」か「より悪い」かを合図し，真実を話す必要がない．我々の実験では語り手は「表」か「裏」かを合図し，真実を伝えなかった[3]．

変数の操作化

我々は自分たちの仮説を検証するために，変数を操作化した．委任についての実験は3タイプの操作化された変数からなる．それらは**代理人利益**変数，**語り手の特徴**変数，そして**外部からの力**変数である．

代理人利益変数は本人の利益と代理人の利益との間の関係についてのものである．我々の実験試行のいくつかにおいて，本人と代理人は**共通利益**を有していた．これらの試行において，もし代理人が提案して，本人が正確な予想をしたなら，そのとき代理人は一定額（現状）以上を得た．対照的に，もし本人が不正確な予想をしたら，そのとき代理人は何も得なかった[4]．他の試行では，本人と代理人は**対立する利益**を有していた．これらの試行では，もし代理人が提案して本人が不正確な予想をしたなら，そのとき代理人は一定額（現状）以上を得た．しかしながらもし本人が正確な予想をしたら，代

　　目する決定はコイン・トスの結果についての予想であった．
（3）　表か裏かについての本人の選択は，実際には代理人の提案を受け入れるか拒むかと同義なので，表か裏かについての語り手のシグナルもまた，「より良い」か「より悪い」かのシグナルと同義であった．
（4）　もし代理人が提案を行わなかったら，その時，彼は一定額を得たことを想起されたい．

理人は何も得なかった[5]．我々はコイン・トスの結果を常に代理人に示し，本人には見せなかった．

　語り手の特徴変数——語り手と本人が共通もしくは対立的な利益を持っているかどうか，そして語り手がコイン・トスの結果を見たかどうか——は第7章のものと同じである．同様に，外部からの力変数——嘘に対する罰と検証——は説得実験において用いたものと同一である[6]．

　語り手が知識を持ち，かつ本人と共通利益を有するか，十分外部からの力に直面する試行において，語り手は本人を啓蒙するものと期待されていた．我々はこれらの試行を**処理条件**と呼ぶ．これらの条件が満たされないときは，そのような試行を**統制条件**と呼ぶ．

　処理条件においては本人が語り手からコイン・トスの結果について学習することが予測された．そして，それに伴って代理人は語り手と共通利益を持つ場合にのみ提案を行うと予測された．このような結果が予測されるのは，代理人と本人が共通利益を持つ場合にだけ提案による代理人の利益が，現状維持から得る報酬を上回るからである[7]．

（5）　代理人と本人が共通利益を持った試行のほとんどにおいて，代理人がもし提案をしなければ1.4ドルを，もし提案をしてかつ本人が正確な予想をしたら2ドルを代理人に支払い，提案してかつ本人が不正確な予想を行ったら何も支払わなかった．本人と代理人が対立的な利益を持つ試行では，代理人の利得構造のうち後ろの2つを入れ替えた．

（6）　我々はこの章では高コストな労力についての実験を，冗長であるので行わなかった．第5章の議論から，語り手もしくは代理人がコストを支払うか否かに関わりなく，高コストな労力は本人の信念に同じ効果をもつことを想起されたい．そのため，我々は語り手よりもむしろ代理人がコストを支払う高価な参入実験によって何も新しい知見を得ることができなかった．我々はまた，語り手の利益について本人がよく知らないという実験も行わなかった．それは実験の目的が，説得において実際の語り手の特徴と観測された語り手の特徴との間の相違を指摘するためであったからである．ここでその演習を繰り返すことに利益はないと考えた．

（7）　注（5）において議論された利益設定のもとで，代理人が啓蒙された本人と共通の利益を有するとき，提案を行うことで代理人は2ドル得ることを期待された．それは定額の利益1.4ドルよりも大きい．代理人が，啓蒙された本人と対立的な利益を有していたとき，彼は提案を行うことから何も得ない

統制条件において我々は本人の予想が約半数正確であると予測していた．代理人の利得構造によれば，もし代理人が半数しか正解でないと予想したのなら，その時，提案を行うことから得られる代理人の期待利益は，何も提案を行わないことからの期待利益よりも少ない[8]．だから我々は代理人と本人が共通利益を有する時に，**啓蒙された本人の存在は代理人に提案をさせるように導く**と予測した．そうでない場合には，代理人は提案を行わないだろうと予測した．

　表8.1における10の操作化は，我々の委任実験の基本設計となっている．我々の説得実験において真であったように，我々の委任実験の設計は実験参加者に単純で理解しやすい状況を与えた．実験参加者の行動を誘導しないよう，我々は細心の注意を払った．我々は説明の場で実験参加者にクイズを出した．そしてほとんどの実験参加者がこれらのクイズで満点を獲得した．結果として我々は，委任に関する仮説について実験から得られたデータが意味ある推論を引き出すものと確信している．

他の設計要素

　実験を理論により合致したものとするために，実験参加者がお互いについて学習することを制限する2つの予防措置をとった．第1に視覚的接触を妨げるために間仕切りを用いた．我々の実験における実験参加者は，お互いを見ることができなかった．第2に我々は実験参加者同士が話をすることを禁止した．1点を除いて，これらの予防措置は我々が第7章で説明した予防措置と同一であった．例外は，これらの予防措置が代理人もカバーするように拡張したことであった．それゆえに実験参加者は視覚や音声によって代理人を識別することはできなかったし，代理人も実験参加者を視覚や音声によって識別することができなかった．

　我々の実験計画に関する2つの付加的な要素は，実験コストの効率的な利用を可能にした．第1に，我々は代理人，本人，そして語り手が複数回相互

　　と予測し，1.4ドルの定額利益を選ぶことが期待された．
（8）　注(7)において議論した利益では，統制条件において提案を行うことから発生する代理人の期待利益は，0.5×2ドル$+ 0.5 \times 0$ドル$= 1$ドルで，代理人の定額利益は1.4ドルだった．

に活動することを可能にした．我々の理論では単一の相互活動である．理想的には実験における代理人，本人，そして語り手が一度だけ相互に活動するようにしたかった．しかしながら，我々の実験を立ち上げることはかなりの労力，時間と費用を必要とした．1回の決定だけを行うために実験参加者を我々の実験室に招くというのは非現実的であった．それゆえに，我々は代理人，語り手，本人が多くの回数相互に活動するようにした．

説得実験においてと同様，我々は再び，プレイを繰り返すことによるあらゆる帰結を緩和するための予防措置をとった．特に，我々のすべての実験では実験参加者に他の実験参加者の過去の選択についての情報を一切与えなかった．したがって実験参加者は**実験終了後にはじめて**，彼らがいくら得たのかを知らされた．さらに実験参加者は彼らの収益の累計だけを知らされた．我々は彼らに彼ら自身個々の選択について詳細な情報を与えなかった．それゆえに実験参加者はどの予想が正確でどれがそうでないかを決して学習することはなかった．また彼らはいつ語り手が真実をいい，いつ嘘をついたのかを決して学習することはなかった．実験の間，参加者は他の実験参加者が過去に何をしたかについての情報を一切持たなかった．結果として，語り手（もしくは本人）との相互行為をあたかもたった一度の相互行為であるかのように振舞う動機を実験参加者は持っていた．

我々の委任実験において，プレイを繰り返すことの効果を低減させるために1つの付加的なステップが必要であった．それぞれの試行において，代理人は提案を行うかどうかという選択を行った．我々は本人にこれらの選択についての情報を与えていたら（たとえば，もし我々が「今回，代理人は提案をしないことを選んだ」ことを宣告したら），その時本人に，過去の試行における代理人の行為に関する本人の信念に影響したかもしれないような情報を与えることになっただろう．1回だけのプレイという形式を守るために，我々は本人にこの情報を与えなかった．代わりに，本人はすべての試行において（表か裏かの）予想を，代理人が提案をしたか否かに関わりなく行った．しかしながら，実験を理論と近似させるために，代理人が提案をした場合にのみ，本人の収益を本人の予想の正確さに対応させた（そして実験参加者はそのように知らされた）．つまり，もし代理人が提案しないことを選んだら，本人はその予想に関わりなく，現状維持の定額を得た．

第2の付加的な設計要素は，我々は実験を1人の語り手，1人の本人，そ

して8名から10名の代理人で行ったということである[9]．我々の理論は，1名の語り手，1名の本人，そして1人の代理人の間の相互行為を研究している．複数の代理人を使うという決定は，**啓蒙のための条件がどのように代理人の行動に影響するのか**について実験データを得ようという動機に支えられている．我々の設計によって，1人の本人につき1人の代理人で行うよりもはるかに安い費用でデータを集めることが可能になった．

また我々は，もし1人の代理人しかいない場合に実験参加者が持つであろう誘因と同じ誘因を持つよう予防策を講じた．第1に，我々は代理人自身の決定だけに基づいて報酬を支払うことで，代理人がお互いの収入に影響を与え合ったりしないようにした．第2に，以前に説明したように，お互いを見たり，聞いたり，他のプレイヤーの過去の選択についての情報を得ることでお互いの収益に影響を与えることのないようにした．したがって，代理人の収益は直接的にも間接的にも他の代理人の選択によって影響されることはなかった．すべての代理人は，正確に同一の誘因の組み合わせしか見ていない．本人と語り手は，代理人が全員同じ誘因に直面していることを知っていたし，過去の結果についてのフィードバックを受けることもできなかったので，本人と語り手は代理人を区別することはできなかった．したがって，本人および語り手の視点からは，あたかもたった1人の代理人と相互にプレイしているかのようであった[10]．

委任実験

---

(9) それぞれの新しい実験条件の初めには，本人として1名の実験参加者を選び，語り手として1名の実験参加者を選んだ．その他すべての実験参加者は代理人として振舞った．実験をあまり抽象的にしないために，我々は実験の間，本人を「予言者」，語り手を「レポーター」，そして代理人を「第1段階のプレイヤー」と呼んだ．

(10) たとえば，ある処理において我々は本人が正しい予想をし，代理人が提案を行ったときには毎回，本人に1ドルを支払った．だから，もし10名の代理人が提案を行い，本人が正確な予想をしたら，そのとき本人は10ドルを得た．もし我々が1人の代理人しか持たず，代理人が提案を行ったときのすべての正確な予想に対して10ドルを支払えば，そのとき本人の誘因についての我々の期待は同一である．

我々の実験はそれぞれ2名の実験者，2名から4名の助手，そして8名から12名の実験参加者で実施された．参加者を実験の基本事項になじませるために，第7章で説明した試行でセッションを始めた[11]．その後我々は2つから4つの実験条件を導入した．試行の締め括りには，全ての実験参加者に実験後の質問票に回答してもらうよう求めた．それから我々は彼らに謝礼を支払い，セッションを終えた．

我々は，表8.1における4つの操作化された変数のうち1つを変化させて，4回の実験を行った．我々が変化させたのは，語り手の利益，語り手の知識，検証の確率，そして嘘に対する罰の導入であった．それぞれの実験の要点は，これらの変化が代理人の行動にどう影響するのかを示すことであった．

語り手の知識に関する実験
仮説：もし，本人と語り手が共通の利益を持っていれば，そのとき語り手が知識を持っていることは，本人にとって好ましい提案を代理人に行わせるよう促す．
統制：本人と語り手はコイン・トスの結果を見なかった．本人と語り手は共通の利益を持っていた．外部からの力はなかった．このことはすべて共通の知識であった．
処理：語り手はコイン・トスの結果を見た．

我々の最初の実験は，代理人の行為に対して語り手の知識の変化がもたらす効果を検証するものだった．我々の理論では，啓蒙条件が満たされるのは本人と利益を共有する語り手が知識を持っている場合だけである．

もし，代理人が提案をしないことを選べば，そのとき彼らは65セントを得た．代理人と本人が共通の利益を持っている試行において，もし代理人が提案を行い，本人が正確な予想を行えば，そのときそれぞれの代理人は1ドルを得，もし本人が不正確な予想を行えば提案に関わりなく代理人は何も得られなかった．

この実験において語り手の知識と代理人の行動を切り離すために，我々は語り手と本人に共通の利益を与えた[12]．しかしながら，我々が第7章の知識実験において論じたように，本人と語り手が共通の利益を持っていたとき，

---

(11) これらの試行の結果は第7章で報告されたデータに含まれている．

本人は語り手の知識に関わりなく語り手の助言に従うという弱い支配戦略を有していた．語り手の知識の効果を分離するために，我々は再び本人に，表を選んだときにわずかな額（たとえば10セント）を本人に支払った．

本人と代理人に関するこの利得構造の下で，我々は表8.2に示されるような代理人の行動を期待した．

表8.2　知識の実験における代理人の行動についての予想

	語り手はコイン・トスの結果を見ていない		語り手はコイン・トスの結果を見ている	
	代理人と本人の利益が共通	代理人と本人の利益が対立	代理人と本人の利益が共通	代理人と本人の利益が対立
硬貨が表を向く	代理人は提案する(1)	代理人は提案しない(3)	代理人は提案する(5)	代理人は提案しない(7)
硬貨が裏を向く	代理人は提案しない(2)	代理人は提案する(4)	代理人は提案する(6)	代理人は提案しない(8)

我々が期待したのは，本人と代理人が共通の利益を持ち，語り手がコイン・トスの結果を見た(5)と(6)における条件（言い換えれば，啓蒙のための条件が満たされていた）の下では，代理人が提案を行うということであった．我々はまた，(1)と(4)の条件下でも同様に，代理人が提案を行うことを仮説として立てた．こうなるのは語り手が知識を持たないときの均衡行動が表を予想することだからである（なぜならそうすることによって報酬が保証されているから）．それゆえ代理人が，コインの表を観察し，本人と共通の利益を持っていたとき，代理人には本人が表を選ぶだろうと信じる理由があったので，彼らは提案を行う誘因を持っていた(1)[13]．同様に，コインが裏を向いて，代理人と本人とが対立する利益を持っていたときには，代理人は提案を行う誘因を持っていた(4)．

図8.1aは表8.2に対応する実験条件における代理人の行動を示したもので

---

(12) これらの実験において，代理人が提案を行わないとき本人は（現状維持の代価である）65セントを得た．もし代理人が提案し，本人が正確な予想をすれば，そのとき本人は1ドルを得た．もし代理人が提案を行い，本人が不正確な予想をしたなら，本人は何も得なかった．本人と語り手の間の共通利益を確立するために，我々は本人が正確な予想を行うごとに1ドルを語り手に支払った．

(13) この代理人はいつもコイン・トスの結果を見ていた．

ある．横軸が示しているのは提案がなされた回数であり，一方縦軸が示しているのは提案回数ごとの代理人の数である．したがって図8.1aが示しているのは，18名中14名の代理人がすべての試行において提案を行ったということである．もし代理人がランダムに提案していたのなら（我々が第7章においてランダムな行動を定義したように），一連の提案がこのような分布となる確率はほとんどゼロである．したがって観測された行動は我々の予測を強く支持した．

図8.1bで我々は，表8.2における(2)に対応する実験条件に対する一連の代理人行動を報告している．この場合，我々は提案されないことを予測した．これらの試行では，18名中16名の代理人がまったく提案をしないことを選択した．(1)と(2)における代理人の行動の違いは明確であった．

図8.1cと8.1dは表8.2の(3)と(4)に対応する実験条件における代理人の行動を，それぞれ示している．我々が予測していたのは，コインが表を見せたとき(3)は提案をせず，コインが裏を示したとき(4)には提案がなされることであった．予測のように，図8.1cでは18名中16名の代理人が提案をせず，一方で図8.1dでは18名中15名の代理人が常に提案を行った．これらの結果は代理人行動についての我々の仮説を強く支持するものである．

図8.1eから8.1hは，語り手が知識を持っている4つの処理における代理人の行動を示している．語り手と本人が共通の利益を持っているので，啓蒙のための条件がそれぞれの場合において満たされている．したがって実験における代理人は，本人が正しい予想を行うことを期待するはずであった．結果として**代理人は，代理人と本人が共通する利益を持っている場合にのみ，提案を行っている**．図8.1e（表のとき）と8.1f（裏のとき）はこの場合における一連の代理人の行動を描写しており，我々が仮説化したように24名中23名の代理人が常に提言したことを示している．図8.1g（表）と8.1h（裏）は代理人と本人が対立する利益を持っていたときの代理人の行動を示したものである．我々が予測したのは，これらの場合において代理人がまったく提案をしないことだった．再び我々は過去の2つの図との明快な対照を見ることになる．すなわち図が示すように，24名中18名の代理人はまったく提案を行わなかったのである．これらの分布それぞれが代理人の行動についての我々の仮説を強く支持している．

語り手の知識における変化が代理人の行動にどれほど影響を与えているの

第8章 委任についての実験 191

図8.1 知識実験

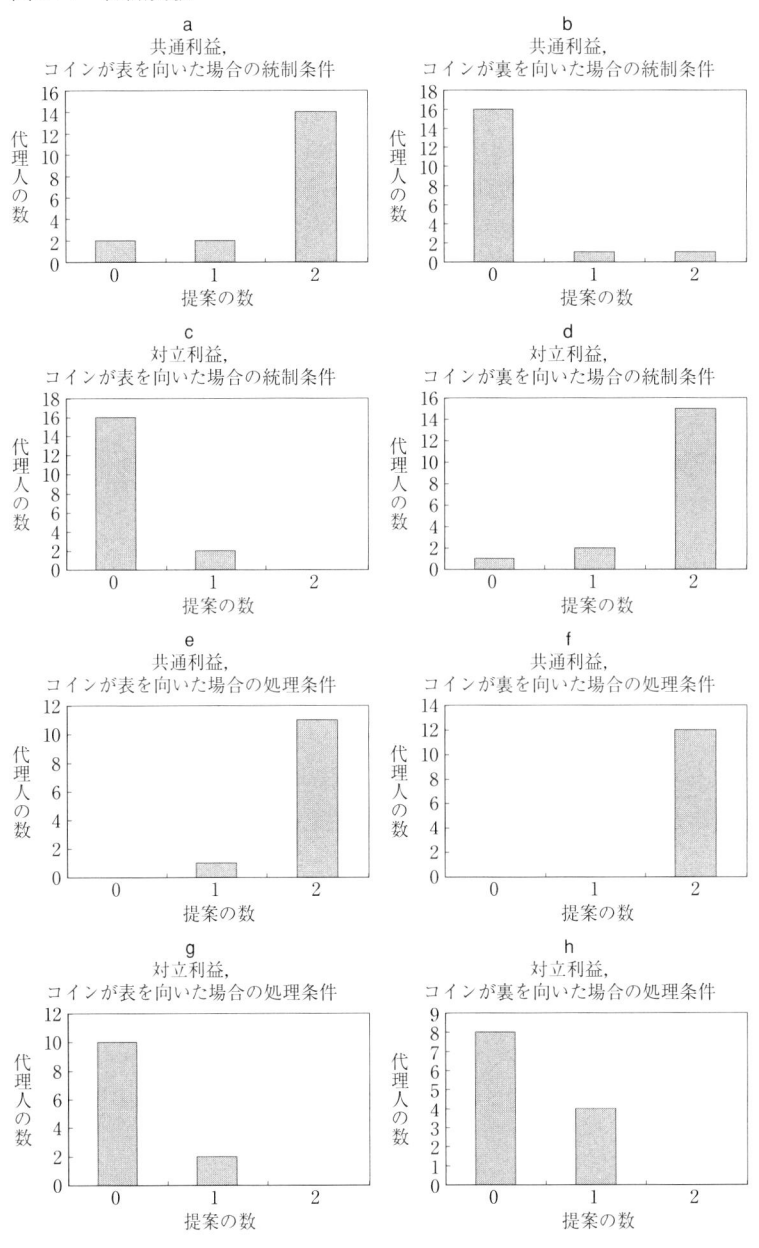

a
共通利益,
コインが表を向いた場合の統制条件

b
共通利益,
コインが裏を向いた場合の統制条件

c
対立利益,
コインが表を向いた場合の統制条件

d
対立利益,
コインが裏を向いた場合の統制条件

e
共通利益,
コインが表を向いた場合の処理条件

f
共通利益,
コインが裏を向いた場合の処理条件

g
対立利益,
コインが表を向いた場合の処理条件

h
対立利益,
コインが裏を向いた場合の処理条件

かをより明瞭に理解するために，図8.1fと8.1bを比べてみよう．両方の状況でコインは裏を示し，本人は表を予想することでわずかな一定額（たとえば10セント）を得た．2つの条件の間の唯一の違いは，図8.1fにおいては語り手が知識を持っていたのに対して，図8.1bでは語り手が知識を持っていなかったということである．図8.1bにおいては18名中16名の代理人が一度も提案を行わないことを選んだ．図8.1fでは全ての**代理人**（12名中12名）が**毎回提案を行った**．したがって啓蒙された本人の存在は，啓蒙されていない本人に対しては行わなかったであろう提案を代理人にさせることになった．これは我々の理論的な予測と一致している．

図8.1dと8.1hの比較は，代理人の行動に対して語り手の知識が持っているもう1つの効果も示している．これらの図を生んだ実験条件における唯一の違いは，後者において語り手が知識を持っていたということである．図8.1dでは18名中15名の代理人が常に提案を行った．図8.1hでは12名中8名の代理人が一度も提案しなかった．したがって，知識を持っている語り手の存在は再び代理人の行動に変化を促したようである．

表8.3は知識実験における代理人の行動を要約している．この集計表には，（それぞれの条件における代理人の数に合わせて）代理人が提案を行った平均のパーセンテージが示してある．我々が提案を期待した4つのパターン(1)，(4)，(5)，(6)において，我々はそれを観測している(1)における83%から(6)における100%まで値は異なるが）．我々が提案を期待しなかったとき，代理人は稀にしかそれを行わなかった（少なくて6%，多くて17%）．つまり，語り手の知識の変化は代理人の行動における劇的にして予測可能な変化に対応している．

表8.3 語り手の知識についての実験における代理人の行動
提案の平均的な百分率（%）

	語り手はコイン・トスの結果を見ていない		語り手はコイン・トスの結果を見ている	
	代理人と本人の利益が共通	代理人と本人の利益が対立	代理人と本人の利益が共通	代理人と本人の利益が対立
コインが表を向く（代理人の数）	83 (18)	6 (18)	96 (12)	8 (12)
コインが裏を向く（代理人の数）	8 (18)	89 (18)	100 (12)	17 (12)

語り手の利益実験

仮説：もし語り手が知識を持ちかつ外部からの力がなければ，語り手と本人の利益が共通ならば，本人と共通利益を持つ代理人は本人にとって好ましい提案をするだろう．

統制：本人はコイン・トスの結果を見なかった．語り手は見た．語り手と本人は対立する利益を持っていた．外部からの力はなかった．これはすべて共通の知識であった．

処理：語り手と本人は共通の利益を持っていた．

　我々の2番目の実験は代理人の行動における変化の効果に焦点を合わせた．我々が以前に結論づけたのは，もし知識を持っている語り手が本人と共通の利益を持っているなら，そのとき啓蒙のための条件は満たされているということだった．対照的に，もし知識を持っている語り手が本人と対立する利益を持っているなら，そのとき啓蒙のための条件は満たされていない．啓蒙のための条件が満たされるとき，他の条件が一定なら，代理人の行動は本人にとって有益なものになるだろう．この実験における語り手の利益と代理人の行動の関係を分離するために，我々は語り手の知識を一定に保った．

　統制条件において語り手と本人は対立する利益を持っていた．たとえば，我々は本人が誤った予想をするたびに，語り手に50セントを支払った．処理条件では彼らは共通の利益を持っていた．すなわち，本人が正確な予想をするたびごとに我々は50セントを語り手に支払った．我々が期待したのは語り手，本人，そして代理人が共通の利益を持っている試行においてだけ提案をすることだった．他のすべての場合において我々が期待したのは，代理人が提案をしないことだった．表8.4はこれらの期待を要約したものである．

　図8.2aと8.2bは，代理人と本人が対立的な利益を持っている統制条件試行（言い換えれば，語り手と本人が対立的な利益を持っている）からの代理人の一連の行動の分布を示している．我々はこれらの試行では提案がなされない

表8.4　語り手の利益，嘘に対する罰，そして検証の実験における代理人の行動に関する予測

		代理人と本人の利益が共通している場合	代理人と本人の利益が対立している場合
処理	*a*	代理人は提案する	代理人は提案しない
統制	*b*	代理人は提案しない	代理人は提案しない

a 語り手が本人を啓蒙すると予測　　*b* 語り手が本人を啓蒙しないと予測

ことを期待しており，図はこの期待を強く支持している．約65%の代理人が一度も提案をしなかった．他の代理人が提案をしたのは2，3の試行においてのみである．

次に，代理人と本人が共通利益を持つ統制条件（つまり語り手と本人は対立的な利益を持っている）の下での試行における一連の代理人行動を検討しよう．これらの試行においてそれぞれの代理人は提案をしないことで1.2ドルを得，本人が正確な予想を行ったときに提案することで2ドルを稼ぎ，本人が不正確な予想を行ったときに提案すると何も得なかった[14]．これらの特性（パラメータ）の下で我々が期待したのは，本人が正確にコイン・トスの結果を当てる確率が少なくとも60%の場合にのみ，代理人が提案を行うことだった．啓蒙のための条件が満たされていなかったので，我々が期待したのは，本人がランダムな予想（この定義については第7章を参照）を行い，代理人がこれらの試行において提案を行わないことであった．

図8.2cと8.2dはこれらの試行における代理人の一連の行動を示している．これらの試行において，大多数の代理人は一切提案を行わなかった．どちらの図においても中位の代理人は何の提案もしなかった．これは再び我々の予測に強い支持を与えている．

図8.2eと8.2fは，代理人と本人が対立的な利益を持っていた処理条件試行（言い換えると本人と語り手が共通利益を持っていた）からの代理人行動の結果を示している．この場合，啓蒙のための条件を満たすことは代理人が提案をしないことを導くべきであった．期待されたように代理人の多数はまったく提案をしなかった．実際，中位の代理人は一切提案をしなかった．

図8.2gと8.2hは，代理人と本人が共通の利益を持っていた処理条件（言い換えると本人と語り手が共通の利益を持っていた）からの代理人行動の結果を示している．啓蒙のための条件が満たされていたので（そしてそれゆえに正確な予想の確率は100%かその近くであった），これらの試行において代理人が提案を行うだろうと我々は期待した．

図8.2gにおいて報告された結果が我々の期待を裏付ける一方で，図8.2hにおいて報告されている結果はやや不明瞭である．知識を習得する本人の能力

---

(14) この報酬の枠組みは実験過程で微妙に変化させたが，これらの変化は実質的な影響を持たなかった．

第8章　委任についての実験　195

図8.2　利益実験

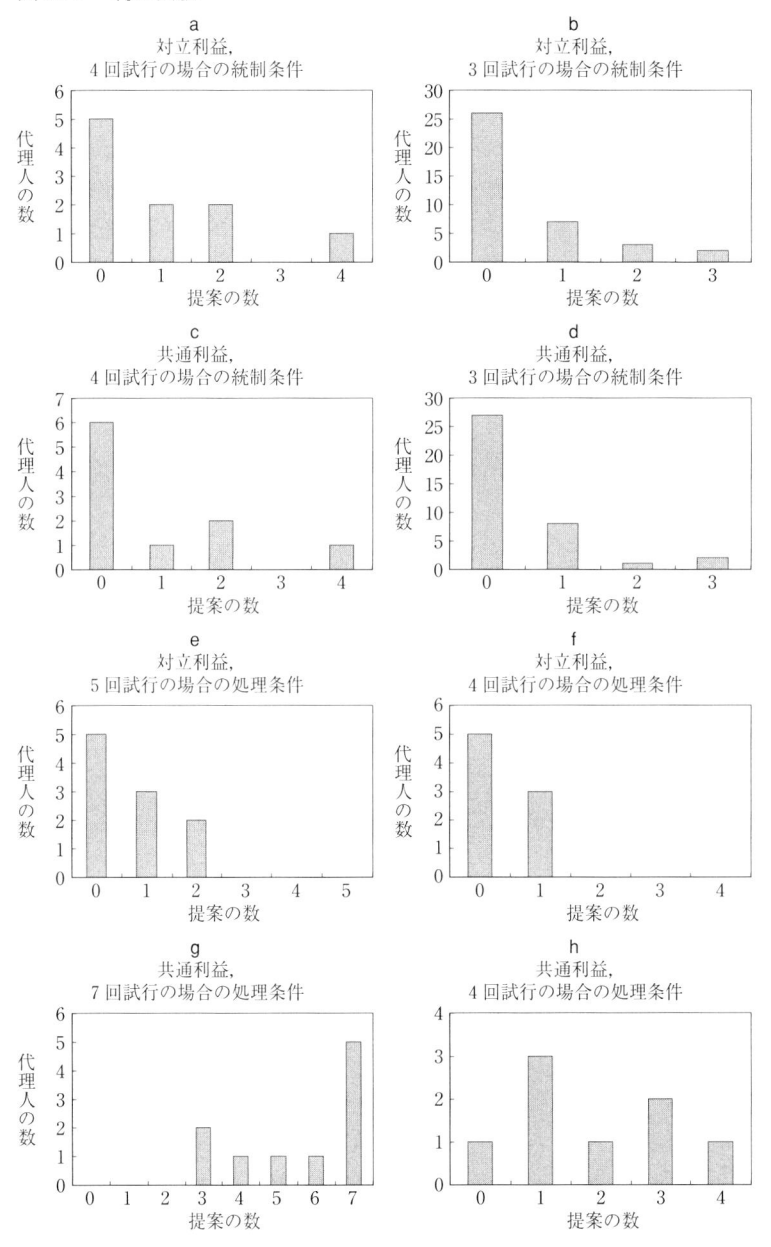

a
対立利益，
4回試行の場合の統制条件

b
対立利益，
3回試行の場合の統制条件

c
共通利益，
4回試行の場合の統制条件

d
共通利益，
3回試行の場合の統制条件

e
対立利益，
5回試行の場合の処理条件

f
対立利益，
4回試行の場合の処理条件

g
共通利益，
7回試行の場合の処理条件

h
共通利益，
4回試行の場合の処理条件

は，代理人により多くの提案をさせるように導いている．図8.2gにおいて報告されている最も多い代理人のパターンは常に提案を行うというものだった．我々は図8.2hにおいても同じパターンを期待したが，この処理における代理人は我々の仮説とは逆に，提案をしないことを選んでいる．この処理において最も多い代理人タイプは，1回，すなわち25％の提案を行っている．それにもかかわらず図8.2aから8.2fに示されている代理人の提案を比較した時，我々は代理人による提案がかなり増加していることをみてとれる．全体として，証拠は我々の期待に対する支持を与えている．

　もちろん代理人と本人が共通の利益を持っていた処理条件の試行において，提案を行うことに代理人が乗り気でないことについては，説明を用意している．その説明とはリスク回避である．

　我々の理論において代理人はリスクに対して中立的である．我々の実験におけるリスク回避的な参加者の存在は，我々の操作化の正確さを弱めている．しかしながら，我々の理論における単純な数値の比較が明らかにしているのは，もし代理人がリスク回避的であったなら，その時，我々が予測すべきであったのは，処理条件（代理人と本人が共通利益を持っていた）における提案の発生確率の低下であった．これを理解するためにはそれぞれの代理人が，保証された1.2ドルの報酬と，正しく予想する本人の能力に依存した2ドルの報酬との選択に直面していたことを思い起こしてほしい．リスク回避的な実験参加者は，リスク中立的な実験参加者よりも固定された報酬を求める．言い換えれば，啓蒙のための条件が満たされていた時でさえ，代理人はリスク回避性向によって提案をためらったことだろう[15]．

---

(15) 我々の実験後の質問票を分析した結果は，代理人のリスク回避が実験の複雑さによって助長されていたことを示していた．委任の理論は，特に代理人にとって重要な計算能力を必要とする．代理人は最初に行動するので，提案をしたほうがいいのかしないほうがいいのかを決めるために，語り手と本人の行動を予想しなければならない．この実験において我々は，代理人が本人と共通の利益を持ち，かつ本人が60％以上の確率で正確なコイン・トスの結果の予想をするだろうと信じた場合にのみ，代理人が提案を行うと予測した．我々の実験において，啓蒙のための条件が満たされた場合にのみ，この必要条件が満たされると我々は予測した．現実には，そのような予想を形成することは我々の実験参加者にとって簡単なことではなかった．

表8.5はこの実験における代理人の行動を要約している．集計表は与えられた条件の下での代理人の提案の平均値，標準偏差，そして代理人数を報告している(16)．我々が提案を期待したパターン（言い換えれば本人と代理人が共通の利益を持つ処理条件）において，代理人が提案を行ったパーセンテージの平均は65%だった．他のパターンのそれぞれにおいては，我々は提案を期待していなかったが，代理人は明らかにより少ない割合（12%から18%）で提案を行った．明らかに，啓蒙を受ける本人の能力は，それがなければそうはしなかったであろうという行動を代理人にとらせるように働いたと言える．

表8.5 語り手の利益の実験における代理人の行動

	代理人と本人の利益が共通している場合			代理人と本人の利益が対立している場合	
処理	65 *a* (0.33) *b*		18 *c*	12 (0.15)	18
統制	16 (0.28)		48	18 (0.30)	48

a 代理人の平均的な提案の百分率　　*b* 標準偏差　　*c* 代理人の総数（観測数）

嘘に対する罰実験

仮説：もし語り手に知識があり，かつ本人と対立的な利益を持っていれば，そのとき語り手に対して嘘をついた場合の罰を導入すると，本人と共通の利益を持つ代理人は本人にとって望ましい提案を行うようになるだろう．

統制：本人はコイン・トスの結果を見なかった．語り手は見た．語り手と本人は対立的な利益を持っていた．外部からの力はなかった．これらは全て共通の知識であった．

処理：我々は語り手に対して，嘘に対する罰を導入した．

この実験において我々は，本人が誤った予想をするたびに5ドルを語り手に払い，本人が正しい予想をしたときは語り手に何も払わなかった．それに

---

(16) 我々はパーセンテージを提案数を標準化するために用いる．可能な提案数は実験によって異なっていた．したがって，我々は提案数を代理人ごとにパーセンテージに変換した．たとえば，もしある代理人が3回のうち1回提案したら，そのとき我々はこれを33%に変換した．また，我々は代理人個々の行動に関心があったので，提案総数のパーセンテージの代わりに代理人の提案の平均パーセンテージを用いた．

よって語り手と本人の間の利益対立を作り上げたのである．処理条件として我々は語り手に対して偽りの声明には10ドルの罰金を課した．

我々が予測していたのは，（嘘に対する罰のない）統制条件において本人は語り手を無視するであろうことと，処理条件においては本人が語り手の助言に従うであろうということであった．また我々は，処理条件においては語り手が真実のシグナルを送るであろうということも予測した．この罰を導入することは啓蒙のための条件を満たすには十分であるので，我々は本人と代理人が共通の利益を持っている処理条件の試行においてのみ，代理人が提案を行うであろうという仮説を立てた[17]．これ以外のすべての場合において，代理人は提案をしないだろうと我々は予測した（表8.4を見よ）．

この実験のための統制条件は先ほど議論した利益実験のための統制条件と同じであった．すなわちこの統制条件は，語り手と本人が対立的な利益を持つ試行を含んでいたのである．図8.2aと8.2bは代理人と本人が対立的な利益を持っていた場合の統制条件の結果を示している．図8.2cと8.2dは代理人と本人が共通利益を持っていた場合の統制条件の結果を示している．これらの試行においては先に議論したように，代理人はごく稀にしか提案を行っていない．

図8.3aと8.3bで我々は，代理人と本人が対立的な利益を持っていた処理試行（つまり，語り手は嘘に対する罰に直面していた）における代理人による一連の提案を示している．予測の通り，このような環境の下ではほとんど提案がなされなかった．図8.3cと8.4dにおいて我々が示したのは，代理人と本人が共通利益を持っていた処理試行（やはり語り手は嘘つきに対する罰に直面していた）における代理人の一連の行動である．図8.3cが示しているのは，8名の代理人のうち2名だけが毎回提案を行う一方，8名中5名の代理人が半分以上の回数の提案を行い，1名だけが一度も提案をしなかったということである．図8.3dでは代理人は実験回数のうちの88%で提案を行い，中位の

---

(17) これらの実験では，代理人が現状を選択した場合には本人は何も得ず，代理人が提案を行い，しかも本人が正確な予想をした場合に1ドルを得た．代理人は定額を選択した際に1.4ドルを，本人が正確な予想をした時に提案を行っていれば2ドルを得たが，本人が誤った予想を行った時に提案をしていても何も得なかった．

図8.3 嘘に対する罰の実験

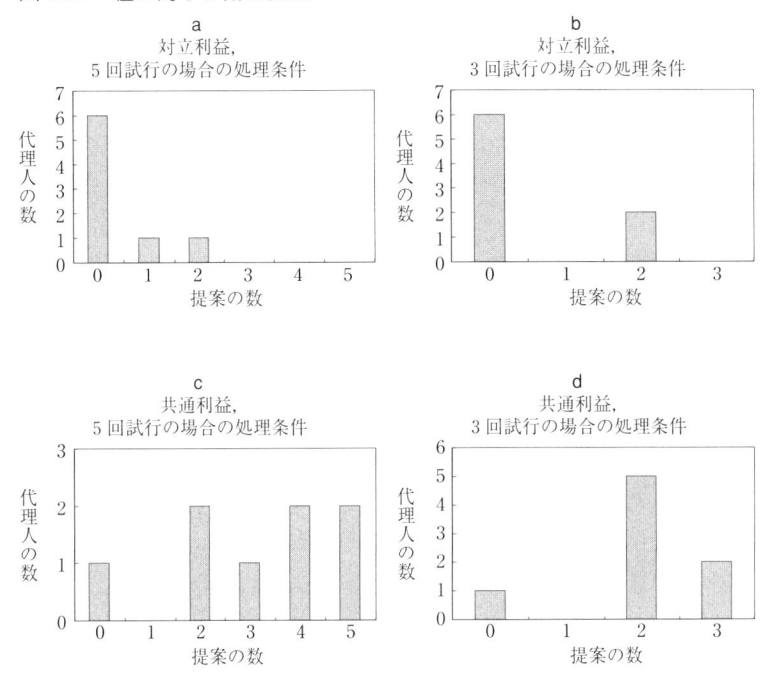

a
対立利益,
5回試行の場合の処理条件

b
対立利益,
3回試行の場合の処理条件

c
共通利益,
5回試行の場合の処理条件

d
共通利益,
3回試行の場合の処理条件

代理人は3回中2回提案を行った．

　表8.6において我々は，嘘に対する罰について処理条件と統制条件における代理人の行動を比較している．集計表は表8.5に合わせている．そして我々の期待は表8.4で書かれたものと同じである．ここでも，観測された提案の発生率は我々の期待と非常によく合致していた．代理人と本人が共通利益を持っていた処理条件における提案の平均パーセンテージは，実質的に他の3つのパターンにおける値よりも大きかったのである．

表8.6 嘘に対する罰の実験における代理人の行動

	代理人と本人の利益が共通している場合		代理人と本人の利益が対立している場合	
処理	65 (0.32)	16	12 (0.24)	16
統制	16 (0.28)	48	18 (0.30)	48

検証実験

仮説：もし語り手が知識を持っていて，その利益が本人と対立的なものであるなら，そのとき，検証の脅威を導入することは，本人と共通利益を持つ代理人に本人にとって望ましい提案をさせることにつながるであろう．

統制：本人はコイン・トスの結果を見なかった．語り手は見た．語り手と本人は対立的な利益を持っていた．外部からの力はなかった．これらは全て共通の知識であった．

処理：我々は検証を導入した．

最後の実験の目的は，検証と代理人の行動の関係を特定することだった．我々は第7章で説明したそれと同じようなやり方で実験に検証を導入した．代理人の決定の後で，語り手は合図を送る特権のために2ドルを払うか否かを選んだ．もし語り手が2ドルを払ったら，そのとき彼は「表」か「裏」かの合図を送ることができた．もし本人が誤った予想を行ったら語り手は5ドルを得，もし本人が正しい予想を行えば何も得られなかった．もし語り手が2ドルの支払いをしなかったら，そのとき彼は何も得なかった．語り手の決定の後，我々は10面のサイコロを振った．もしサイコロが1から7を出したら，そのとき我々は語り手の合図に関わりなく語り手の合図を本当のコイン・トスの結果に置き換えた．もしサイコロが8，9，10を出したら，そのとき我々は語り手の合図があればそれを伝えた．以前のように，本人は自分が受け取った合図が語り手の声明なのか，我々によって置き換えられた本当のコイン・トスの結果なのかについて，知るすべを持たなかった．本人が知っていたのはただ，自分が受け取った合図が70%の確率で本当のコイン・トスの結果であるということだけであった．

以前のように我々が期待したのは，代理人と本人が共通の利益を持っている処理条件（つまり，検証が発生しうる）の試行においてだけ，代理人が提案を行うことだった（表8.4を見よ）[18]．この実験の統制条件は利益実験およ

---

[18] 以前の実験のように我々は，もし代理人が提案をしない場合には1.4ドルを彼に支払った．もし彼が提案をしてかつ本人の予想が正確なら，代理人と本人の利益が共通していたときには2ドルを彼に支払い（不正確な場合には何も支払っていない），代理人と本人の利益が対立していたときはこの支払いを逆にした．代理人と本人が共通の利益を持っていたとき，提案を行うことによる代理人の期待収益は，0.7×2ドル$+ (0.3) \times (0.5 \times 2$ドル$+ 0.5 \times$

び嘘に対する罰実験と同じであった．先に議論したように，これらの試行では代理人は稀にしか提案をしなかった．

図8.4cと8.4dは代理人と本人が共通の利益を有していた処理条件（つまり検証がありうる）の試行の結果を示している．図8.4cでは半数以上の代理人が6回中3回より少なく提案をした．そのうえ6回中1回しか提案をしない代理人が最も多かった．図8.4dでは代理人の行動は我々の期待により近く，半数の代理人が少なくとも5回のうち4回提案をした．それにもかかわらず，これらの結果は我々の期待を支持するものではない．これらの代理人がなぜ提案を行うことに消極的であるのかについて我々は推測することしかできないが，実験の複雑さと代理人のリスク回避の傾向がここでも関連する要因であると思われる．

図8.4 検証実験

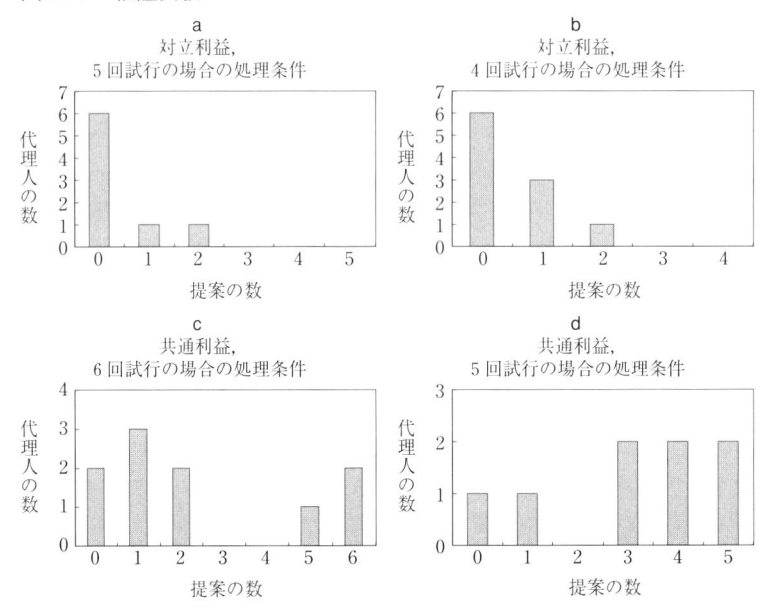

a 対立利益，5回試行の場合の処理条件

b 対立利益，4回試行の場合の処理条件

c 共通利益，6回試行の場合の処理条件

d 共通利益，5回試行の場合の処理条件

0ドル）＝1.7ドルであった．これは提案をしないことによって得られる1.4ドルよりも大きかった．本人と代理人の利益が対立していた時，提案を行うことの期待値は，0.7×0ドル$+ 0.3 \times (0.5 \times 0$ドル$+ 0.5 \times 2$ドル$) = 30$セントであった．これは提案をしないことによって得られる1.4ドルより少ない．

表8.7は検証実験における代理人の行動を要約したものである．セルの内容はここでも表8.5に合わせている．そして我々の期待はここでも表8.4に書いてあることと同じである．この実験は我々の仮説を検証するという点では最も弱い結果であるが，それでも提案のパターンは代理人と本人が共通する利益を持っていた処理実験における提案の平均パーセンテージと，別の条件におけるそれとの間には大きな差があり，我々の予測に合致したものであった．これらの結果は我々の理論に対して肯定的なものであり，実験の複雑性を考慮すれば特筆すべきである．

表8.7 検証実験における代理人の行動

	代理人と本人の利益が共通している場合		代理人と本人の利益が対立している場合	
処理	50 (0.39)	18	10 (0.16)	18
統制	16 (0.28)	48	18 (0.30)	48

結論

委任実験において我々が予測したのは，啓蒙のための条件が満たされ，かつ代理人と本人が共通の利益を持っていた場合にのみ，提案を観測するということであった．おおむね，観測は予測と一致していた．提案を予測していたとき，50から100%の割合でそれを観測した．提案を予測しなかったときには，それらを観測したのはわずかに6から18%であった．啓蒙のための条件は本人にとって好ましい提案を代理人にさせるように導き，本人にとって好ましくない提案を代理人に思いとどまらせるようにも働いた．これらの実験が示すのは，学習を促進するために制度設計を利用することは，委任を成功させる効果的な方法たりうるということである．

補遺

我々の委任実験は説得のための機会を提示した．次の表8.8において我々は，表7.6に合わせる形で我々の委任実験のデータを用いている．この表は我々の説得実験とよく似た行動を示している．

表8.8 委任実験における説得と理性的選択

第1セクション 説得の条件と啓蒙の条件が満たされた場合の行動 (%)					
	真実を語る報告	説得	啓蒙	騙し	理性的選択
知識と共通利益 *a*	100 16/16	94 15/16	100 15/15	0 0/15	94 15/16
知識と共通利益(裏と報告されたものだけ)	100 8/8	88 7/8	100 7/7	0 0/7	88 7/8
共通利益と知識 *b*	95 19/20	100 20/20	95 19/20	5 1/20	95 19/20
対立する利益と嘘に対する罰	100 16/16	88 14/16	100 14/14	0 0/14	88 14/16
対立する利益と検証(検証された場合) *c*	N/A	64 9/14	100 9/9	0 0/9	64 9/14
総計	98 51/52	88 58/66	98 57/58	2 1/58	86 57/66
第2セクション 説得の条件が満たされて啓蒙の条件が満たされなかった場合の行動					
	真実を語る報告	説得	啓蒙	騙し	理性的選択
対立する利益と検証(検証されなかった場合) *d*	0 0/4	100 4/4	0 0/4	100 4/4	0 0/4
第3セクション 説得の条件が満たされなかった場合の行動					
	真実を語る報告	説得	啓蒙	騙し	理性的選択
知識なしで共通利益	63 10/16	81 13/16	62 8/13	38 5/13	56 9/16
知識なしで共通利益(裏と報告されたものだけ)	50 2/4	25 1/4	100 1/1	0 0/1	50 2/4
対立する利益と知識	72 23/32	59 19/32	79 15/19	21 4/19	63 20/32
総計	69 33/48	67 32/48	72 23/32	28 9/32	60 29/48

a これらの結果は，知識実験における処理によるものである．我々がこの実験において表と予想した本人に小額のお金を支払ったことを思い出そう．
b これらの結果は，利益実験における処理によるものである
c 説得，啓蒙，騙しの統計は検証された声明に基づいている．
d 語り手は2度，発言しないことを選択した．これらの事例において，理性的選択を行ったのは2人の本人のうち0人であった．

第 9 章

説得のための条件に関する世論調査形式の実験

　本章において我々は，無作為に選ばれた1000人以上の人々が参加した世論調査形式の実験を用いる．その目的は人々が信頼できる人間を選んでいることを示すためである．人々の反応から我々は，回答者が語り手の声明にどのように反応するかを最もよく説明するのは，我々が第3章において導き出した説得のための諸条件であるということを発見した．具体的には，語り手の助言に従おうという人間の意思は，語り手の知識と信頼性についての人間の認知に依存しているということが確認された．

　こうした結論は，第3章と同様なディレンマに，全米を対象とした1400名以上の回答者を直面させて行った世論調査形式の実験に基づいている[1]．

（1）　世論調査形式の実験には多くの利点がある（概観のために Sniderman, Brody, and Tetlock 1991 を参照）．しかしながら，電話インタビューは実験の物理的環境をあまり統制できないという欠点がある．たとえば，実験参加者は我々の質問に対して，皿を洗ったり，テレビを見たりなど，様々な他の活動に従事しながら答えることができる．電話インタビューではそのような制御ができないので，なぜ我々がそれを行ったのかを説明しなければならない．我々はこの世論調査形式の実験をより統制された一連の実験室での実験（そのような実験が第7章と第8章の焦点であった）とともに行った．我々は最終的に2つの根本的に異なる実験環境においてこの章の帰無仮説を棄却する（そして知覚された知識，知覚された信頼性，そして説得の間に強い正の関係を示す）．これは，我々の理論が持つ予測力が，幅広い範囲に適用可能であるということである．これは，我々が自分の分析をただ1つの実験環境に限定して真であるというよりも，より強い論拠となる．

それぞれの回答者は二者択一を行った．第3章における本人のように，回答者の選択は2つの選択肢のうちどちらが彼らにとってより良いのか，容易にはわからないほど複雑だった．また同様に，ほとんどの回答者には**他者から学習する機会があった**．そして，我々のモデルのように，回答者は語り手の知識と信頼性についてあまり明確な認識を持ってはいない．

実験はインタビュアーが回答者に特定の複雑な政策提案に対して賛成か反対かを尋ねることから始まる．この質問とともに，我々は自分たちの実験における処理条件を作り出した．処理条件は，我々が彼らの主張を引き出す前に，すべてではなく何人かの回答者に付加的な情報を与えることを必要としていた．何人かの回答者は，たとえばラッシュ・リンボー（Rush Limbaugh）[1]のような語り手が，その政策提案を支持していると知らされた．他の回答者は語り手が提案に反対していると知らされた．他の回答者はそのような声明を何も聞いていなかった．語り手の声明を聞いたことのある回答者に対しては，語り手の属性について一連の質問を続けた．我々はこれらの特徴のいくつかについての質問を，第3章における理論的な作業から引き出している．一方で，他の属性についての質問は説得に関する旧来の説明から引き出している．

世論調査形式の実験は，「説得のための諸条件」の予測力を評価するために用いられている．説得は他の人の信念を変えることであり，説得は啓蒙のための必要条件（十分条件ではないが）である．我々は説得のための条件を第3章の定理から導いている．

定理3.1：外部からの力がなければ，利益の共有を認知することは説得のための必要条件である．

定理3.2：外部からの力がなければ，語り手の知識が認知されることは説得のための必要条件である．

定理3.3：説得にとって外部からの力と共通利益は相互に代替物たりうる．

これらの定理はともに重要な帰無仮説を生む．この帰無仮説は認知された語り手の知識，認知された語り手の信頼性，そして説得の関係についての我々の予測を否定するものである[2]．

（2） 説得に関する我々の実験室での実験とは異なり，ここでは我々は理性的選択についての集計結果を報告しない．その理由はもちろん我々の実験参加

帰無仮説：回答者を説得する語り手の能力は，語り手の信頼性や知識についての認識によって影響されない．

　啓蒙と委任に関する我々の主張はすべて，必要条件および十分条件としての説得に関する第3章の定理にかかっている．このことは，もし我々が行った世論調査形式の実験において，説得に関する理論が支持されなければ，我々の啓蒙と委任の結論もまた妥当でないかもしれないということである．しかしながら，世論調査形式の実験結果は本章の帰無仮説を棄却し，我々の理論を強く支持している．つまり，人々は自分が信じる人を選んでいるということである．

　以下，本章は次のように進む．最初に実験について概説する．次に，1464名の実験参加者の回答が，本章の帰無仮説を棄却することを示す．それから，説得のための条件が回答者による信ずべき声明の選択を説明するだけではなく，他の理論以上に良い予測が可能であることを示す．

実験についての説明

　　「現実の政治現象を説明すると称する全ての理論における重要な前提は，目標についての経験的な仮定である．さらに重要なのは，人々が自分たちの直面する選択状況を特徴付ける方法についての仮定である．次に起こるであろうことは，今システムがどこにいるかということと無関係ではない．そして今どこにいるのかについての説明は，アクターの選択を知らせる状況についての主観的な視野についての説明を含んでいなければならない」　　　　　　　　　　　　　　　　(Simon 1985: 301)．

　我々は世論調査形式の実験を，回答者がどのようにして信じる人を選んでいるのかを評価できるように設計した．実験の設計はサイモンの助言に忠実に従い，独立変数（たとえば認知された語り手の知識や信頼性）の測定は，「アクターの選択を知らせる状況についての主観的な視野」に基づいたものであった．

調査

　　者にとって何が理性的選択であったのか知ることが不可能だからである．

1992年に13の大学から17名の学者がチームを作り，政治的推論の動態を探求するために世論調査形式の実験を設計した．この**政治的説得と態度変化についての共同研究**は，12の独立した実験要素を含んでいた．我々がここで説明する実験はこの12の要素のうちの1つである．

研究はカリフォルニア大学バークレーのサーヴェイ・リサーチ・センターで計画され，コンピュータ利用による電話インタビュー（CATI）の技術を用いた．1994年の6月15日から11月4日までの間，48の隣接する州内に居住している電話を持つ世帯から，英語を話す成人人口を無作為に抽出した1464名の回答者に対して調査が行われた[3]．

設計

我々の実験は回答の難しい争点について，回答者の意見を把握する質問から始まった[4]．

（3）この調査のための電話番号の標本は，リストを用いたランダム・デジット・サンプリング（random digit sampling）と呼ばれる手続きを用いて作られた．近年発達したこの方法は無作為抽出標本の特性を守りつつ，標本をより効果的に作成するために電話帳情報についての大規模なコンピュータ・データベースの有用性も利用している．この方法によって使われていない電話番号に無駄に電話をかけることを減らすことができ，さらに，ランダム・デジット・ダイアリング標本よりも標本の世帯数を増やすことができた．このサンプリング手法についてのより詳しい情報はCasady and Lepkowski（1993）にある．この手法の結果として，2234の英語を話す世帯に接触でき，そのうち686が参加を拒否，68はまったく家におらず，16が参加できなかった．残る1464世帯が標本を構成している．

（4）我々の実験は「ポスト・テストのみ（"post-test only"）」の設計を用いている．説得についての推論は，実験の条件について回答者を無作為に割り振ることが，それらの集団において主要な態度に関しておおむね比較可能であることを保証しそうだというときに，そのような実験の下で導き出されうる．我々の回答者1464名は，比較可能性が極めて高くなるように，わずか5つの実験条件に無作為に割り振られた．調査における問1のバージョンでは回答者は「とても良い考え」や「とても悪い考え」という反応の選択肢も持っていたことに注意されたい．表現を単純化するために我々はそれらの反応をそれぞれ，「良い考え」「悪い考え」というカテゴリーにまとめた．問1に対し

支持情報（*endorsement*）つきの問1：
「アメリカ政治における新たな問題について1組の質問をさせていただきます．刑務所の建設に費用をかけることについてです．トーク・ショーの司会（語り手の名前）は，更なる刑務所の建設に費用をかけることに対して（語り手の争点における位置）だと伝えられています．あなたはどうお考えですか？　刑務所建設に費用をかけることは良い考えだと思われますか？　それとも悪い考えだと思われますか？」

支持情報なしの問1：
「アメリカ政治における新たな問題について1組の質問をさせていただきます．刑務所の建設に費用をかけることについてです．あなたはどうお考えですか？　刑務所建設に費用をかけることは良い考えだと思われますか？　それとも悪い考えだと思われますか？」

　問1は我々の実験における2つの要素を示している．第1に，ランダム・サンプリングによって，問1が支持情報つきで読まれるか支持情報なしで読まれるかが決まった．もし問1が支持情報つきで読まれたら，そのときやはりランダム・サンプリングで語り手がトーク・ショーの司会者ラッシュ・リンボーか，それともやはりトーク・ショーの司会者フィル・ダナヒュー（Phil Donahue）[ii]かが決まった．第2に，同様にランダム・サンプリングによって，支持情報がもしあればそれが「支持」か「反対」かが決まった．

　ランダム・サンプリングは，回答者が支持情報なしの問1を聞く機会を平均して10%ほど生み出した．それはまた，「ラッシュ・リンボーが支持している」，「ラッシュ・リンボーが反対している」「フィル・ダナヒューが賛成している」「フィル・ダナヒューが反対している」という声明が同じ程度になるようにしている（すなわち，回答者が特定の支持情報を持った問1をたずねられる機会はそれぞれ平均して22.5%だった）．

　続く2つの問いは我々の理論の予測力を査定するためのものである．我々はこれら2つの質問のうちの第1の質問を，語り手の信頼性についての回答

　　て「わからない」と回答した11名の回答者に対して，我々は同じような言葉でのフォロー・アップ質問をした．わずか3名の回答者だけがこのフォロー・アップ質問に対して，「わからない」と答えた．これら3つの回答者を我々はデータから除いた．

者の認知を測定するように設計した．第2の質問は語り手の知識についての回答者の認知について測定した．我々がこれら2つの質問をする順序はランダムに決定された．
問2：（語り手の名前）について質問をさせていただきます．たいていの政治問題に関して，あなたと（語り手の名前）はいつも意見が一致しますか，おおむね一致しますか，ごくたまに一致しますか，それともまったく一致しませんか？
問3：もしこの国が刑務所のさらなる建設にお金を使った場合何が起きるかについて，（語り手の名前）はよく知っていると思いますか，いくらか知っていると思いますか，少しは知っていると思いますか，まったく知らないと思いますか？
　我々はこれらの質問に続けて，回答者の党派性，イデオロギー，社会経済的地位，語り手に対する感情などの標準的な質問を行った．

なぜ我々がこれらの質問を選んだか
　我々は3つの理由によって刑務所費用を争点として選んだ．第1に，我々はその問題が多くの回答者にとって重要であろうと予想した．我々の予想は1990年代中葉における多くの世論調査が，多くのアメリカ人にとって第1の関心が犯罪だと示している事実に由来している．
　第2に，我々はイデオロギーと回答者の反応とのつながりが曖昧であると予想した．より多くの刑務所を建設することは保守的なことであるが，「法と秩序」という争点や問題を解決するための財政出動はリベラル寄りであり，「干渉主義者」の立場である．換言すると，我々がこの争点を選んだのは，我々の語り手が提案に対して支持か反対かを表明する可能性があったからである．
　第3に，我々は，多くの回答者がどちらの提案にしても結果について確信が持てないだろうと予測した．対照的に，結果が明らかな争点を選んでいたら，我々の理論は語り手の声明と調査における回答者の反応と何の関係もないことを予測しただろう．なぜなら自分たちが知っていると考えていることについて，その人たちを説得するのは困難だからである．
　ラッシュ・リンボーとフィル・ダナヒューを語り手として選んだ理由も同様の根拠である．第1に我々は多くの回答者にとってなじみのある語り手を

望んだ．実際，支持情報を含んだ質問を聞いた1340名の回答者のうち，語り手について何の予備知識もなかったのはわずか3名だけだった．第2に我々は例外なく信頼や不信を受けているような語り手を選ばないようにした．第3に，我々は矯正や法の執行の分野における有名な専門家や全くの素人ではなくトーク・ショーの司会者を選んだ．なぜなら，どの程度これらの特徴について知っているかを回答者にたずねたかを調べた際に，分散が期待できたからである(5)．

　要するに，我々は身近な争点が重要でかつ理解が難しいという設定において，利益についての従属変数（争点に対する回答者の態度）と利益についての独立変数（認知された語り手の誘因と信頼性）の双方に変化が生じるように，争点と語り手を選んだわけである．

世論調査形式の実験と理論の照合
　この実験環境が説得の理論の仮定を反映する限りにおいて，帰無仮説を棄却することで理論の予測が支持される．この実験環境が理論の仮定を全て反映していなければ，我々の実験は妥当でないことになる．したがって，帰無仮説に対するデータの含意を調べる前に，簡単に第3章の仮定を振り返り，世論調査形式の実験がこれらの仮定を反映しているかどうかについて調べることにする．我々の主張は，世論調査形式の実験が第3章における前提の，完全ではないまでも良い操作化であるということである．

　我々のモデルにおいてコミュニケーションは少なくとも2人の人間，本人と語り手を必要としていた．我々の実験においてそれぞれの回答者が本人の役を演じ，ラッシュ・リンボーとフィル・ダナヒューが語り手だった．

　我々のモデルでは，本人が二者択一の選択をしなければならないと設定している．実験において我々は回答者に，刑務所のための財政出動に賛成する

---

(5) 説得についての競合する説明の頑健性を評価するために，1人以上の語り手を用いた．明らかになったのは我々が評価する予測はどれも，語り手がリンボーであるかダナヒューであるかに依存しなかった．調査における時間の制約（すなわち全ての実験を容易にするために，我々は質問することに割り当てられた全ての時間を使った）から，さらに2人以上の語り手を無作為に抽出することはそれぞれの処理を受け取る回答者数を減少させてしまうので，たった2人の語り手にとどめた．

か反対するかをたずねた．これは二者択一の選択であった．

　我々のモデルにおいて，**本人は目標を追求している**と仮定されている．我々の実験において回答者の目標は定かでない．何人かの回答者は熟慮した上で反応するという目標を持っていたかもしれないけれど，一方で他の人たちは電話をできるだけ早く終わらせるという目標を持っていたかもしれなかった．我々の研究の問題は，これら無数の目標を制御することであった．具体的に言うと，その目標が熟慮された反応を示すことではない回答者が多ければ多いほど，我々の実験が我々の理論を忠実に反映しているとは言い難くなる[6]．回答者の目標における多様性は，我々の帰無仮説を棄却しにくくする．つまりこの環境において帰無仮説が棄却されれば，我々の主張は一層強化される．それゆえに，我々は回答者の目標の多様性を歓迎した．

　我々のモデルにおける仮定は，**語り手が目標を追求していて本人が語り手の目標を知らないかもしれない**ということである．しかしながら，説得のための条件は語り手の目標が実際にどうであるのかということに依存しない．その代わり，**説得のための条件はこれらの目標についての本人の信念にのみ依存している**．したがって，我々の実験の目的にとって問題だったのは，語り手の目標に関して回答者が持っている信念だった．問2はこれらの信念について大まかに測定する単純な試みであった．

　同様に，モデルにおいて我々は，**語り手が有用な個人情報を持っている必要はなく，語り手がどの程度知っているのかについて本人はよくわかっていない**ことを仮定した．世論調査形式の実験において，問3は語り手の知識についての極めて大雑把な尺度を得るための試みであった．

　我々のモデルにおいて，**本人はどちらの選択肢が自分にとってより良いのかを知らなくてよい**．我々の実験では回答者に，刑務所への財政支出について質問した．多分これは多くの人々に確信が持てない状態をもたらす争点であろう．

　モデルでは，**語り手と本人の共通知識が限られたものであることを仮定し**

（6）　同じことが，我々の得た反応が，我々が聞きたいと回答者が考えたことであるという主張についても言える．しかしながら明記しておくべきことは，実験の目的を知る術のない回答者は，我々が聞きたいことを知るということもありえなかったということである．

ている．実験において語り手は「支持する」「反対する」という2つのうちの1つを表明した．これらの声明は我々のモデルにおける「より良い」「より悪い」と同等である．

モデルでは出来事の順序として一連の過程を設定している．第1に他のプレイヤーや彼もしくは彼女の行動の帰結に関するそれぞれのプレイヤーの信念は，ゲームの開始に先立って決められている．第2に，語り手は「より良い」か「より悪い」かのどちらかを表明する．第3に本人は2つの選択肢のうち1つを選ぶ．第4にゲームは終了する．実験における語り手と回答者の相互行為はモデルにおける相互行為と同等の構造を持っていた．

分析

表9.1は集計結果を示している[7]．これらの数値が示しているのは，刑務

表9.1 より多くの刑務所を建設するために資金を費やすことが良い考えであるということを報告する百分率（％）

カテゴリー	良い	N
全ての回答者	59.7	1,427
全ての回答者は		
いずれかの情報源から支持すると聞いた	59.8	639
いずれかの情報源から反対すると聞いた	59.3	666
推薦なし	61.4	122
ラッシュ・リンボーからどちらかの立場を聞いた	59.0	622
フィル・ダナヒューからどちらかの立場を聞いた	60.0	683
ラッシュ・リンボーから支持すると聞いた	60.7	300
ラッシュ・リンボーから反対すると聞いた	57.4	322
フィル・ダナヒューから支持すると聞いた	59.0	339
フィル・ダナヒューから反対すると聞いた	61.0	344
民主党派	56.1	635
共和党派	64.7	588
無党派	53.1	128
保守派	67.0	544
自由派	49.0	353

（7） Lupia（2002）はこれらのデータに関してより包括的な分析を行っている．ここで我々が示す結果は，彼の発見に対応したものである．

所へのさらなる財政支出が「良い」と回答した実験参加者のパーセンテージである．ここから明らかとなるのは，回答者の党派性やイデオロギーが彼らの主張に対して何らかの効果を持っているものの，それらは決して決定的なものではなかったということである．表9.1はまた，語り手の声明が回答者の主張にほとんど効果を持たなかったということを示している．たとえば，「リンボーが支持している」と聞いた回答者は，「リンボーが反対している」と聞いた標本よりもほんの少しだけ（3.3%ポイント），その争点に賛成する人が多いだけである．しかしさらに悪いことに，「ダナヒューが支持している」と聞いた回答者は，「ダナヒューが反対している」と聞いた回答者よりもこの争点について，実際にはより少なく賛成している．しかしながらデータを仔細に検討すると，回答者は我々が与えた支持情報を無視するのではなく，整然と予測できるやり方で用いていたのである．

単純な仮説検定

表9.2は語り手の声明がいかにして回答者の意見に影響を与えたかを示している．我々は認知された語り手の信頼性を「**賛成**（*Agrees*）」という尺度とする．「賛成」変数の源は問2に対する回答である．また認知された語り手の知識についての尺度を「**知識**（*knows*）」と呼ぶ．「知識」変数の源は問3に対する回答である．単純化のために，我々は双方の変数の回答カテゴリーを1つにした．我々は「賛成」のコラムの上から2つのカテゴリーを1つにまとめた．なぜならば，リンボーかダナヒューについて「いつも賛成している」と答えたのは10名以下の回答者だけだったからである．我々は「知識」反応も2つのカテゴリーにまとめた[8]．

定理3.1, 3.2, 3.3が意味するところは，「賛成」もしくは「知識」における増加が，問1（良い考えか悪い考えか）に対する回答が語り手の支持情報（支持するか，反対するかのそれぞれ）に一致する確率を増加させるということである．表9.2において「賛成－反対」と名づけられた列は，このような一致がどの程度頻繁に起こったかを示している．もしすべての回答者が語り手

---

(8) 我々の仮説に対する検定力から見て，認知された語り手の知識および認知された語り手の誘因についての我々の測定はまったくラフなもので，仮説の棄却には不利な条件だったことに注目されたい．

の声明と一致していたら，そのとき「賛成－反対」は100になる．もしまったく一致しなかったら，そのとき「賛成－反対」は－100になる．さらに同数の回答者が語り手に対して賛成と反対を示したら，そのとき「賛成－反対」は0になる．

表9.2は，回答者が語り手を知識があり信頼できると認知したときに，意見の一致がより頻繁にあったことを示している．たとえば，ラッシュ・リンボーに「いつも」賛成していると答え，かつ「ラッシュ・リンボーが支持している」と聞いた回答者は，ラッシュ・リンボーに「いつも」賛成していると答えかつ「ラッシュ・リンボーが反対している」と聞いた回答者よりも，刑務所に支出することに22ポイント以上多く支持をしている．また，「ときどき」リンボーに賛成する回答者については，「賛成－反対」が6，一方，リンボーに「決して賛成しない」回答者についての「賛成－反対」は－22であった．フィル・ダナヒューの声明の効果は方向，規模ともに同じようなものだ

表9.2 より多くの刑務所を建設するために資金を費やすことが「良い」考えであるということを報告する百分率（％）
（認知された語り手の知識または信頼によって分類した場合）

いずれかの情報源が言った	支持する 良い	反対する 良い	支持する －反対する	N 支持する	N 反対する
全てまたはほとんどに賛成する	76	51	25	84	75
いくらかに賛成する	62	59	3	341	366
決して賛成しない	41	65	－24	98	110
多くまたはいくらかを知っている	70	56	14	327	317
ほとんどまたは全く知らない	44	64	－20	217	249
リンボーが言った	支持する 良い	反対する 良い	支持する－反対する	N 支持する	N 反対する
全てまたはほとんどに賛成する	76	54	22	51	54
いくらかに賛成する	66	60	6	150	156
決して賛成しない	33	55	－22	60	63
多くまたはいくらかを知っている	75	60	15	156	156
ほとんどまたは全く知らない	39	55	－16	107	116
ダナヒューが言った	支持する 良い	反対する 良い	支持する－反対する	N 支持する	N 反対する
全てまたはほとんどに賛成する	76	43	33	33	21
いくらかに賛成する	59	59	0	191	210
決して賛成しない	53	77	－24	38	47
多くまたはいくらかを知っている	66	52	14	171	161
ほとんどまたは全く知らない	49	71	－22	110	131

った．

「支持－反対」変数が負の値をとったという事実が意味しているのは，信頼性や知識について疑わしい語り手からの提案を人々は必ずしも無視していなかったということである．これらの負の値はゲーム理論における信号モデルの主張に対する明確な反例である（Crawford and Sobel 1982, Gilligan and Krehbiel 1987, 1989）．これらのモデルの主張は，語り手と本人の間に共通の利益がないことは必然的に，情報量の乏しい「チープ・トーク（cheap talk）」を導くというものである．もし対立する利益を持つ人々の間のすべての会話が実際に「チープ」なら，そのとき我々は決して負の「賛成－反対」を見ることはないはずだ．しかし我々は実際にそれを見ている．

つまり，我々が第3章で説明したように，語り手と彼の聴衆がお互いに対立する利益を持っていると信じている回答者は，語り手の助言に耳を傾け，その反対をなすべきなのである[9]．表9.2ではこのような信念の表明が「支持－反対」の負の値となっている．したがって，信用しないか無知とみなしている語り手の声明に対する回答者の反応（「支持－反対」における負の値）が示しているのは，我々が予測したようなやり方で彼らがこれらの声明を用いていたということである．

表9.3において我々は，回答者の意見に対する語り手の声明の効果が，「賛成」と「知識」の特定の組み合わせによってどのように変化するかを示している．この表はさらに我々の理論の予測力を強化している．すなわち，「賛

表9.3　より多くの刑務所を建設するために資金を費やすことが「良い」見解であるということを報告する百分率（％）（認知された語り手の知識と信頼によって分類した場合）

賛成	知っている	支持する 良い	反対する 良い	支持する－反対する	N 支持する	N 反対する
全てまたは殆ど	多くまたはいくらか	80	49	31	80	70
全てまたは殆ど	殆どまたは全くない	0	80	−80	4	5
いくらか	多くまたはいくらか	69	57	12	212	220
いくらか	殆どまたは全くない	51	62	−11	126	138
決してない	多くまたは決してない	56	69	−13	25	16
決してない	殆どまたは全くない	36	64	−28	73	89

（9）第3章における複数の本人についてのセクションを見よ．

成」のすべての水準において,「知識」が増加するにつれて「支持－反対」も増加している．表9.3が示しているのは,認知された語り手の知識と信頼性が回答者の意見に対して持つ効果が,お互いの意見の単なる反映以上のものであったということである．それぞれは補完的効果を持ちながらも別の効果を持っていたのである．

　表9.2と9.3における「支持－反対」の変動は,第3章の諸命題が予測したことそのものである．「賛成」か「知識」が増えるにつれて「支持－反対」が増加するのである．その上,これらの効果の規模は帰無仮説を棄却できるほど大きい．すなわち,表9.2におけるそれぞれの結果を二項分布からの推計学的に独立な確率変数とすると,それらのすべての組み合わせについて,二項分布の平均が等しいという帰無仮説を検定することができる．「賛成」もしくは「知識」のカテゴリーが低いほうから高いほうに変わるにつれて,90％もしくは95％の信頼性区間を用いると,語り手が「支持する」もしくは「反対する」と言ったかどうかということと,「良い考え」だと回答する者の関係には影響がないという帰無仮説を我々は棄却することができる．

　その上,ラッシュ・リンボーとフィル・ダナヒューの持っている実際の知識,利益,誘因,人柄,もしくは評判などは実験の間,変化していない．これらは外生定数なのであった．結果として,データにおける変動は説得についての旧来の説明が妥当でないことを示している．

他の説明との比較

　もちろん,データが示したパターンについて他の説明がある．我々の理論による説明が単に他のよく知られた説得についての説明の単なる言い換えに過ぎないという可能性もあるかもしれない．これらの説明に対して我々の理論を評価するために,「賛成」と「知識」の予測力と他の一般的な説明の予測力とを比較する方法を示しておこう．

　第1に,我々は「賛成」と「知識」,さらに,よくある感情温度計によって測定された好意と回答者の態度の関係について,回答者の意見を比較する．次に我々は感情尺度の代わりに伝統的なイデオロギー尺度を用いて同様の比較を行う．その結果,語り手の認知された知識や信頼性は回答者の態度について,他の説明よりもより良い説明を与えることを我々は発見している．

感情の役割（感情温度計によって測定されたもの）． 説得についての１つの代替的な説明，語り手と本人の間の好意的な関係は，心理学にそのルーツがある．政治的説得の研究成果においてよく知られている感情の役割は好意性ヒューリスティック（likability heuristic）である（たとえば Petty and Cacioppo 1986）．「人々は自分が好きな人々に賛成する」もしくは「私の好きな人々は通常，正しい意見を持っている」といった信念が，この好意性ヒューリスティックを表している．オキーフは社会心理学の文献をレビューしてこう述べている（O'Keefe 1990, 107）．「このヒューリスティックが頼られるところでは，好まれた情報の送り手が嫌われた送り手よりもより説得的とされる」．

感情温度は「好意（"liking"）」についての伝統的な尺度である．もし感情温度が好意を測定する良い尺度であるなら，そしてもし好意性ヒューリスティックが説得をうまく予測するのであれば，語り手の感情温度得点が上昇すれば，彼の政策位置に賛成する回答者のパーセンテージが増加するはずである．表9.4と9.5において我々はこの仮説を検討している．一方で同時に，「賛成」と（もしくは）「知識」が増加するにつれて，語り手の政策位置に賛成する回答者の割合が増加するという仮説を同時に再検討した．

表9.4は語り手が刑務所への支出を「支持している」と聞いた標本（sub-sample）感情温度得点，「賛成」，「知識」，そして告げられた回答者における刑務所への支出に対する回答者の支持との関係を示している．我々は感情温度の質問に対する回答に基づいて資料を横に並べた．また我々は同じ資料を「賛成」もしくは「知識」に基づいて縦に並べた．

好意性ヒューリスティックが予測しているのは，表9.4におけるすべての行を左から右に**移動するにつれて**，刑務所建設に対する支持が**増加**することである．我々の理論が予測するのは，感情温度の値に関係なく，「賛成」において「全て，もしくはほとんど賛成」から「決して賛成しない」に，そして「知識」において「多くを，もしくは何らかの」から「ほんの少し知っている，もしくはまったく知らない」に移動するほどに，刑務所建設に対する支持が減少するはずだということである．

好意性ヒューリスティックの予測は，それぞれのカテゴリーに少なくとも10名の回答者が存在する全ての場合において誤りである．対照的に我々の予測はこれら全ての場合において正しい．表9.4は，人々が自分たち自身が嫌っている人によって説得される可能性があるという我々の予測を確証してい

表9.4 「ラッシュ・リンボーが支持している」または「フィル・ダナヒューが支持している」と聞いた回答者，述べられた争点が良い考えであると報告した百分率(%) 知っている，賛成する，そして感情温度得点によって分類された場合

ダナヒューが支持している	温度計			温度計についての予測
	<50	50	50>	
全てまたは殆どに賛成している	100a	67a	74	—
いくらかに賛成している	55	65	56	No
決して賛成しない	52	75a	0a	—
賛成についての予測	Yes	—	Yes	
多くまたはいくらかを知っている	61	71	65	No
殆どまたは全く知っていない。	48	57	37	No
知っていることについての予測	Yes	Yes	Yes	

リンボーが支持している	温度計			温度計についての予測
	<50	50	50>	
全てまたは殆どに賛成している	100a	100a	73	—
いくらかに賛成している	61	76	65	No
決して賛成しない	29	62a	33a	—
賛成についての予測	Yes	—	Yes	
多くまたはいくらかを知っている	66	81	76	No
殆どまたは全く知っていない。	37	63	20a	No
知っていることについての予測	Yes	Yes	Yes	

a これらの数値は10名よりも少ない観測数に基づいており，予測の評価の中には含まれていない．

る．

　表9.5において，我々は語り手が刑務所への支出に「反対している」と聞いた標本に対して同じ比較を行っている．好意性ヒューリスティックの予測は，表9.5のどの行においても**左から右に移動するにつれて**，刑務所建設に対する支持が**減少する**というものである．我々の理論が予測するのは，感情温度の値にかかわらず，「**賛成**」が「全てもしくはほとんど賛成」から「まったく不賛成」に，あるいは「**知識**」が「多くもしくはある程度」から「少しもしくはまったく知らない」に移行するにつれて，刑務所建設への支持が**増加する**ということである．

　ここでも好意性ヒューリスティックの予測は，最低10名以上の回答者がいる9件のうち，わずか4件において正しいだけである．我々の予測は10件中7件において正しい．こうした分析結果から，認知された語り手の知識と誘因についての我々の測定は，回答者の態度における変動について，感情温度

表9.5 「ラッシュ・リンボーが反対している」または「フィル・ダナヒューが反対している」と聞いた回答者．述べられた争点が良い考えであると報告した百分率(%), 知っている, 賛成する, そして感情温度得点によって分類された場合

	温度計			
ダナヒューが反対している	<50	50	50>	温度計についての予測
全てまたはほとんど賛成している	67*a*	100*a*	37	No
いくらかに賛成している	59	61	52	No
決して賛成しない	79	50*a*	67*a*	No
賛成についての予測	Yes	—	Yes	
多くまたはいくらかを知っている	60	56	42	Yes
ほとんどまたは全く知っていない。	72	70	68	Yes
知っていることについての予測	Yes	Yes	Yes	
	温度計			
リンボーが反対している	<50	50	50>	温度計についての予測
全てまたはほとんど賛成している	67*a*	37	55	—
いくらかに賛成している	55	68	67	No
決して賛成しない	59	41	100*a*	Yes
賛成についての予測	Yes	—	Yes	
多くまたはいくらかを知っている	60	64	58	No
ほとんどまたは全く知っていない。	55	52	75*a*	Yes
知っていることについての予測	No	No	—	

a これらの数値は10名よりも少ない観測数に基づいており，予測の評価の中には含まれていない．

計よりもはるかに良い予測因子である．

　しかしながら我々はこれらの結果から，好意性ヒューリスティックが誤っているという結論を引き出しはしない．事実，我々は人々がどのようにして信ずべき相手を選ぶかについて，好意性ヒューリスティクスが提示する基本的洞察——人々は誰の助言に従うかを選択するに当たって，一貫性を持っており，選別的である——を補完するものとみなしている．実際，我々の理論が説明しているのは，説得性が語り手の知識や語り手の誘因に影響を与える外部からの力に対する認知と同様，語り手に対する本人の「感情」(言い換えれば，自分自身の利益と語り手の利益の共通性に関する本人の信念) によって決定されるということである．したがってこれら2つの説明は異なったものではあるけれど，矛盾してはいない．

　「感情」変数が我々の回答者の主張における変動をうまく説明できていないことに対する我々の説明は，感情温度計は語り手の何が本人を助言に従った

り無視したりするように導くのかを測定する尺度としては**妥当でない**ということである．感情温度計は，回答者の感情が他者に対する態度に影響する仕方を左右するが，語り手の認知された知識や利益といった要因を考慮することはできない．結果として感情温度計は説得を理解する試みにおいて用いられるべきではないと言える．

イデオロギーの役割． 説得についてのもう１つの説明，すなわち人々はイデオロギーを共有する語り手をより信じるという主張は，投票行動や世論についての研究にその源がある．その洞察は好意性ヒューリスティックのそれと同一であり，「人々は同じイデオロギー的信念を持つ人々に賛成する」，あるいは「私のような人々は通常正しい考えを持っている」といった信念によって表現される．

我々はすべての回答者に彼らのイデオロギーについて標準的な質問をした．最初に我々がたずねたのは，彼らが保守かリベラルかということだった．それから彼らの信念の強さを検証するために追加の質問を行った．多くの研究者はこれら２つの質問に対する反応を７点のイデオロギー尺度を作り出すために用いるが，我々はリベラルと保守の違いに注目している．我々がこうするのは見た目を歪めるためではない．もし何か問題があれば，イデオロギーについての我々のプレゼンテーションはその効果を誇張することになる[10]．

もしイデオロギーについての我々の尺度が正確であれば，説得についてのイデオロギーに基づいた説明は次のような予測につながる．回答者は，イデオロギーを共有しない語り手よりも，共有している語り手の主張により賛成する．表9.6で我々はこの仮説を評価し，それと同時に「賛成」と（あるいは）「知識」が増加するにつれて語り手の位置に賛成する回答者の割合が増えるという仮説を再検討する．

表9.6の最上段はイデオロギー，「賛成」，「知識」，そして語り手が刑務所への支出を「支持している」と告げられた回答者に対してたずねた刑務所支出についての支持との関係を示している．表の最下段は語り手がこの支出に「反対している」と聞いた回答者について同じ関係を示している．我々はこの

---

(10) 特に，集団間（たとえば保守対リベラル）の効果は集団内効果（たとえば強い保守対弱い保守）よりも規模においてはるかに大きい．

表9.6 述べられた争点が良い考えであると報告した百分率（%）
知っている，賛成する，そして語り手のイデオロギーで分類した場合

語り手	支持する					
	ラッシュ・リンボー			フィル・ダナヒュー		
回答者	保守派	リベラル派	イデオロギーによる予測	保守派	リベラル派	イデオロギーによる予測
全てまたは殆どに賛成している	78	40*a*	—	82	67*a*	—
いくらかに賛成している	65	53	Yes	60	60	No
決して賛成しない	33*a*	34	—	57	25*a*	—
賛成についての予測	Yes	Yes		Yes	—	
多くまたはいくらかを知っている	74	59	Yes	66	59	Yes
殆どまたは全く知っていない。	46	32	Yes	55	57	No
知っていることについての予測	Yes	Yes		Yes	Yes	
語り手	反対する					
	ラッシュ・リンボー			フィル・ダナヒュー		
回答者	保守派	リベラル派	イデオロギーによる予測	保守派	リベラル派	イデオロギーによる予測
全てまたは殆どに賛成している	56	0*a*	—	50*a*	50*a*	—
いくらかに賛成している	69	53	No	64	53	No
決して賛成しない	60*a*	65	—	80	60*a*	—
賛成についての予測	Yes	Yes		Yes	Yes	
多くまたはいくらかを知っている	62	54	No	59	46	No
殆どまたは全く知っていない	72	56	No	78	69	No
知っていることについての予測	Yes	Yes		Yes	Yes	

a これらのセルにおける数値は10名よりも少ない観測数に基づいており，予測の評価の中には含まれていない．

　結果をイデオロギーに対する質問への回答に基づいて横に並べている．我々は同じ結果を「賛成」もしくは「知識」に基づいて縦に並べている．

　イデオロギーに基づいた予測は，ラッシュ・リンボーが支持していると聞いたとき保守はリベラルよりもより刑務所支出に賛成し，フィル・ダナヒューが賛成だと聞いたときには，支持をより公言しないはずであるというものである．我々の理論予測は，「賛成」が「常にもしくはたいてい」から「まったく不賛成」に，あるいは「知識」が「多くもしくはある程度」から「少しもしくはまったく知らない」に移行するにつれて，より多くの刑務所建設を支持する傾向が**減少する**というものである．これと反対の予測が，語り手が「反対している」という事例にあてはまる．

イデオロギーに基づいた予測は，それぞれのカテゴリーに少なくとも10名の回答があった12件の事例のうち，わずかに4件[iii]においてのみ正しい．対照的に，我々の理論予測は15件の事例全てにおいて正しい．表9.6は，人々は自分と異なるイデオロギー傾向を持つ他者によって説得されうるという我々の期待を確証している．

もちろん，この表は意見の形成という文脈においてイデオロギーが関連しないことを示すものではない．実際，他のすべての条件が一定であれば，保守的な回答者は刑務所建設をより支持する傾向があったことは，極めて明白である．しかしながら，この表は，「賛成」や「知識」がイデオロギー効果の単なる言い換えであるというような主張が，明らかに誤りであることを示している．保守的な回答者の集団およびリベラルな回答者の集団の中でさえ，認知された語り手の知識と信頼性は，人々がどのようにして信じる相手を選ぶのかについての主たる決定要因であった[11]．

---

(11) 我々は同様の分析を党派性の効果についても行った．党派性による説明は「賛成」や「知識」と比較したとき，イデオロギーと同様にどこでもうまくいかなかったので，我々はここではその分析を含めない．

第9章訳注

(i) ラッシュ・リンボーは，アメリカにおけるラジオのトーク・ショー番組「ラッシュ・リンボー・ショー（the Rush Limbaugh Show）」の人気ホストで，保守的かつ親共和党的な言動で知られる人物である．「ラッシュ・リンボー・ショー」のウェブ・サイトの URL は http://www.rushlimbaugh.com/home/today.guest.html である．

(ii) フィル・ダナヒューは CBS や MSNBC などで活躍したニュース・ショーのホストである．彼が番組で取り上げる話題は，性と生殖に関する女性の自己決定権（reproductive rights），消費者保護，市民権，反戦運動などリベラルな争点が多かった．ダナヒューについてのウェブ上の情報源として，http://www.museum.tv/archives/etv/D/htmlD/donauephil/donauephil.htm を参照

(iii) 原著（1999年の reprint 版）201ページではこれは "three" となっていたが，原著者に確認したところ "four" が正しいとの回答を得たので，それを反映させた．

結論

　要約すると我々は，認知された語り手の知識と信頼性についてラフな尺度である「賛成」と「知識」を用いた世論調査形式の実験において，どちらも回答者の態度と語り手の声明が一致する程度を一貫して説明するものであったことを発見した．これらの発見は，人々は信じる相手を選ぶ際に選別的であるという我々の主張を支持するものである．説得の理論における本人のように，回答者は知識があり信頼に値すると彼らがみなした語り手の助言に従い，これらの特徴を欠いた語り手の助言を無視するという傾向を示した．

第Ⅲ部

制度設計のための含意

第10章　知識の制度

　民主制とは民衆による統治である．あらゆる現代民主制において民衆は自分たちの利益に資する決定を行うために議会，執政府，委員会，裁判官，および陪審員を選出し指名する．これらの選出と指名が民衆の主権を統治における委任に法的な根拠を与える．

　制度はこれらの委任のあり方を規定する．憲法，法令，行政規則と手続，判決，規範，実践，慣習はこれらの委任を定義し，民主制における本人と代理人の誘因を形成する[1]．

　しかし，民主制における委任が成功するには，制度が民主制における代理人の誘因を規定するだけでは不十分である．むしろ，制度は代理人や語り手を信頼できるものにすることが必要であり，さらにこの効果が制度によって与えられているものと民主制における本人が認知することも必要である．それはすなわち，民主制の誘因効果が健全な（言い換えれば，代理人と語り手

---

[1] 制度が誘因に与える効果についての研究は，モンテスキュー（Montesquieu 1748），マディソン（Madison 1788），そしてスミス（Smith 1776）に始まる，長く名高い伝統を持っている．現代の研究者はさらに進んで，制度が政策の安定性，協調，そして囚人のディレンマといったさまざまな集合的ディレンマを解決することに貢献することを論じてきた（たとえば Miller 1992; North 1990; Ostrom 1990; Shepsle 1979; Shepsle and Weingast 1981; Weingast and Marshall 1988 を見よ）．別の研究者たちは制度が特定のマネージメント問題を緩和すると議論してきた（たとえば Alchian and Demsetz 1972; Baron 1992; Demski and Sappington 1989; Myerson 1989; Tirole 1988 を見よ）．

に信頼の基盤を与える）ものでなければならないし，このような効果を制度が有すると広く信じられていなければならない．これによって民主制は説得，啓蒙，および理性的選択のための条件を築くことができるのである．結果として政治制度は民主制のディレンマの解決を図ることができる．

この章において我々は現代民主制の中心的な制度について検証し，それらがもたらす誘因を調査する．我々の目的は選挙制度，議会制度，官僚制度，司法制度もまた知識の制度たりうることを示すことにある．そのために本章は，民主制度の誘因効果がいつ，どのように，啓蒙や理性的選択を促進するのかを検証していく．

選挙制度

民主制における委任の失敗として最も頻繁に言及されるのは，民衆が選んだ代表への委任である．このことが多くの人々に，理性的選択が民主制における大多数の市民の能力を超えていると感じさせている．投票者が政治や政府の詳細について無知であることに議論の余地はないが，この事実だけでは民衆が理性的選択を行えないということを意味しない．むしろ我々は，投票者が持っていない知識を補うものがあることを認識する必要がある．

この節において我々は「投票者の知識を補う代替物が選挙制度によって与えられるか」という疑問を提起する．つまり，投票者にとって利用可能な代替物を提供する制度を明らかにする．具体的には，政治的語り手の利益を明確にする制度，政治的語り手による観察可能で高コストな労力を引き出す制度，そして検証の脅威を作り出す制度について説明する．

利益の明確化

投票者は直面する多くの問題において，自分たちの決定を導く助けとなる単純な手がかりを持っている．選挙運動の間，多くの語り手——政党，候補者，利益集団，メディア組織，友人，家族にいたるまで——が，投票者にどのように票を投じるべきかについて助言する．しかしながら，利用可能なすべての手がかりに留意する人はいない．投票者は異なる手がかりを異なったやり方で処理することを**選択しなければならない**．結果として，彼らはある手がかりに従い，それ以外は拒むか無視する．

こうした選択を投票者が行うやり方は価値観の変化や政党という手がかり（party cue）の利用にはつきものである．政党帰属意識はよく知られ，広く用いられている投票者のための手がかりである（たとえば Downs 1957 = 1980; Campbell et al. 1960; Nie, Verba, and Petrocik 1976; Fiorina 1981; Enelow and Hinich 1984; Popkin 1991; Sniderman, Brody, and Tetlock 1991 を見よ）．しかしながらそれはすべての投票者にとって，またあらゆる状況において等しく価値のある手がかりではない．政党帰属意識が便利な手がかりであるのは，それが知識と信頼についての情報を伝える場合だけである．もし投票者が党派的なアピールに影響されるのであれば，彼らは自分と同じ政党帰属意識を持つ語り手が知識を持っていると認知しなければならない．また彼らはこのような語り手を信頼するための根拠を持たねばならない．信頼のためのこの基礎は，支持する政党に属する語り手と共通の利益を持っているという認知や，これらの語り手の信頼性を担保する何らかの外的な力によってもたらされる．

そのことはとりもなおさず，投票者の認知に影響するような選挙制度が，政党という手がかりの価値や，投票者が政党という手がかりを自分が持っていない詳細な情報の代わりに使う傾向に対しても，影響するということである．一例として，単純小選挙区制のような選挙制度は，候補者の行動を予測可能なものとすることによって投票者の認知に影響を与える．単純小選挙区制は議席配分において大政党を利するものである（Rae 1971; Lijphart 1994）．結果としてこうしたシステムは，2大政党だけが支持されるようになり（Cox 1997; Duverger 1954），それゆえに候補者も自分の政策を2大政党の政策と調整するようになる．そうすることによって候補者は，投票者に彼らの政策位置についての手がかりを与え，信頼できる政党ブランド名を築く．ひいては候補者の利益を明らかにすることで投票者の認知に影響する[2]．

拘束名簿式比例代表制は同様の誘因を政治家に対して提供する．こうしたシステムにおいて，投票者は政党に1票を投じ，個々の候補者には投じない．多くの国では，付加的に得票数の総計が一定の法的基準（たとえば5％）を

---

(2) 利益を明らかにすることは多分ここでは最も重要な効果であるが，しかしもし，候補者が彼らの政党の幹部や同僚によって監視されていることを理解すれば，候補者の声明は検証や嘘に対する罰にも左右されることをも理解していることになる．これもまた，投票者と候補者間の信頼の基礎となる．

超えた政党だけが議席を獲得できるようになっている．こうした制度を認識すると，政党は政策位置と得票数の関係から，自らの政党ブランド名を効果的なものにするように行動する（Cox 1997）．驚くべきことではないが，拘束名簿式比例代表制においては政党のみが広く用いられる投票のための手がかりである．

政党にとってあてはまることはしばしば同様に利益集団，特に「頂上組織」と言われる全国的な利益集団にも該当する．もしこれらの集団が有力でありたいと望むなら，メンバーにとって重要な争点において一貫した信頼できる政策位置をとるようになる．これらの集団も信頼できるブランド名を作り出すことによって，誰が知識を持っていて信頼に値するかを投票者に手がかりとして示すようになる（Lupia 1994; Page and Shapiro 1992 を見よ）．

もちろん政党や利益集団を単に形成するだけでは説得力は保証されない．人々が注意を払ったり，判断のための手がかりを用いるのは，それらが大きな失敗を回避することになると彼らが信じている場合だけである．目立たない集団や，制度によって信頼という認知を得られないような集団は無視されるだろう．その上，もし選挙制度が既存の政党や集団に一貫性のない政策的立場をとらせる場合，これらの集団が提供する手がかりの価値は低い．これらの環境の下で候補者は，自分たちの政策によって投票者を説得することが徐々に困難になっていると気づくだろう．

つまり，**政党，イデオロギー，ジェンダー，あるいは人種などあらゆる手がかりが効果的であるということは，規則的で認知によって導かれ，制度に影響される推論（*reason*）が存在する**ということである．これらの手がかりが効果的であるのは，それらを候補者もしくは語り手の知識や信頼の良い指標であると投票者がみなす場合だけである[3]．したがって，なぜ人々が投票するのかを理解するために，我々は投票のための利用可能な手がかりがどのように選択されるのか，そしていかにして制度がこれらの選択に影響を与えるのかを理解しなければならない[4]．

（3） もしこれが真でなかったら，手がかりの効率性は争点によっても投票者によっても変化しないだろう．しかし，誰もが2つのことを知っている．それは異なる決定をするためには異なる手がかりを用いることと，使うべき手がかりを選択する自由を持っているということである．

検証

　選挙における競争（候補者間の，報道機関間の，利益集団間の，そして政策過程に影響を与えることに熱心な市民間の）は，検証のための環境を構築することで啓蒙の条件を整えることができる．選挙制度はさまざまな方法で競争を促進する[5]．たとえば政見放送の時間を均等にしたり，候補者や政党の宣伝量を制約したりする（たとえば Dalton 1989: 249 を見よ）．選挙制度が候補者，集団，政党に対する参入障壁を構築する程度においても重要な違いがある．たとえば多くの国において立候補のためには，名目的な登録費用やごくわずかの数の署名を集めることだけが求められる．他の政府はさらに選挙費用を弁済しさえする[6]．

　このような競争は出版の自由の確立によって強化される．出版の自由は運動における声明が検証される可能性を増やす．競争は複数の潜在的検証者を生み出すことができるが，出版の自由はこうした検証者に政治的声明を公的に検証する機会をもたらす．これはアイディア競争の機会を生み出し，さらに検証の可能性を高める．競争を促進することによって，これらの制度的特徴は検証の脅威を増加させることができ，それゆえに投票者が理性的選択を行う可能性を高めることができる．

高コストな労力

　投票者に選挙運動を通じてメッセージを伝えるコストの多くは観察可能であり，推測可能である．たとえば選挙運動費用公開法は，選挙運動委員会やロビイストによって提供された資金の額を公開することを求めている[7]．

（4）　たとえば，我々はなぜ投票者が選挙におけるメディアのような手がかりを用い，別の選挙では利益集団による手がかりを用いるのかについて決める必要がある．

（5）　Denzau, Riker, and Shepsle（1985）は，大統領は選挙を考慮するがゆえに，議会に提案を行う際には，自分の選好を偽りなく表明する，と論じている．

（6）　たとえばドイツでは，「政党は獲得投票数に応じて運動費用に対する補助金を受け取る」（Dalton 1989: 280）．一般的な議論のために Katz and Mair（1995）を見よ．

これは候補者や住民発議をどんな集団や個人が支持し，政策変更が彼らにとってどれほどの価値を持つものであるのかを投票者が知ることを可能にする．したがって，もし人々が現状に満足しており，わずかな政策変化しか望まないのなら，選挙のために数百万ドルを使っている住民発議の提案者がいたとしても，それ以上の情報がなければ，住民発議が極めて大きな政策変更を伴うのなら，有権者は提案に逆らって投票するであろうと推論することができる[8]．

候補者のコストも同じ効果を持っている．たとえば予備選挙では政党が手がかりとして機能しないので，投票者は候補者間の違いを判断するために，それぞれの候補者がどの程度お金を使うかを観察することができる．この場合もし挑戦者が現職議員に対して極めて高額の選挙費用を集め，他の情報が何もなければ，挑戦者と現職議員の間に実質的，個人的および政策的違いがあると多くの知識ある資金提供者が信じている，と投票者は推論できる[9]．同様に考えれば，もし知識のある人が特定の結果を得るために何らかの価値をあきらめたことを投票者が観察すれば，投票者はこの観察によって，どのように投票するかについての推論を行うことができる．

しかしながら投票者が候補者間の潜在的相違を測定するために，候補者の高コストな労力を用いるためには，そのコストが助成されたり制限されたりしてはならない．もし国家がすべての運動費用を払えば，候補者の努力コストに基づいて候補者を区別することは難しくなるかもしれない．その上もし厳格な費用制限があれば，コストの水準は候補者や争点の間の違いを反映し

---

(7) 選挙費用公開の例は，1974年の連邦選挙運動法や1974年のカリフォルニア政治改革法を含んでいる．バックレイ対ヴァレオ判決（訳注：Buckley v. Valeo decision. 1976年アメリカ最高裁における選挙運動資金についての決定）は支出制限と資金源の制約に関わるものを含むカリフォルニア政治改革法の多くの条項を無効にしたが，大規模な公開規則は手つかずのまま放置された．

(8) 選挙費用公開法の潜在的問題は，あいまいな偽名や頭字語を用いることによって自分のアイデンティティを隠そうとする資金提供者を識別することが難しいことである．

(9) 現職議員は多くの無料の資源にアクセスを持っているので，現職議員の高コストな労力を測定することはさらに難しい（Jacobson 1990を見よ）．

ないかも知れない．アメリカ大統領選挙は公的助成と費用制限があるので，高コストな労力は有権者にとって有用な手がかりになっていない．

立法制度

　立法過程で賛否について投票するにあたって，議員は無数の情報ソースを持っている．議員は同僚や，執政府における公職者，議会スタッフに情報を求める．また委員会では産業界や大学，社会集団から専門家を召喚することができる．議会でヒアリングされた陳述は嘘に対する罰（つまり偽証罪）に問われるものであり，議員は信頼できる助言者と信頼できない助言者を識別することができる．ここで我々は議員がどのように助言を取捨選択するのか検討する[10]．

共通利益

　議員は，信頼できる人々や集団を識別するために，相当の時間とエネルギーを使っている（Fenno 1973, 1978; Kingdon 1977）．たとえば新しい政党や連合が政権をとるとき，最も重要な仕事の1つは組閣である（Laver and Shepsle 1994 を見よ）．同様に，会期冒頭で議会の役職者を選出し委員会メンバーを指名するのは，最も重要な仕事である．議会は議事運営権を誰に付与するかということを非常に重視(Fenno 1973; Krehbiel 1991; Polsby 1968; Polsby, Gallaher, and Rundquist 1969; Rohde and Shepsle 1973; Shepsle 1978; Smith and Deering 1990）し，多数党の利益と委員会やリーダーの利益を調整することに意を用いている（Cox and McCubbins 1993; Kiewiet and McCubbins 1991）．

　議員は専門知識を持たないが友好的な同僚や所属政党の幹部に助言を求める．たとえば議員は，同僚議員を区別し，誰に従うべきかを判断する（Kingdon 1973; Jakson 1974; Matthews and Stimson 1970, 1975; McConachie 1898）．

　もちろん委員会所属の利益と，多数党に属するその他のメンバーの利益と

---

(10) 立法ルールと立法行動と決定におけるその効果についての一般的な議論として，たとえば Cox and McCubbins（1993），Huber（1992），Kiewiet and McCubbins（1991），Krehbiel（1991），Rohde（1991），Shepsle and Weingast（1987），Stewart（1989），Tsebelis（1990），Weingast（1979），そして Weingast and Marshall（1988）を見よ．

は異なる（たとえば農務委員会のメンバーはしばしば農業や地方の利益に対してより共感的と見られている．Cox and McCubbins 1993 を見よ）．外部の力がなければ，我々はこれらの委員会の意見が説得的であるとは予測しない（Krehbiel 1991）．同様に党幹部の意見が一般議員にとって説得的でないこともある（日本の自由民主党内部で銀行規制や税の問題において起こったように．Rosenbluth 1989 を見よ）．利益が対立する場合，説得と信頼には外部の力が必要である．次項において我々はそのような外部の力の例を説明しよう．

嘘に対する罰

議員は信頼が欠如している環境において信頼のための基礎を作り上げるために，嘘に対する罰を用いる．たとえば，アメリカ議会における多くの行動規範は信頼を損なうことに対する罰に基づいている（Fenno 1973）．信頼を壊すことへの罰は議会や議員によってではなく，しばしば党の指導者によって強化される（Cox and McCubbins 1994; Schickler and Rich 1997）．アメリカと異なり，政党が候補者に対する統制力を持つ議院内閣制諸国において，嘘に対する罰は議員資格の剥奪や政党からの除名などを含めた，極めて深刻なものになりうる．制裁の脅威はロビイストを統制するものとみなされている（Evans 1991a, 1991b; Hall and Wayman 1990; Herzberg and Unruh 1970; Wright 1990）[11]．

もちろん嘘に対する罰やその実施の見込みが低ければ，罰は嘘をつくことを思いとどまらせないだろう．その場合，罰は信頼を生むには不十分かもしれない．たとえば科学者の主張，専門家の証言，議会の休憩時間の際になされるコメントは嘘に対する罰からあまり大きな影響を受けない．これはなぜ議員がしばしばこの種の証言を無視する理由の1つかもしれない．

検証

政治哲学者や制度設計者は一様に情報提供者間の競争によるメリットを認識していた（たとえばマキャベリ，モンテスキュー，『ザ・フェデラリスト（*The Federalist*）』におけるマディソン）[12]．憲法によって規定される政府の

---

(11) そこにはもちろん議会の公聴会で証言する際の偽証に対する法的制裁がある．

構造は，議員にとって利用可能な競合的情報ソースの数と質を決定する．たとえば検証は野党，メディア，利益集団に対して開かれている議会では，閉鎖的な議会よりも検証が行われやすい．結果的に，いくつかの国は別の国よりもより競争的なので，立法の推進者と反対者によってなされる声明が検証される見込みが相対的に高い．立法の構造と過程の設計は情報提供者間の競争を作り出す鍵である．我々が他稿で議論したように，立法手続きがその1例である（Lupia and McCubbins 1994c）．たとえば，米国下院議会における立法過程をとりあげよう．法案は政策として実行される前に，上院や大統領といった多くの障害を越えていかねばならない[13]．これらのステップは図10.1に描かれている．

図10.1は立法過程についての2つの重要な事実を示している．第1に法案が成立する過程において，議事運営が委員会と党幹部の双方によって共有されており，二重の議事運営システムが作りあげられている[14]．また立法過程においては，一般議員が多数党の幹部の行動をチェックできる多くのポイントが存在する．これらの中で特筆すべきは委員会による議事運営である．こうした多くの段階を経て，多数党指導部と一般議員が競合するような抑制と均衡の仕組みが確立されている．よって立法過程は議会のリーダーと委員会によってなされる声明をより検証しやすくするものとなっている．図10.1は立法過程において，委員会や小委員会が多数党の一般議員に対して応答的であるのとは対照的に，議長職や議事運営委員会が多数党幹部によって運営されていることを示している[i]（Cox and McCubbins 1993; Kiewiet and McCubbins 1991）．

また図10.1は立法過程において利害が競合する第2の道も示している．図が示すように，法案は上程され，委員会，小委員会に付託されなければならない．ここから重要法案が本会議に付託されるには議院規則委員会を通過する必要がある．新規立法が政策として実行されるには，予算過程，予算調整

---

(12) Cameron and Jung（1992）および Milgrom and Roberts（1986）も見よ．
(13) Tsebelis（1995）は議院内閣制における同様の手続きについて説明している．
(14) 議事運営の二重システムについての認識は，Weingast and Marshall（1988）の議会研究における産業組織理論と Cox and McCubbins（1993）の政党政府理論を結びつける．

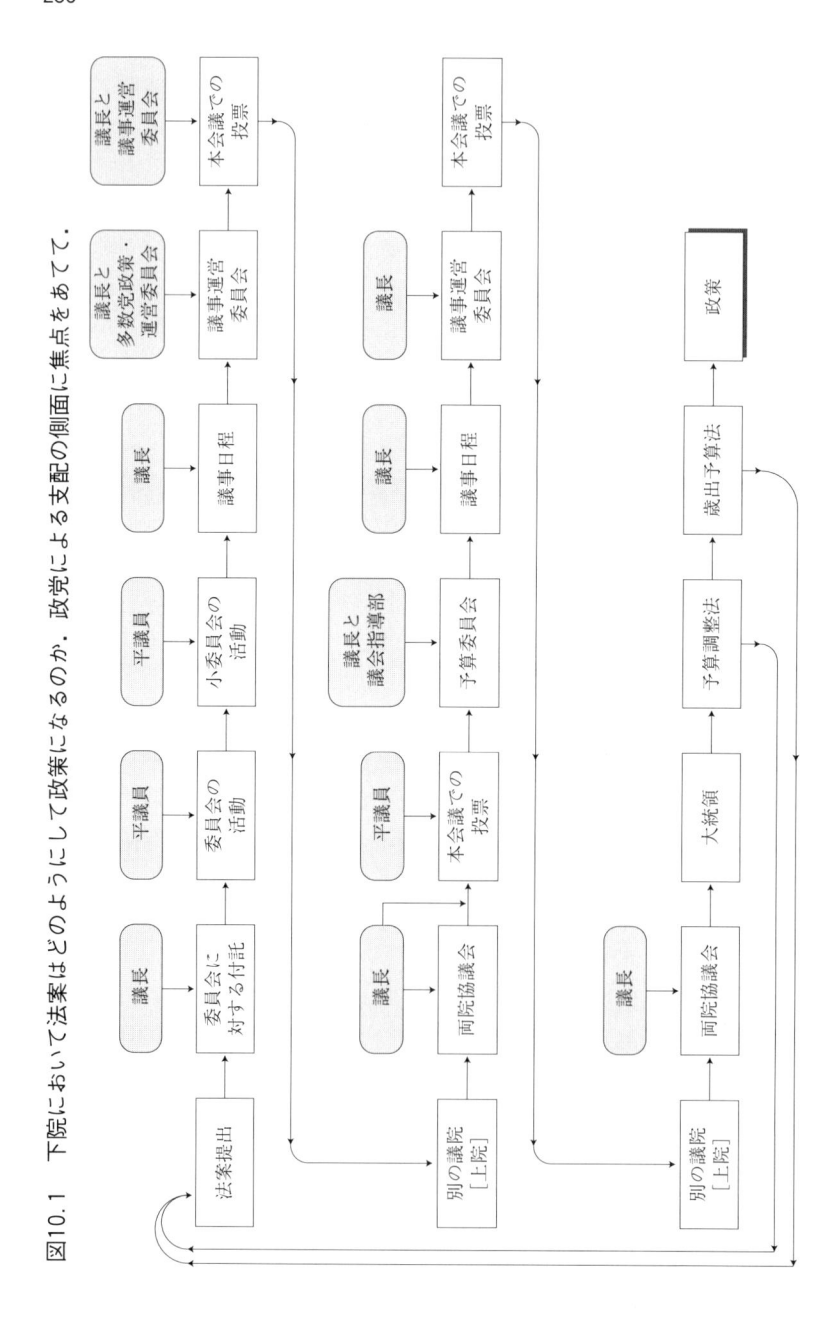

図10.1 下院において法案はどのようにして政策になるのか。政党による支配の側面に焦点をあてて。

過程，そして歳出予算決定過程で審議される．この過程を通じて実質的な政策決定の委員会（たとえば先に述べた農務委員会）は，歳出委員会，議院規則委員会，予算委員会（これらはこの目的のために設計され任命された「統制」委員会である．Cox and McCubbins 1993 を見よ）によってチェックされる．こうした過程を通じて，議員は重要な立法について専門知識を補い，立法過程においてなされる声明や主張を検証することができるようになる．議員の利益が対立する程度によって，あるいは他の制度的特徴がこれらのアクターに対する信頼を醸成する程度によって，図10.1に描かれている抑制と均衡の仕組みが，検証のための環境を生み出す．

抑制と均衡についての同様の仕組みは日本の戦後の大半の時期に，一般議員と有力議員の間に存在した．自由民主党は独自の委員会システムである政務調査会を立ち上げた（Ramseyer and Rosenbluth 1993 を見よ）．これらの委員会は政府の提出法案を国会上程前に審査し，一般議員に内閣や国会内の委員会についての情報を与える．審議会もまた利益集団の代表や官僚，学者を政策決定のテーブルにつける．それによってあらゆる集団が，それがなければ一般議員から隠されてしまうような情報に関知していた．つまり，これらの委員会や審議会のメンバーは，政策決定領域における他者の声明を検証するように行動することができたのである[15]．

イギリス議会における立法過程も同様だが，その抑制と均衡の仕組みはアメリカや日本ほど頑健なものではない．たとえばイギリス議会は政党内部に政務調査会や審議会と同等の機能を果たすものを持たない．議会の委員会でさえ恒常的な存在ではなく，多数党幹部の意向に従う．したがって，潜在的検証者の数という点では，アメリカの議員が最善で，イギリスの議員が最悪であるように思われる．

高コストな労力

立法の規則，手続き，慣行はしばしば議員の行動にコストを強いる．その結果，啓蒙や理性的選択のための条件が確立される．たとえば，法案を起草する，公聴会や調査会を開く，報告書を書く，交渉する，多数派工作をする

---

(15) 1993年以降，日本では連立政権の時代となり，連立与党が閣内で競争するようになり，検証の期待を増加させることになったかもしれない．

などはすべて多大な資源を必要とする（たとえば時間，労力，金銭など）．

多くの国において，新規予算を獲得することは，既存の事業計画に追加的な予算を得ることよりも労力が大きい（たとえば新規計画が予算措置を得るためには別の立法が必要となる．McCubbins and Noble 1995a, b を見よ）．アメリカでは予算の大幅な変更は，書面による説明か新規立法による計画変更を必要とする（Kiewiet and McCubbins 1991）．したがって，新規予算や，予算の実質的な変更はそれを推進する側に高コストな労力を課す．ゆえに，他の情報がなければ，議員は提案が政策における大きな変更を意味していることを推測できる．議員は，提案に費やされる労力を観察することで，提案されている変化の大きさについて何らかを推測することができる．提案を受け入れるか拒否するかについて理性的選択を行う上では，この推測だけで十分かもしれない．

官僚制度

議員はしばしば政策形成を官僚，大統領，そして閣僚に委任する．つまり，議員に欠けている専門知識を官僚たちが補ってくれるかもしれないということである．結果として議員は，もし自分自身で立案しようとすれば，官僚レベルの専門知識を獲得するために時間と資源を費やさなければならないが，官僚に頼ることで政策を立案することができるかもしれない．委任の欠点は，専門性と政策決定の権限の双方を持つ官僚によって，状況の悪化がもたらされる可能性があるということである（Niskanen 1971, Wildavsky 1974）．この場合，委任という行動は権限放棄に等しく，政治家の選出によって表明される民衆の意思は公共政策の立案を拘束することも動機づけることもない（Lowi 1979; Sundquist 1981）．議員のディレンマは政策に対する制御を放棄することなく，委任の潜在的便益をいかにして実現するかに関わっている（Calvert, Moran, and Weingast 1987; Calvert, McCubbins, and Weingast 1989; Harris 1964; Kiewiet and McCubbins 1991; McCubbins and Schwartz 1984; Wilmerding 1943）．本節において我々は，議員の官僚制に対する委任の成功を促す制度について説明する．

利益の明確化

議員は官僚機構における代理人を指名する．これは代理人の利益を（事後的に）相当程度左右する．他の条件が一定なら，議員は自分と利益を共有する代理人を指名する誘因を持つ（換言すれば，そうすることは我々が第5章で定義した誘因条件を満たすことになる）．こうした代理人を指名することによって，議員は事前に委任の成功にとって望ましい状況を設定する（McCubbins 1985; McCubbins, Noll, and Weingast 1987, 1989，また Cornell, Noll, and Weingast 1976; Ferejohn and Shipan 1990; Noll 1971a, 1987; Noll and Owen 1983; Spiller 1990; Spiller and Ferejohn 1992 も見よ）．

もちろん代理人の指名は簡単なことではない（Spence 1974）．これらの困難を回避し官僚の誘因に影響を及ぼすために，議員は官僚制における意思決定の構造と過程を利用することができる．そうすることで議員は行政機関と議会内多数派に共通利益を持たせ，説得，啓蒙，そして理性的選択のための諸条件に影響を及ぼすことができる．

これを理解するために，担当行政機関の誘因が3つの要素によって決定されると考えてみよう．第1は行政機関に所属する人々の利益である．第2は，行政機関による決定のルール（たとえば誰が決定権を持ち，どのように決定がなされるか）である．第3は行政機関が決定を行う際の政治環境である．構造と過程はこのうち後二者に影響を及ぼすために利用されうる[16]．

1969年の全米環境政策法(The U.S. National Environment Policy Act, NEPA)は，議員が代理人の利益を選挙区の利益に合致させるよう意思決定ルールを構築した事例である．1960年代，アメリカの環境保護団体は非常によく組織され，政治にもより積極的に関わるようになった．NEPAによって議会は，すべての行政機関に事業計画についての環境評価を提出することを求める新たな手続きを課すようになった．この変化は行政機関に事業計画の環境コストを査定することを強いるものだった．NEPAは環境関連アクターに行政機関の意思決定に参加する効果的な手段を与えることとし，さらにまた以前よりも早い時点での参加を可能にした．さらにこの法律は環境保護団体が連邦政府を相手どった訴訟を起こす力を強化した．こうした変更によってダムから原子力発電施設，高速道路に至る多くの連邦事業が中止されたり，延期や

---

[16] アメリカ以外の国における官僚制内の代理人選抜に関する構造と過程の効果との関連で，Spiller and Urbiztondo（1994）を見よ．

変更を余儀なくされた.

　一般的にいって，すべての行政機関決定において提案が支持されるためには，その有効性が検証されなければならない．こうした挙証責任の確立は議員がどのように官僚の誘因を構築するかを示す好例である．挙証責任は大きな不確実性があるとき，政府行政機関の決定に明示的な影響を及ぼす．そのような環境で何かを立証すること——問題を解決するために規制が必要か否か——は不可能でないまでも困難かもしれない．したがって，規制の推進派か反対派のどちらかに厳しい挙証責任を課すことは，両派のいずれかにとって望ましい政策結果を得ることができないようにしてしまう．

　たとえば，1938年の合衆国連邦食料・医薬品化粧品法が修正され，製薬会社は新薬を市場に出す前に，その薬が安全でかつ効能があることを証明しなければならなくなった．対照的に，1976年の有毒物質管理法（TSCA）によって議会は，環境保全局（Environmental Protection Agency, EPA）が新しい化学物質を規制する前に，それが人間の健康や環境に有害であることを証明するよう求めた．この結果，新たな化学物質が続々と市場に出ることとなった．挙証責任における違いの帰結は明白である．アメリカにおいてEPAは有毒物質管理法によって，市場に出まわっている50000もの化学物質をまったく規制することができない一方で，新薬がなかなか売り出されないという状況をもたらした．

　決定の変更は政策決定の結果と同様に行政機関の誘因を変える．1938年の民間航空法を例にとろう．この法律はもともと既存の航路に参入しようとする側に挙証責任をおくことによって，既存の航空会社にとって都合のいい環境を整えた．具体的には，参入希望者は彼らの参入によって現存する航空会社の経済的安寧を害さないことを証明しなければならなかった．この法律によって設置された民間航空評議会は既存の航空会社の利益擁護で有名だった．1970年代の終わりにケネディが法改正することによって，新規参入が社会的厚生に有害であることを証明するよう既存の航空会社に求めることによって，挙証責任を移動させた．挙証責任はもはや新規参入者にはなく，参入はより容易になった．その上，ケネディ改革によって新たに確立された挙証責任は，以前は連邦政府の規制の下で保護され，寡占状態の維持を望んでいた既存の航空会社の手を縛ることになった．

　究極的には，この種の手続き的な環境整備の要点は，政策を事前に選択す

ることではなく，むしろ立法における勝者と政策実施の権限を持つ者とを一致させることによって，政策における不確実性に対処することである．議会多数派の利益を共有させることによって，議会は行政機関が議会の利益に貢献するよう厳格に監督する必要はなく，行政機関を「自動操縦」することが可能になる（McCubbins, Noll, and Weingast 1987: 271）．また行政機関自身は同じ論理を内部構造化していく（Ferejohn 1987; Wood 1988）．同様に，選挙で別個に選ばれた執政長官を持つ政治システムにおいては，執政府もまた官僚機構に課される命令や規則に，直面する政治的な力や選挙の力を反映させようと試みるだろう（Eskridge and Ferejohn 1992; Macey 1992; Moe 1990）[17]．ここでも，行政機関の目的が議会内多数派と共通になるように構築されることになる．

議会は行政機関を設置する法律に見直し規定を置くことで，行政機関の議題制御という潜在的な害を制限することができる．たとえば，行政機関による給付の範囲や内容について裁量受給権の法制化について考えてみよう．もう1つの例はサンセット法(条項)(存廃の期限つき見直しを要する法や条項)の広範な利用に見出される．その場合，行政機関の法的権限は機関委任を更新する新法を議会が通さなければ失効する．

したがって構造と過程は，行政機関と議会が共通の利益を持つように利用することができる．これにより議員は行政機関職員を信頼することができる．なぜならば職員たちは行政機関の決定規則を決める構造と過程に制約されているからである．

また構造と過程は行政機関の意思決定環境に影響を及ぼすためにも利用さ

---

[17] 裁判所もまた，官僚機構を政治的にコントロールするに当たって重要な役割を果たす．行政手続はそれらが執行され，その執行が議会により裁判所に委任されうる場合にのみ，行政機関の政策議題に影響を与えることができる．この場合，手続は政治家側の労力を最小にしつつ効果を発揮する（McCubbins, Noll, and Weingast 1987; Shapiro 1986）．裁判所による監督がこのような機能を果たすためには，行政機関がその規則に違反する時，司法による救済が可能でなければならない．そうであれば，裁判所と，訴訟に訴える選挙民は手続上の制約を遵守することを誓約する．言い換えれば，そこでは行政機関の選択が政治による監視を必要とせず，政治の選好を反映するように行動することが保証されているのである（McCubbins and Schwartz 1984）．

れうる．1つの方法は，複数の行政機関に議題設定権限を割当てることである．この場合，特定の政策領域において単独で議題を設定できる権限を持つ機関は存在しない．その上，管轄権が重複する機関は予算と立法の権限において直接競合するので，政治の意向に従おうという行政機関の誘因はさらに増大する．

この種の管轄権の重複は議院内閣制においても共通している．たとえば，日本では電気料金を決定する権限は，複数の省庁からの代表によって構成される作業部会に与えられている（Ramseyer and Rosenbluth 1993: 46-58；ドイツの行政手続については Rose-Ackerman 1994 を見よ．一般的なものとして Weaver and Rockman 1993 を見よ）．アメリカ議会も同様の戦略を指向した．職場の安全管理において，商務省の「国立職業安全健康院」はまず健康や安全上の障害を確定し，その上で，職場の安全規制を管轄する労働省の「職業安全・健康庁」が該当する問題を規制する規則を公表する．

最後に，議会は官僚行動に影響を与える事後的なメカニズムも多く所有している．これらのメカニズムは Weingast（1984）が「密室政治」として言及したものに通じる（Fiorina 1977）．アメリカ議会について Weingast（1984: 155-6）は「事後的な制裁は官僚に議員に仕えるよう事前の誘因を作り出す」と述べている．すなわち，議会の力は有名な「予期された反応」を生み出す．議員は行政機関の誘因を左右することによって，行政機関の利益が議会内多数派の利益と一致するようにする．それにより，行政機関の情報はより説得的であり，より信頼でき，より啓蒙的になる．

検証

行政機関の声明や行動は議会の監視による検証の脅威にさらされている．McCubbins and Schwartz（1984）は，議会が官僚を監視する2つの方法を区別している．警察巡回型監視は集権的かつ直接的である．議会は行政機関の活動の一部を部分的に検証する．その目的は議会に反することを検出し矯正すること，さらにはそうした逸脱を防止することである．これと対照的に火災報知器型監視はあまり集権的でなく，直接的でもない．行政機関の決定を部分的に検証する代わりに，議会は規則，手続き，および非公式な習慣を体系化し，市民や利益団体が行政を検証し，議会の定めた目標に違背した行政を告発させる．したがって，火災報知器型監視も官僚の声明や行動を検証す

るように機能する．

　火災報知器型監視は政治指導者にとって有益ないくつかの特徴を備えている．まず，政治指導者は問題を発見するために多くの時間をさく必要がない．問題が持ち込まれるのを待っていれば，選挙民にとって重要な問題を理解できるようになる．さらに，選挙民の不満に対応することは政治指導者に自己アピールの機会を与え，問題を解決することで信頼を獲得し，支持の多い争点態度を表明することを可能にする（Fiorina 1977）．対照的に積極的なパトロールによって発見された問題は，選挙民にとってあまり重要でなく，選挙上のメリットにならない．したがって政治指導者は，高リスクで潜在的に高コストな警察巡回型監視システムよりも，火災報知器型監視という低リスクでかつ高報酬な戦略を好む．さらに火災報知器型監視は，議会の目標に対する服従を効率的に追求し制裁と報酬に条件づけられた行為を促す[18]．

　火災報知器型監視は好ましい監視政策であるかもしれないが，その採用は問題を含んでいる．つまり監視を必要とする問題それぞれにおいて，過度の火災報知を生みがちである．問題は信用できる警報と信用できない警報を選別することである（Lupia and McCubbins 1994b）．

　信用できる火災報知器型監視システムの構築には，行政機関の活動についての情報収集と流布の適切な手続きを確立することが必要になる（Banks and Weingast 1992; McCubbins, Noll, and Weingast 1987, 1989）．これらの規則によって，火災報知器型監視が行政機関の行為に関して十分な知識を有する状態が確保される．たとえば裁判所による1946年のアメリカ行政手続法（The U.S. Administrative Procedure Act, APA）の修正解釈は，行政手続を開示し，行政機関の議題へのアクセスを集団に認めるいくつかの条項を定めている．第1に，行政機関は警告なしに新たな政策を公表することができず，その代わりに行政機関が当該問題について特定の行動に好都合な予断や偏見なしに検討を加えるという「告示」を出さなければならない．第2に，行政機関は一般からの意見を求め，関係者が意見交換することを保証しなければ

---

[18]　最近の調査は，実際に火災報知器型監視が議会による監視として最も頻繁に用いられていることを示している（Aberbach 1990; Ogul and Rockman 1990）．それにもかかわらず，警察巡回型監視は一般に信じられているよりも包括的かつ効率的である．

ならない．第3に行政機関は意思決定過程への参加を，判例や行政手続法が規定する範囲で認めなければならない(McCubbins and Page 1986)．もし公聴会が開かれたら，関係者は証言と証拠を求めることが許され，しばしば他の証人に反対尋問を行うこともできる．第4に行政機関は提示された証拠に明示的な対応をとらねばならず，証拠と行政的判断の間に合理的な説明を与えなければならない．第5に政府行政機関は全ての手続きにおいて，意思決定の記録を公開しなければならない．多くの国でも官僚に対する政治のコントロールを確保するために，アメリカのAPAと同様の施策を採用している(Spiller 1996)．

これらの要件は少なくとも3つの方法で，信頼できる火災報知器型監視システムの創出を促進する．第1に，それらは行政機関が公共政策を策定する上で共謀することを防ぐ．むしろ，行政機関は決定に先立って，争点をよく考察するためにその意図を公表しなければならない．第2に，行政機関は価値ある政治情報を集めなければならない（換言すれば，彼らは監視者にとって有益な知識を集めなければならない）．通達やコメントの用意は，決定と関わる政治的利益の正体や，多くの行動に関係する政治的なコストと便益について行政機関が学習することを保証する．意思決定に参加していないことで不利に取り扱われることがあってはならない．政治に参加せず分散している集団は彼らの利益が俎上に載っているときでさえ，政治に参加している集団に比べると選挙での力になりにくい．第3に手続の全体は公的なものであり，一方的な接触を妨げる規則は秘密の取引を防ぐ．その結果，多くの集団が行政機関の決定に関する知識を与えたり獲得したりすることができる．

火災報知器をめぐる当事者間の競争もまた，その信頼性を担保するように働く(Lupia and McCubbins 1994b)．政治力のある利益集団はワシントンにおいて有力な「アクセス」を持っているようだ．彼らは議員の再選運動に多額の献金を行い，一方，議会のメンバーはあわただしいスケジュールの中からこれらの集団の主張に，耳を傾ける．しかし議員時間は有限であり——委員会の会合，議場での討論，握手と乳飲み子にキスをするための帰郷が彼らのスケジュールをふさぐ——，利益集団のための機会の窓は非常に狭いままである．争点について議会でロビイングを行う利益集団は事実上数千存在するので，利益集団間の競争はすさまじい．(Bauer, Pool, and Dexter 1963が発見したように)賢明な利益集団は目をつけた議員に争点について十分かつ簡潔

な情報を提供することによって，油断なくそのアクセスを守る．なぜならあまりにも熱心なロビイングの労力によって議会メンバーの信頼がいったん壊れてしまうと，それを回復する機会はないかもしれないからである．換言すれば，利益集団は議員に対する検証者の役割を果たすためによく競争するのかもしれない．検証が効果的であるためには，これらの集団のいくつかが検証者として，説得と啓蒙の条件を満たさなければならない．

　議員もまた他のアクターの活動を監視するために，火災報知器型監視システムと「検証者」行政機関を設置している．最も有名なのは行政管理・予算局（the Office of Management and Budget, OMB）である．この局は1921年の予算会計法によって作られたのだが，大統領が行政予算（予算教書：毎年初に大統領から連邦議会に送付される予算計画案で，法的拘束力はないが実質的には連邦議会の予算編成に大きく影響する）を積算し連邦議会に送付することを助けている．OMBと大統領は，彼らが自分たちの提案を詳細に正当化することができる限りにおいて，議会に対して直接に立法の変更を提案する権限を持つ．予算法は議会の（執政府の一部ではなく）特別な代理人である一般会計局（the General Accounting Office, GAO）を設置した．このGAOは議員に対するある種の受託者として働く．それは議会の会計検査官と主計官（財政年の終わりに行政機関の会計簿を監査する），そして検査官（法によって授権され割り当てられたものと対照して通年で行政機関に対する資金の流れをチェックする）である．加えてGAOは，常設の職権の下で個々の議会メンバーからの特別の要請によって，行政機関の政策成果について特別の調査を行う．全体的に見て行政の意思決定の構造と過程は，知識を持ち信頼できる集団が官僚の声明と行為を検証するように作用する．

高コストな労力

　次にコストの問題を考えよう．行政機関の行動は全て希少な資源の利用を必要とする．すなわち一定のコストを生む．議員はこれらのコストを観察することで，行政機関による提案の実質について多くを推測することができる．すべての行政機関は予算と人員から見て限定された資源を有している．したがって官僚は，彼らがこれらの資源をどのように使うかを決定しなければならない．そのことは官僚が特定の行動を選択するとき，その行動をとる便益がそのコストを上回ると信じているというシグナルを送ることを意味してい

る．

　行政機関の行動は必然的に次の2つのカテゴリーのうち1つに該当する．(1)一般的な規則の作成もしくは政策についての声明．(2)一般的な規則や政策を特定の事例や状況に適用すること．アメリカ議会は行政機関がどちらかの種類の行動をとる際に，コストを課している（Bonfield and Asimow 1989 を見よ）．これら議会が保証するコストの大部分は，1946年のアメリカ行政手続法（the U.S. Administrative Procedure Act, APA）から生まれている．APAは，行政機関が新たな政策を創出したり，一般的に適用できる規則を起草するときに，満たさなければならない一般的な基準を確立している．行政機関は特定の政策を作成する意図を公表する通達を出さなければならない．次に，提案された新政策の内容について自分たちの見解を表明する機会を求める利益集団や個人からのコメントを求めなければならない．提案された規則を起草した後，新たな規則を実行する以前に，彼らはその草案を公的な場での批判に晒さねばならず，さらに公の場での批判について彼らが検討を加えたこととそれを恣意的に拒絶したわけではないこと，あるいは公の場での審査においてそれを最初に明らかにする以前に，新たな条項を恣意的に挿入してはいないという証拠を示さなければならない．規則を作成する過程におけるこのような段階のそれぞれが，時間と資源を消費する（最低でも官僚は文書記録を保持しなければならない）．議会はこの APA の条項以上に，規制活動に権限を与える法律や執政府への任命を通じて行政機関に影響を及ぼす（McCubbins, Noll, and Weingast 1987, 1989, 1994）．

　議会はまた，他の行政機関や裁判所による審理に従う規制的な決定の数と範囲を確定させることによって，行政機関に負わせるコストの水準を選択する．有毒物質管理法（TSCA）はここでもこの種の高コストな活動の例を提供する．この法律は，人間生活にとって有害だと発見された物質を環境保護局（EPA）が規制することを求めている．この目標を追求するにあたって EPA は，物質を規制するための規則を公布できるようになる以前に，ある物質が実際に有害であるか，突然変異誘発性を持つか，あるいは発がん性を持つか否かを決定するための試験的なルールを提案しなければならない．したがって，もし EPA が化学物質を規制することを望むなら，EPA は2つの高コストな行為に着手しなければならない．それらは試験的ルールの設計と，規制履行ルールの起草である．一方，化学物質生産者は自分たちの新製品が有害で

ないことを証明する必要がなく，それゆえに新たな化学物質を導入することにおいて非常に低いコストにしか直面していない．

　この過程と鮮明な対照をなすのは，新薬の導入において食品医薬局によって設定された安全条件を新製品が満たしていることを証明するコストを，製薬会社が負うことを要求していることである．新たな化学物質の導入と異なり，新薬の導入には極めて高いコストがかかる．これらのコストによって，議員や規制実施担当者は新薬の導入の結果と現状維持の違いを評価することができる．

　裁判所における証拠基準の定義はしばしば，行政機関の行動のコストを左右する．証拠法は証拠を提出する負担と説得の負担をともに決定する（Bonfield and Asimow 1989: 574-575）．挙証責任は規制活動を進めるために誰が証拠を挙げなければならないか（コストを負担しなければならないか）を決める．説得の負担はある争点を扱うために集団が直面しなければならない試練を説明する．たとえばいくつかの法律は，全ての新しい規則が実践される以前に費用便益分析を要求する．たとえば行政管理・予算局は，瑣事における連邦の書類作業需要の増加をチェックするために，1980年の書類作業減少法の下で情報規制局（the Office of Information and Regulatory Affairs, OIRA）を設置した．ロナルド・レーガン（Ronald Reagan）大統領は連邦政府機関に規制の検討を指示し，行政機関がこの命令に服していることを監視する権限を与える行政命令12291をOIRAが発したとき，主要な規制に対する費用便益分析の命令としてこの法律を解釈した（行政命令によって生じた論争はKiewiet and McCubbins 1991: 180-2）．

司法制度

　公判手続は訴訟当事者がいつどのように証拠を持ち込み吟味するのか，同様にいつどのようにして弁護士が主張し反駁するのかを決定する．我々はこれらの手続のうちいくつかをあらためて検討し，啓蒙のための条件を確立する手続を明らかにする．これらの規則についての最もよく知られている例は，偽証に対して課される制裁である．これは嘘に対する罰に等しい．そのような手続の存在は，司法制度が相対的に情報を持たない陪審員による理性的選択の助けになることを十分に示す．

知識

　検察官と被告人はしばしば決定的な証拠を得るために専門家の証言に頼る．証拠についての規則は誰が「専門家」となるかを決める．たとえばカリフォルニア州民事法は，直接体験した個人的知識を持っている個人，もしくは特別な知識や経験を持つ個人にのみ証言を認めることで，語り手に対して厳格な要求をしている[19]．その上，一方が科学的証拠を持ち込むとき，証拠を得るために用いられる調査手法が，関連学界によって一般的に受け入れられていることを示さなければならない[20]．加えて，対立側の弁護士はすべての証人について記憶力と認識能力を質問することができる[21]．要するに，証拠法は判事と陪審員が頼る語り手が，彼らが証言する問題について実際に知識を持っていることを保証する．

共通利益

　刑事訴訟においては，陪審員もまた2つの対立する側がどんな結果を望んでいるかを知っている．検察側は有罪判決を望み，弁護側は却下もしくは無罪を欲する．その上，弁護人が彼らの依頼者にとって望ましい決定から便益を受けることを誰もが知っている．したがって裁判所の設定は，語り手の利益を明らかにする．

　裁判所では語り手の利益は明快である．警察官は法を守らせようとしていると推察される（ときにこのことが事件における中心的な討論となるが）．専門家はしばしば公明正大であると考えられる．もっとも金で雇われた専門家はしばしば疑わしいが．友人，家族，従業員，過去の配偶者，そして被害者はひそかに利己的な目的を抱いている傾向がある．結論は，すべてではないにしても多くの証人の動機が容易に推測されうるということである．実際，動機が明白でない事件において弁護士はしばしば，陪審員に動機を指し示すためにかなりの労力を費やす．動機が明らかになれば陪審員は，証人の利益

---

(19) カリフォルニア州証拠法第702条および同801条を見よ．

(20) カリフォルニア民事法に関する以下の判例を見よ．民衆対ケリー判決（People v. Kelly）(1976) 17 C3d 24, 30-31, 130 CR 144, 148-49；および民衆対リーヒィ判決（People v. Leahy）(1974) 8 C4th 587, 604, 34 Cr2d 663, 673.

(21) カリフォルニア証拠法第780条を見よ．

について標準的な推論を行うことによって，証人の信頼性について判断を下すことができる．その上，証拠についての規則は，貧しげな特徴や嘘つきだという評判，あるいは偏見を持っていると見られる証人を却下することを保証している[22]．

検証

公判手続の根幹は検証という現実の脅威を提供する．裁判所で判事に対して利害関係者集団が行うほとんど全ての声明は異議申し立てを受ける[23]．その上，もし反対尋問によって証人が虚偽の証言をしたことが明らかになれば，そのとき証人は偽証に対する罰を受ける．したがって，裁判所における全ての人は，証人が検証の脅威と嘘に対する罰に直面しているということから，証言の信頼性を評価する．

証拠についての共通規則は全体として，人々がどのようにして学習するかについての我々のモデルと整合的である．たとえば伝聞に基づいた証拠や，検証されていない証拠は裁判所では受け入れられない[24]．さらに，陪審員はどの証拠が検証しやすく，どの証拠が検証にかかるコストが高いかを知っているか，告げられる．陪審員はしばしば，検証が容易で異議申し立てがなされていない証拠を信じる．しかしながら陪審員は，逆の立場に立つ弁護団が異議申し立てを行うための証拠（特にもし弁護団がそれを反駁すれば）を割り引いて評価する傾向がある．さらに陪審員は，対立側の弁護団にとって検証が困難だったり不可能な証拠をあまり信じない傾向がある．

---

(22) カリフォルニア証拠法第780条を見よ．
(23) たとえばカリフォルニア州民事法は，対立側の弁護人が証言が事実（受け入れられた証拠）に反していたり，証人の過去の声明と一貫性がないと論じることによって，証人を告発してよいと述べている（証拠法第780条）．
(24) 伝聞は裁判所の外で真実や事実として提示されるすべての声明に及ぶ．伝聞はそのような言明の正確さを検証することができない（すなわち反対尋問が不可能である）ので却下される．一方，宣誓証言が受けいれられるのは，宣誓証言に異論を唱える個人が裁判所に出席していなければならないか，少なくとも宣誓証言について知らされているので，それゆえに反対尋問（検証）が考慮に入れられているからである．

啓発的でない民主制

　我々はここまで啓蒙のための条件を検討し，委任と理性的選択の成功を促進する制度を明らかにしてきた．ここでは我々の注意を，これと逆の効果を持つ制度に向けることにする．

　非党派的な選挙は我々にとって，理性的選択を妨げる制度改革の古典的な例であるように思われる．党派的な選挙において政党は，政党のブランド名を価値あるものにする誘因を持つ．そのため党派的な選挙は，議会において一貫性を持つ行動をとる誘因と，投票者が理性的選択を行うことを助ける手がかりを作り出す．非党派的な選挙においてはこの種の情報伝達は起こらない．政党がなければ，議員が集合的な責任を引き受ける誘因は弱く，個々の議員が説明責任を維持する中心的権威がない（Cox and McCubbins 1993）．

　任期の制限は理性的選択を妨げると思われるもう1つの改革である．任期制限の提唱者は，長期間の現職者を排除し選挙の競争を促進することによって，より応答性の高い（すなわち選挙による委任のさらなる成功）政策結果が生まれるだろうと主張する[25]．彼らの議論の最も単純な形態は3つの前提と1つの結論から構成される．第1の前提は，任期制限が長期にわたる現職者を排除するということである．第2の前提は長期にわたる現職者の排除が潜在的な挑戦者を力づけ，選挙における競争を増大させるというものである．第3の前提は，選挙における競争の増大がより応答性の高い政策結果につながるだろうというものである．この議論は，任期制限がより応答性の高い政策結果につながるだろうと結論する．

　もし我々が任期制限の提案者に疑いを向け，最初の2つの前提が正しいと仮定すれば，彼らと同様に，任期制限がより応答性の高い政策結果につながると結論しなければならないのだろうか．我々と同様な説得のダイナミズムについての洞察を用いて，Gerber and Lupia（1996）は任期制限が必ずしもよ

---

[25] Petracca（1990）は，任期制限が選挙民の選好により応答する議員を生むだろうと結論するためにこの種の議論を用いている．同様に Will（1992）は任期制限が議員をパターナリスティック（家父温情主義的）な意味での公共の利益により良く反応するようにすると結論するために，この種の議論を用いている．

り応答的な議会や政治的競争を生まないことを発見している．彼らが示したのは，公職を争うレースに新たな候補者が参入することが説得も啓蒙も促進しないということである．それゆえにガーバー（Gerber）とルピア（Lupia）は，任期制限が選挙による委任にとって必要条件でも十分条件でもないことを示している．たとえばもし潜在的挑戦者が投票者の行動に影響を与える上で説得的でなければ，挑戦者を加える（力づける）ことによる競争の増大（言い換えれば任期制限）は他の候補者の誘因に影響を及ぼすことができず，結果として候補者が誘因条件を満たすかどうかには影響がないかもしれない．

その上，任期制限は現代の投票者にとって利用可能な最も有益な刺激のいくつかを除外する．たとえば現職者は公的な履歴を持っているが，多くの公職挑戦者にはそれがない．投票者は候補者の履歴を現職の再選という結果を評価するために用いることができる（Downs 1957; Fiorina 1981; Key 1966）．さらに，再選に直面し有権者に対する責任を果たそうとする議員は，有権者の厚生を改善する誘因を持っている．任期制限によって再選を妨げられる人々は有権者の厚生を増大させる誘因を持たない．最低限言えることは，啓蒙された投票者の決定に基づいて，任期制限と選挙結果に対する欲望を同時に満たすことは困難だということだ．

現代民主制を改善するためのもう1つの，そしてより一般的なアイディアは普通の市民が政治問題について慎重に討議することの奨励である（Fishkin 1991; Habermas 1984）．この提案の背後にある考え方は熟慮して討議する市民がお互いを啓蒙し，政治的意思決定を大きく改善するだろうというものである．説得と啓蒙が同じものであったら，熟議の環境が実際に複雑性に伴う問題に対する理想的な解決策であろう．残念なことに両者は同一ではない．

集団内の最も説得的な人々が知識を持っていないか，それとも最も説得的（そして／あるいは知識を持っている）な人々があまり知識を持たない人々を誤解させる誘因を持っている時，熟議は啓蒙とは異なる．単に熟議の環境を構築するだけでは，集合的な知識の質が向上し，集団間に公平に流布することを保証しないのである．これは熟議が有益たりえないというのではなく，啓蒙の条件を生み出す環境において熟議が起これば，それははるかに有益なものとなる見込みがあるということなのである．

結論

　投票者，議員，陪審員は他者に委任し，その行動の帰結について情報を持たない．多くの事例において，これらのアクターは他者の保証か証言から知識を獲得する機会を持っている．投票者，議員，陪審員が理性的選択をして委任を成功させる能力は，知識を獲得するための機会が実際に知識を生むかどうかにかかっている．人々が他者の利益と専門知識を識別できれば，彼らは自分たちが必要とする知識を与えてくれる信頼できる人を選ぶことができる．しかしながら多くの場合，人々は他者のことをよく知らないので，この能力を欠いている．

　この章で我々が説明してきた制度は，人々が信じる人を選ぶことを助けることで，理性的選択と委任の成功を促進する（もしくはしない）ものであった．他の人の利益を明快にすることによって，嘘に対して罰を与えることによって，検証の脅威を導入することによって，あるいは高コストな労力を求めることによって，制度は投票者，議員，陪審員に自らの行動の結果を正確に予測することを可能にする．現代民主制についての我々の検証は，民主制における本人が民主制のディレンマを緩和することに既存の制度が貢献する（あるいは貢献しない）いくつかの方法を明らかにした．

第10章訳注
(i) アメリカ連邦議会下院では，議長は必ず多数を占める政党の幹部から選出され，多数党が相当程度まで党派的な議事運営を行うのは当然だと考えられている．この訳注の挿入を薦めていただいた待鳥聡史氏（京都大学）に謝意を表する．

原著者あとがき

　学術書の結論部は著者が自分たちの知的な労苦について懐旧の念を表現したり，自分たちの本が達成したものの潜在的な含意についてまわりくどい検討を行う場所である．どちらも意味のある活動であるが，ここではどちらもしない．

　本書『民主制のディレンマ』をどのように締め括るかについての我々の決定は，第2章からの教訓によって動機付けられている．多くの刺激が注意を求めて競合するとき，特定の刺激に注意を向けることの機会費用は極めて高い．それゆえに人々は，とてもコストの高い失敗の回避につながりそうな刺激にのみ，注意すべきなのである．この教訓は，注意を向けるべき他の刺激を持つ本書の読者が物事を迅速にまとめることを望んでいると我々に教える．だから我々はそのようにしたい．

　我々の目標は限られた情報の政治的帰結について，読者により正確な判断ができるようにすることである．この目標に対する我々の結論は，理性的選択をしたいと望む人々が，自らの行動の帰結に直接関係する詳細について知る必要はないということである．その代わり彼らに必要なのは，正確な予測を生み出す能力である．これまでの各章は，属性や制度環境が語り手の発言を説得的で啓蒙的なものにするとき，語り手との相互行為が情報のない人々に理性的選択を可能にする条件を明らかにした．

　最後に，本書が示しているのは，理性的選択を行う能力を決定する上で，人間の認知の基本的要素が政治制度の誘因変容効果とどのように関わるかである．人々がどのように学習するか，そして人々がどのように選択するかについての教訓は，民主制の研究にとって重要である．これらの教訓は民主制における重要な関係，たとえば投票者の利益とその投票，議員の意図と官僚制，陪審員の知識と彼らが支持する判決，などについて我々がより良い説明を行うことを助けてくれる．民主制の研究者はこれらの説明を掌中のものとすれば，有能な投票者，陪審員，議員と無能なそれらとを見分けることがで

きる．この能力は他の何よりも，民主制のディレンマを理解する上での鍵であり，解決の可能性である．

訳者あとがき

　本書は Arthur Lupia and Mathew D. McCubbins, *The Democratic Dilemma: Can Citizens Learn What They Need To Know?* (Cambridge University Press, 1998) の邦訳である．訳出にあたり，モデルについての数理的説明を記した付録 (Appendix) は除外した．関心を持たれた読者はぜひ原著に当たっていただきたい．

　まずは本書の著者を簡潔に紹介しておこう．アーサー・ルピア (Arthur Lupia) は現在アメリカ合衆国ミシガン大学 (University of Michigan) 政治学部の教授で，本書以外の主要な著作としては本書の共著者マシュー・D・マカビンズ (Mathew D. McCubbins)，サミュエル・L・ポプキン (Samuel L. Popkin) との共編著 *The Elements of Reason: Cognition, Choice, and the Bounds of Rationality* (Cambridge University Press, 2000) がある．彼はアメリカ政治学会政治学方法論セクションで発行しているジャーナル *Political Methodology* の編者も務めており，アメリカ政治学界をリードする研究者の１人であることは衆目の一致するところである．

　マカビンズ教授は現在も米国カリフォルニア大学サン・ディエゴ (University of San Diego (UCSD)) 政治学部で教鞭をとっている．彼は議会研究で多くの著作を残しているのみならず，日本政治についても多くの論考を執筆している．２人は UCSD での同僚であり，本書も両者が UCSD にいたときに執筆されている．

　本書の方法論的な特徴を一口で言えば，ゲーム理論と認知心理学の議論を応用した数理モデルを，実験によって検証した著作ということになろう．いずれも日本の政治学においては比較的なじみの薄いアプローチであるが，議論自体はきわめてオーソドックスであり，数理モデルと経験的研究に規範論的な含意を濃厚に含んだ極めて魅力的な著作である．

　本書の訳出を思いついたのは，2001年の秋である．当時訳者はミシガン大学で在外研究期間を過ごしていた．アメリカ政治学における理論や方法論の

発展は迅速で，ついていくのが大変である．在外研究中に自分に課したテーマの1つは，数理モデルやゲーム理論を応用した研究や実証手段としての実験について，できるだけ知識を蓄え，親しむことであった．本書に触れたのもその一環で，読み進めるうちに本書が単に技術的方法論的に洗練されているのみならず，民主制の本質に迫るものであると感じ，日本の読者に紹介したいと思いはじめた．当時点で管見する限り，日本の政治学において，民主制における委任や制度設計に関する議論が必ずしも豊かであるようには思われなかったことも影響している．代議制民主主義がうまく機能するためには，有権者から政治家へ，政治家から官僚へなどの委任が成功することが不可欠であるが，それがどのようにすれば成功するのかについての議論や考察を深めるためにも，本書は有益と思われた．

また本書で展開されている説得と啓蒙の条件は，教鞭をとる立場としては踏まえておくべき論点でもある．そのメッセージは研究者に限らず，学生を含む一般の読者に広く読まれるにふさわしい内容を持っていると考えた．我々は誰しもすべての問題に精通することはできない．そうである以上，そして十分な情報を持っていない問題についての判断を下さなければならないのなら，誰であれ，誰のどんな助言に従うべきかを選択しなければならない．本書の議論は，そのような選択に対する我々の感受性を高める助けとなろう．

訳出作業は楽しくもあったが，困難を感じる時間も長かった．特に，"reasoned choice"という本書にとって最も重要なキー・ワードについては，ぎりぎりまで適切な訳語の選択に苦しんだ．reasonという言葉には，「理性」という意味とともに「推論する」という意味がある．認知心理学においてはむしろ後者の意味で用いられることが普通である．著者たちのUCSDにおける同僚サミュエル・L・ポプキンの著書 The Reasoning Voter（和訳すれば『推論する有権者』となろうか）を受けて本書が存在していることも明らかである．著者たちがあえて"reasoned choice"という言葉を用いたのも，合理的選択（rational choice）という（特に完全情報を前提としている）経済学からの概念の援用ではなく，認知心理学における研究蓄積を踏まえて議論を進めることの宣言に他ならない．ただ，原書中にあるすべての"reasoned choice"を「推論による選択」ないし「推論選択」としてしまうと，特に認知心理学になじみのない読者に対してはニュアンスが伝わりにくいと感じられる部分も多々あり，本訳書においては「理性的選択」で統一することとした．

本書の訳出に当たっては，原著者より多大な便宜を得た．彼らは原著の原稿ファイルを提供してくれた上，訳者のたびたびの質問にも懇切に答えてくれた．原著者の１人であるルピア教授とは，私がミシガン大学に訪問研究員として訪れた同じ時期に彼がサン・ディエゴから異動してきたこと，さらに彼の愛嬢フランチェスカが私の息子と２年間同じ小学校でたまたま同じクラスだったという奇縁もあり，ミシガン滞在中に家族ぐるみの交流を持つことができたのは非常に幸運であった．

ミシガン大学での在外研究を支えてくれたのは，私が奉職している関西学院大学が30代前半の若手教員を対象に提供しているランバス留学制度であった．２年という研究期間を与えてくれるこの制度の恩恵は実に大きい．本書はこの在外研究の（遅まきながら）成果の１つである．この制度を運営している学校法人関西学院ならびに，在外研究に当たって多くのご配慮を頂いた直接の同僚である法学部教員，職員の皆様に謝意を表する．

ミシガン大学社会調査研究所（the Institute for Social Research）内にある政治研究センター（the Center for Political Studies, CPS）は２年間，私を研究員として受け入れ快適な研究環境を提供してくれた．ルピア教授も属するこのCPSのスタッフの方々，特に受け入れ教員となって下さったロナルド・F・イングルハート（Ronald F. Inglehart）教授に対する感謝の念を忘れることはできない．また，そのイングルハート教授を紹介してくださった西澤由隆先生（同志社大学）から私が受けている学恩ははかりしれない．アナーバーでの日常生活においてジョン・C・キャンベル（John Creighton Campbell）教授より細やかなご配慮を頂いたことも心温まる思い出である．

訳稿のチェックには待鳥聡史（京都大学），建林正彦（神戸大学），増山幹高（成蹊大学），曽我謙悟（大阪大学），池田謙一（東京大学），安野智子（中央大学），稲葉哲郎（一橋大学）各先生の労を煩わせた．これらの先生方はそれぞれ，訳者より押し付けられた生硬で不出来な草稿に難渋しつつ，無償で貴重な時間を割いて生産的なコメントや質問への回答を下さることで，訳者の無知と不注意を助けてくださった．お礼の申し上げようもない．中でも曽我先生とはミシガンで１年間をともにし，その間に幾度となく交流の機会を得られたことはこの上もなく幸運なことだった．また関西学院大学法学部における同僚である長岡徹先生（憲法），岡本仁宏先生（西洋政治思想史），山田直子先生（刑事訴訟法）からは訳出作業中に生じた疑問について御教示を

賜った（チェックして下さった諸先生の所属は当時のそれ）．

　関西学院大学大学院法学研究科では原著と拙訳をもとに講義を行った．講義に参加した籠谷公司（当時関西学院大学総合政策研究科院生，現在 University of California, Los Angeles 政治学部大学院生），畑田幹生（当時関西学院大学法学研究科院生，現在兵庫県庁），市川晶（関西学院大学法学研究科院生）の諸君にも謝意を表したい．彼らのコメントは訳稿を修正するうえで有意義だった．なお籠谷君は大半の図表の和訳も手伝ってくれた．重ねて謝意を表する．

　もちろん本訳書中の誤りはすべて，訳者（と原著者）に帰するものである．

　本書の出版を快諾してくださった木鐸社の坂口節子社長には，感謝とお詫びの念を表したい．訳者の無能と自己管理能力の欠如が原因で，訳稿の完成は1年ほど遅れた．坂口社長にはそのため多大なご迷惑をおかけした．ただただ恥じ入るばかりである．

　最後に，親の都合でつくば→関西（西宮）→アメリカ→関西（神戸）と引きずり回され環境が激変する中で，自らの認知資源を適切に用いて周囲と友好的な人間関係を築き，日々自己を成長させている3人のわが子たち（真紗子，梨紗子，真嗣）と，家庭生活を支えてくれている妻のひろみに，この場にて謝意と敬意を表することをお許し願いたい．

　　　2005年6月

　　　　　　　　　　　　　　　　　　　　　　　　　　　　　　山田真裕

参考文献

＊和訳あり

Aberbach, Joel D. 1990. *Keeping a Watchful Eye: The Politics of Congressional Oversight*. Washington, D.C.: Brookings Institution.

Abramson, Jeffrey. 1994. *We, the Jury: The Jury System and the Ideal of Democracy*. New York: Basic Books.

Alchian, Armen, and Harold Demsetz. 1972. "Production, Information Costs, and Economic Organization." *The American Economic Review* 62: 777–95.

＊Almond, Gabriel A., and Sidney Verba. 1963. *The Civic Culture*. Princeton, N.J.: Princeton University Press.

Ansolabehere, Stephen, and Shanto Iyengar. 1995. *Going Negative: How Attack Ads Shrink and Polarize the Electorate*. New York: Free Press.

＊Aristotle. 1954. *Rhetoric*. New York: Modern Library.

＊Arrow, Kenneth. 1974. *The Limits of Organization*. New York: Norton.

Austen-Smith, David. 1990a. "Credible Debate Equilibria." *Social Choice and Welfare* 7: 75–93.

―――― 1990b. "Information Transmission Debate." *American Journal of Political Science* 34: 124–52.

―――― 1993. "Information and Influence: Lobbying for Agendas and Votes." *American Journal of Political Science* 37: 799–833.

―――― 1994. "Information and Influence: Lobbying for Agendas and Votes." *American Journal of Political Science* 38: 283–93.

Banks, Jeffrey S. 1991. *Signaling Games in Political Science*. Chur, Switzerland: Harwood Academic Publishers.

Banks, Jeffrey S., and Joel Sobel. 1987. "Equilibrium Selection in Signaling Games." *Econometrica* 55: 647–62.

Banks, Jeffrey S., and Barry Weingast. 1992. "The Political Control of Bureaucracies under Asymmetric Information." *American Journal of Political Science*. 36: 509–24.

Barnes, Jonathan, ed. 1984. *The Complete Works of Aristotle: The Revised Oxford Translation*. Princeton, N.J.: Princeton University Press.

Baron, David P. 1989. "A Noncooperative Theory of Legislative Coalitions." *American Journal of Political Science* 33: 1048–84.

―――― 1992. *Business and Its Environment*. Englewood Cliffs, N.J.: Prentice-Hall.

*Barzel, Yoram. 1989. *Economic Analysis of Property Rights.* Cambridge: Cambridge University Press.

Bauer, Raymond A., Ithiel de Sola Pool, and Lewis Anthony Dexter. 1963. *American Business and Public Policy: The Politics of Foreign Trade.* New York: Atherton Press.

Bennett, W. Lance. 1992. *The Governing Crisis: Media, Money, and Marketing in American Elections.* New York: St. Martin's Press.

Berelson, Bernard. 1952. "Democratic Theory and Public Opinion." *Public Opinion Quarterly* XVI: 313–30.

Berelson, Bernard, Paul F. Lazarfeld, and William N. McPhee. 1954. *Voting: A Study of Opinion Formation in a Presidential Campaign.* Chicago: University of Chicago Press.

Bonfield, Arthur Earl, and Michael Asimow. 1989. *State and Federal Administrative Law.* St. Paul, Minn.: West.

Brady, Henry E., and Paul M. Sniderman. 1985. "Attitude Attribution: A Group Basis for Political Reasoning." *American Political Science Review* 79: 1061–78.

Calvert, Randall L. 1985. "The Value of Biased Information: A Rational Choice Model of Political Advice." *Journal of Politics* 47: 530–55.

1986. *Models of Imperfect Information in Politics.* Chur, Switzerland: Harwood Academic Publishers.

Calvert, Randall L., Mathew D. McCubbins, and Barry R. Weingast. 1989. "A Theory of Political Control and Agency Discretion." *American Journal of Political Science* 33: 588–611.

Calvert, Randall L., Mark J. Moran, and Barry R. Weingast. 1987. "Congressional Influence over Policy Making: The Case of the FTC." In Mathew D. McCubbins and Terry Sullivan, eds., *Congress: Structure and Policy.* Cambridge: Cambridge University Press.

Cameron, Charles M., and Joon Pyo Jung. 1992. "Strategic Endorsements." Columbia University. Typescript.

Campbell, Angus, Philip E. Converse, Warren E. Miller, and Donald E. Stokes. 1960. *The American Voter.* New York: Wiley.

Campbell, Donald T., and Julian C. Stanley. 1966. *Experimental and Quasi-Experimental Designs for Research.* Chicago: Rand McNally.

Casady, Robert J., and James M. Lepkowski. 1993. "Stratified Telephone Survey Designs." *Survey Methodology* 19: 103–13.

Cho, In-Koo, and David M. Kreps. 1987. "Signaling Games and Stable Equilibria." *Quarterly Journal of Economics* 102: 179–221.

Churchland, Patricia S., and Terrence J. Sejnowski. 1992. *The Computational Brain.* Cambridge, Mass.: MIT Press.

*Churchland, Paul M. 1995. *The Engine of Reason, the Seat of the Soul: A Philosophical Journey into the Brain.* Cambridge, Mass.: MIT Press.

Clark, Andy. 1993. *Associative Engines: Connectionism, Concepts, and Representational Change.* Cambridge, Mass.: MIT Press.

Coase, Ronald. 1937. "The Nature of the Firm." *Economica* 4: 386–405.

Converse, Philip E. 1964. "The Nature of Belief Systems in Mass Publics." In David E. Apter, ed., *Ideology and Discontent.* New York: Free Press.

Cook, Thomas D., and Donald T. Campbell. 1979. *Quasi-Experimentation*. Chicago: Rand McNally.

Cooper, Russell, Douglas V. DeJong, Robert Forsythe, and Thomas W. Ross. 1993. "Forward Induction in the Battle-of-the-Sexes Games." *American Economic Review* 83: 1303–16.

Cornell, Nina, Roger G. Noll, and Barry R. Weingast. 1976. "Safety Regulation." In Charles Schultz and H. Owen, eds., *Setting National Priorities*. Washington, D.C.: Brookings Institution.

Cox, Gary W. 1997. *Making Votes Count: Strategic Coordination in the World's Electoral Systems*. Cambridge: Cambridge University Press.

Cox, Gary W., and Mathew D. McCubbins. 1993. *Legislative Leviathan: Party Government in the House*. Berkeley: University of California Press.

———. 1994. "Bonding, Structure, and the Stability of Political Parties: Party Government in the House." *Legislative Studies Quarterly* 19: 215–31.

Crawford, Vincent, and Joel Sobel. 1982. "Strategic Information Transmission." *Econometrica* 50: 1431–51.

∗Cyert, Richard M., and James G. March. 1963. *A Behavioral Theory of the Firm*. Englewood Cliffs, N.J.: Prentice-Hall.

∗Dahl, Robert A. 1967. *Pluralist Democracy in the United States: Conflict and Consent*. Chicago: Rand McNally.

Dalton, Russell J. 1989. *Politics in West Germany*. Glenview, Ill.: Scott, Foresman.

Delli Carpini, Michael X., and Scott Keeter. 1991. "Stability and Change in the United States Public's Knowledge of Politics." *Public Opinion Quarterly* 55: 583–612.

———. 1996. *What Americans Know About Politics and Why It Matters*. New Haven, Conn.: Yale University Press.

Demski, Joel S., and Dennis Sappington. 1989. "Hierarchical Structure and Responsibility Accounting." *Journal of Accounting Research* 27: 40–58.

Denzau, Arthur, William Riker, and Kenneth Shepsle. 1985. "Farquharson and Fenno: Sophisticated Voting and Home Style." *American Political Science Review* 79: 1117–34.

Dodd, Lawrence C., and Bruce I. Oppenheimer, eds. 1977. *Congress Reconsidered*. New York: Praeger.

Dodd, Lawrence C., and Richard L. Schott. 1979. *Congress and the Administrative State*. New York: Wiley.

Downs, Anthony. 1957. *An Economic Theory of Democracy*. New York: Harper.

Druckman, James N., Arthur Lupia, and Mathew D. McCubbins. 1998. *Experiments in Politics and Communication*. Unpublished manuscript. University of California, San Diego.

∗Duverger, Maurice. 1954. *Political Parties: Their Organization and Activity in the Modern State*. New York: Wiley.

Dye, Thomas R., and L. Harmon Zeigler. 1984. *The Irony of Democracy*. Monterey, Calif.: Brooks/Cole.

Eagly, Alice H., and Shelly Chaiken. 1993. *The Psychology of Attitudes*. Fort Worth, Tex.: Harcourt Brace Jovanovich. Enelow, James M., and Melvin J. Hinich. 1984. *The Spatial Theory of Voting: An Introduction*. Cambridge: Cambridge University Press.

Eskridge, William N., and John Ferejohn. 1992. "The Article I, Section 7 Game." *The Georgetown Law Journal* 80: 523–64.

Evans, C. Lawrence. 1991a. *Leadership in Committee: A Comparative Analysis of Leadership Behavior in the U.S. Senate.* Ann Arbor: University of Michigan Press.

1991b. "Participation and Policy Making in Senate Committees." *Political Science Quarterly* 106: 479–98.

Farrell, Joseph. 1993. "Meaning and Credibility in Cheap-Talk Games." *Games and Economic Behavior* 5: 514–31.

Farrell, Joseph, and Robert Gibbons. 1989. "Cheap Talk with Two Audiences." *American Economic Review* 79: 1214–23.

*Fauconnier, Gilles. 1985. *Mental Spaces: Aspects of Meaning Construction in Natural Language.* Cambridge, Mass.: MIT Press.

Feddersen, Tim, and Wolfgang Pesendorfer. 1995. "Voting Behavior and Information Aggregation in Elections with Private Information." Typescript. Northwestern University.

Fenno, Richard F. 1973. *Congressmen in Committees.* Boston: Little, Brown.

1978. *Home Style: House Members in Their Districts.* Boston: Little, Brown.

Ferejohn, John A. 1987. "The Structure of Agency Decision Processes." In Mathew D. McCubbins and Terry Sullivan, eds., *Congress: Structure and Policy.* Cambridge: Cambridge University Press.

Ferejohn, John A., and James H. Kuklinski, eds. 1990. *Information and Democratic Processes.* Urbana: University of Illinois Press.

Ferejohn, John A., and Charles Shipan. 1990. "Congressional Influence on Bureaucracy." *Journal of Law, Economics, and Organization* 6: 1–20.

Fiorina, Morris P. 1977. *Congress: Keystone of the Washington Establishment.* New Haven, Conn.: Yale University Press.

1981. *Retrospective Voting in American National Elections.* New Haven, Conn.: Yale University Press.

Fiorina, Morris P., and Charles R. Plott. 1978. "Committee Decisions Under Majority Rule." *American Political Science Review* 72: 575–98.

Fishkin, James S. 1991. *Democracy and Deliberation: New Directions for Democratic Reform.* New Haven, Conn.: Yale University Press.

Fodor, Jerry A. 1979. *The Language of Thought.* Cambridge, Mass.: Harvard University Press.

Forsythe, Robert, Forrest Nelson, George R. Neumann, and Jack Wright. 1992. "Anatomy of an Experimental Political Stock Market." *American Economic Review* 82: 1142–61.

Freeman, John Lieper. 1955. *The Political Process: Executive Bureau–Legislative Committee Relations.* New York: Random House.

Friedman, Daniel, and Shyam Sunder. 1994. *Experimental Methods: A Primer for Economists.* Cambridge: Cambridge University Press.

Frolich, Norman, and Joe A. Oppenheimer. 1992. *Choosing Justice: An Experimental Approach to Ethical Theory.* Berkeley: University of California Press.

Fudenberg, Drew, and David K. Levine. 1993. "Steady State Learning and Nash Equilibrium." *Econometrica* 61: 547–73.

Fudenberg, Drew, and Jean Tirole. 1991. "Perfect Bayesian Equilibrium and Sequential Equilibrium." *Journal of Economic Theory* 53: 236–60.

Gerber, Elisabeth R., and Arthur Lupia. 1996. "Term Limits, Responsiveness, and the Failures of Increased Competition." In Bernard Grofman, ed., *Legislative Term Limits: Public Choice Perspectives*. Dordrecht, The Netherlands: Kluwer Academic Publishers.

*Gerth, H. H., and C. Wright Mills, eds. 1946. *From Max Weber: Essays in Sociology*. New York: Oxford University Press.

Gilligan, Thomas W., and Keith Krehbiel. 1987. "Collective Decision Making and Standing Committees: An Informational Rationale for Restrictive Amendment Procedures." *Journal of Law, Economics, and Organization* 3: 287–335.

————. 1989. "Asymmetric Information and Legislative Rules with a Heterogeneous Committee." *American Journal of Political Science* 33: 459–90.

*Goffman, Erving. 1967. *Interaction Ritual: Essays on Face-to-Face Behavior*. Garden City, N.Y.: Anchor Books.

————. 1969. *Strategic Interaction*. Philadelphia: University of Pennsylvania Press.

Goulden, Joseph C. 1969. *Truth Is the First Casualty: The Gulf of Tonkin Affair – Illusion and Reality*. Chicago: Rand McNally.

Greenwood, John D., ed. 1991. *The Future of Folk Psychology*. Cambridge: Cambridge University Press.

Greider, William. 1992. *Who Will Tell the People: The Betrayal of American Democracy*. New York: Simon and Schuster.

Grofman, Bernard, and Scott Feld. 1988. "Rousseau's General Will: A Condorcetian Perspective." *American Political Science Review* 82: 567– 76.

Grofman, Bernard, and Barbara Norrander. 1990. "Efficient Use of Reference Group Cues in a Single Dimension." *Public Choice* 64: 213–27.

*Habermas, Jurgen. 1984. *The Theory of Communicative Action*. Boston: Beacon Press.

Hall, Richard L., and Frank W. Wayman. 1990. "Buying Time-Moneyed Interests and the Mobilization of Bias in Congressional Committees." *American Political Science Review* 84: 797–820.

Hamilton, Alexander, John Jay, and James Madison. 1961. *The Federalist Papers* (1787–88). New York: The New American Library of World Literature.

Harris, Joseph. 1964. *Congressional Control of Administration*. Washington D.C.: Brookings Institution.

Harsanyi, John. 1967. "Games with Incomplete Information Played by 'Bayesian' Players, I: The Basic Model." *Management Science* 14 (November 1967), 3: 159–82.

————. 1968a. "Games with Incomplete Information Played by 'Bayesian' Players, II: Bayesian Equilibrium Points." *Management Science* 14 (January 1968), 5: 320–34.

————. 1968b. "Games with Incomplete Information Played by 'Bayesian' Players, III: The Basic Probability Distribution of the Game." *Management Science* 14 (March 1968), 7: 486–502.

Herbert, Robert, "Nation of Nitwits." Commentary Section, *San Jose Mercury News,* March 5, 1995.

Herzberg, Donald G., and Jesse Unruh. 1970. *Essays on the State Legislative Process*. New York: Holt, Rinehart and Winston.

Herzberg, Roberta, and Rick Wilson. 1990. "Voting as a Public Bad: Theoretical and Experimental Results on Voting Costs." Typescript, presented at the Western Political Science Association Meetings.

Hinich, Melvin J., and Michael C. Munger. 1994. *Ideology and the Theory of Political Choice*. Ann Arbor: University of Michigan Press.

Hinton, Geoffrey E., and James A. Anderson. 1981. *Parallel Models of Associative Memory*. Hillsdale, N.J.: Erlbaum.

*Holland, John H., Keith J. Holyoak, Richard E. Nisbett, and Paul R. Thagard. 1986. *Induction: Processes of Inference, Learning and Discovery*. Cambridge, Mass.: MIT Press.

Holmstrom, Bengt, and Roger B. Myerson. 1983. "Efficient and Durable Decision Rules with Incomplete Information." *Econometrica* 51: 1799-1819.

*Hovland, Carl I., Irving L. Janis, and Harold H. Kelley. 1953. *Communication and Persuasion: Psychological Studies of Opinion Change*. New Haven, Conn.: Yale University Press.

Huber, John D. 1992. "Restrictive Legislative Procedures in France and the United States." *American Political Science Review* 86: 675-87.

Hunt, Gaillard, ed. 1910. *The Writings of James Madison*. New York: Putnam.

Iyengar, Shanto. 1987. "Television News and Citizens' Explanations of National Affairs." *American Political Science Review* 81: 815-32.

1990. "Shortcuts to Political Knowledge: The Role of Selective Attention and Accessibility." In John A. Ferejohn and James H. Kuklinski, eds., *Information and Democratic Processes*. Urbana: University of Illinois Press.

1991. *Is Anyone Responsible?: How Television Frames Political Issues*. Chicago: University of Chicago Press.

Iyengar, Shanto, and Donald R. Kinder. 1987. *News That Matters: Television and American Opinion*. Chicago: University of Chicago Press.

Iyengar, Shanto, and William J. McGuire, eds. 1993. *Explorations in Political Psychology*. Durham, N.C.: Duke University Press.

*Jackendoff, Ray. 1980. *Consciousness and the Computational Mind*. Cambridge, Mass.: MIT Press.

1994. *Patterns in the Mind: Language and Human Nature*. New York: Basic Books.

Jackson, John E. 1974. *Constituencies and Leaders in Congress: Their Effects on Senate Voting Behavior*. Cambridge, Mass.: Harvard University Press.

Jacobson, Gary C. 1990. "The Effects of Campaign Spending in House Elections: New Evidence for Old Arguments." *American Journal of Political Science* 34: 334-62.

1992. *The Politics of Congressional Elections*. 3rd ed. New York: HarperCollins.

Jensen, Michael C., and William H. Meckling. 1976. "Theory of the Firm: Managerial Behavior, Agency Costs, and Ownership Structure." *Journal of Financial Economics* 3: 305-60.

Johnson, Chalmers. 1975. "Japan: Who Governs? An Essay on Official Bureaucracy." *Journal of Japanese Studies* 2 (Autumn): 1-28.

Johnston, Richard, Andre Blais, Henry E. Brady, and Jean Crete. 1992. *Letting the People Decide: Dynamics of a Canadian Election*. Stanford, Calif.: Stanford University Press.

Jones, Bryan D. 1995. *Reconceiving Decision-Making in Democratic Politics: Attention, Choice, and Public Policy*. Chicago: University of Chicago Press.

Joskow, Paul, and Roger G. Noll. 1981. "Regulation in Theory and Practice: An Overview." In Gary Fromm, ed., *Studies of Public Regulation*. Cambridge, Mass.: MIT Press.

Kahn, Alfred. 1988. *The Economics of Regulation: Principles and Institutions*. 2nd ed. New York: Wiley.

Kahneman, Daniel, and Amos Tversky. 1979. "Prospect Theory: An Analysis of Decision under Risk." *Econometrica* 47: 263–91.

1984. "Choices, Values, and Frames." *American Psychologist* 39: 341–50.

Kalton, Graham. 1983. *Introduction to Survey Sampling*. Sage University Papers 35: Quantitative Applications in the Social Sciences.

Kandel, Eric R., James H. Schwartz, and Thomas M. Jessel. 1995. *Essentials of Neural Science and Behavior*. Norwalk, Conn.: Appleton & Lange.

Kaplan, Robert M., James F. Sallis Jr., and Thomas L. Patterson. 1993. *Health and Human Behavior*. New York: McGraw-Hill.

Katz, Richard S., and Peter Mair. 1995. "Changing Models of Party Organization and Party Democracy: The Emergence of the Cartel Party." *Party Politics* 1: 5–28.

Key, V. O. 1966. *The Responsible Electorate: Rationality in Presidential Voting, 1936–1960*. Cambridge, Mass.: Belknap Press of Harvard University Press.

Kiewiet, D. Roderick, and Mathew D. McCubbins. 1991. *The Logic of Delegation: Congressional Parties and the Appropriations Process*. Chicago: University of Chicago Press.

Kinder, Donald R. and Thomas R. Palfrey, eds. 1993. *Experimental Foundations of Political Science*. Ann Arbor: University of Michigan Press.

Kinder, Donald R., and David O. Sears. 1985. "Public Opinion and Political Participation." In G. Lindzey and E. Aronson, eds., *Handbook of Social Psychology*. Reading, Mass.: Addison-Wesley.

Kingdon, John W. 1973. *Congressmen's Voting Decisions*. New York: Harper & Row.

1977. "Models of Legislative Voting." *Journal of Politics* 39: 563–95.

Knight, Jack. 1992. *Institutions and Social Conflict*. Cambridge: Cambridge University Press.

Krehbiel, Keith. 1991. *Information and Legislative Organization*. Ann Arbor: University of Michigan Press.

Kreps, David M. 1990. "Corporate Culture and Economic Theory." In James E. Alt and Kenneth A. Shepsle, eds., *Perspectives on Positive Political Economy*. Cambridge: Cambridge University Press.

Kreps, David M., and Robert Wilson. 1982. "Sequential Equilibria." *Econometrica* 50: 863–94.

Kuklinski, James H., Daniel S. Metlay, and W. D. May. 1982. "Citizen Knowledge and Choice on the Complex Issue of Nuclear Energy." *American Journal of Political Science* 26: 615–42.

Ladha, Krishna. 1992. "Condorcet's Jury Theorem, Free Speech and Correlated Votes." *American Journal of Political Science* 36: 617–34.
  1993. "Condorcet's Jury Theorem in Light of Definetti Theorem: Majority Rule Voting with Correlated Votes." *Social Choice and Welfare* 10: 69–85.
Laffont, Jean-Jacques, and Jean Tirole. 1993. "Cartelization by Regulation." *Journal of Regulatory Economics* 5: 111–30.
Lakoff, George. 1987. *Women, Fire, and Dangerous Things*. Chicago: University of Chicago Press.
Lane, Robert E. 1995. "What Rational Choice Explains." *Critical Review* 9: 107–26.
Lane, Robert E., and David O. Sears. 1964. *Public Opinion*. Englewood Cliffs, N.J.: Prentice-Hall.
Laver, Michael, and Kenneth A. Shepsle. 1994. *Cabinet Ministers and Parliamentary Government*. Cambridge: Cambridge University Press.
Lijphart, Arend. 1994. *Electoral Systems and Party Systems*. Oxford: Oxford University Press.
*Lippmann, Walter. 1922. *Public Opinion*. New York: Macmillan.
Lodge, Milton. 1995. "Toward a Procedural Model of Candidate Evaluation." In Milton Lodge and Kathleen M. McGraw, eds., *Political Judgment: Structure and Process*. Ann Arbor: University of Michigan Press.
Lodge, Milton, and Kathleen M. McGraw, eds. 1995. *Political Judgment: Structure and Process*. Ann Arbor: University of Michigan Press.
Lodge, Milton, Marco Steenbergen, and Shawn Brau. 1995. "The Responsive Voter: Campaign Information and the Dynamics of Candidate Evaluation." *American Political Science Review* 89: 309–26.
Lohmann, Susanne. 1993. "A Signaling Model of Informative and Manipulative Political Action." *American Political Science Review* 87: 319–33.
*Lowi, Theodore J. 1979. *The End of Liberalism: The Second Republic of the United States*. 2nd ed. New York: Norton.
Lupia, Arthur. 1992. "Busy Voters, Agenda Control and the Power of Information." *American Political Science Review* 86: 390–404.
  1993. "Credibility and Responsiveness of Direct Legislation." In William A. Barnett, Melvin J. Hinich, and Norman J. Schofield, eds., *Political Economy: Institutions, Competition, and Representation*. Cambridge: Cambridge University Press.
  1994. "Shortcuts Versus Encyclopedias: Information and Voting Behavior in California Insurance Reform Elections." *American Political Science Review* 88: 63–76.
  2002. "Who Can Persuade Whom?: How Simple Cues Affect Political Attitudes." In James H. Kuklinski, ed., *Thinking About Political Psychology*.
Lupia, Arthur, and Mathew D. McCubbins. 1994a. "Designing Bureaucratic Accountability." *Law and Contemporary Problems* 57: 91–12.
  1994b. "Learning from Oversight: Fire Alarms and Police Patrols Reconstructed." *Journal of Law, Economics and Organization* 10: 96–125.
  1994c. "Who Controls Information and the Structure of Legislative Decision Making." *Legislative Studies Quarterly* 19: 361–84.

Luskin, Robert C. 1987. "Measuring Political Sophistication." *American Journal of Political Science* 31: 856–99.

Macey, Jonathan R. 1992. "Separated Powers and Positive Political Theory – the Tug of War Over Administrative Agencies." *Georgetown Law Review* 80: 671–703.

McCauley, Robert N., ed. 1996. *The Churchlands and Their Critics*. Cambridge, Mass.: Blackwell.

McClosky, Herbert. 1964. "Consensus and Ideology in American Politics." *American Political Science Review* 58: 361–82.

McConachie, Lauros G. 1898. *Congressional Committees*. New York: Thomas Y. Crowell.

McCubbins, Mathew D. 1985. "The Legislative Design of Regulatory Structure." *American Journal of Political Science* 29: 721–48.

McCubbins, Mathew D., and Talbot Page. 1986. "The Congressional Foundations of Agency Performance." *Public Choice* 51: 173–90.

McCubbins, Mathew D., and Gregory W. Noble. 1995a. "The Appearance of Power: Legislators, Bureaucrats, and the Budget Process in the United States and Japan." In Peter F. Cowhey and Mathew D. McCubbins, eds., *Structure and Policy in Japan and the United States*. Cambridge: Cambridge University Press.

1995b. "Perceptions and Realities of Japanese Budgeting." In Peter F. Cowhey and Mathew D. McCubbins, eds., *Structure and Policy in Japan and the United States*. Cambridge: Cambridge University Press.

McCubbins, Mathew D., Roger G. Noll, and Barry R. Weingast. 1987. "Administrative Procedures as an Instrument of Political Control." *Journal of Law, Economics, and Organization* 3: 243–77.

1989. "Structure and Process, Politics and Policy: Administrative Arrangements and the Political Control of Agencies." *Virginia Law Review* 75: 431–82.

1994. "Legislative Intent: The Use of Positive Political Theory in Statutory Interpretation." *Law and Contemporary Problems* 57: 3–37.

McCubbins, Mathew D., and Thomas Schwartz. 1984. "Congressional Oversight Overlooked: Police Patrols Versus Fire Alarms." *American Journal of Political Science* 28: 165–79.

McGuire, William J. 1969. "The Nature of Attitudes and Attitude Change." In G. Lindzey and E. Aronson, eds., *Handbook of Social Psychology*, 2nd ed. Reading, Mass.: Addison-Wesley.

McKelvey, Richard D., and Peter C. Ordeshook. 1986. "Information, Electoral Equilibria, and the Democratic Ideal." *Journal of Politics* 48: 909–37.

1990. "A Decade of Experimental Research on Spatial Models of Elections and Committees." In James M. Enelow and Melvin J. Hinich, eds., *Advances in the Spatial Theory of Voting*. Cambridge: Cambridge University Press.

Macey, Jonathan R. 1992. "Separated Powers and Positive Political Theory – The Tug of War Over Administrative Agencies." *Georgetown Law Review* 80: 671–703.

Machiavelli, Niccolo. 1958. *The Prince*. London: Dent; New York: Dutton.

Madison, James. *Federalist*. In Clinton Rossiter, ed., *The Federalist Papers*. New York: Penguin.

Magagna, Victor, and David Mares. Forthcoming. Untitled Manuscript, University of California, San Diego.
* March, James G., and Herbert Simon, with Harold Guetzkow. 1958. *Organizations.* New York: Wiley.
Marcus, George E., and Russell L. Hanson.1993. *Reconsidering the Democratic Public.* University Park: Pennsylvania State University Press.
Matthews, Donald, and James Stimson. 1970. "Decision-Making by U.S. Representatives." In S. Sidney Ulmer, ed., *Political Decision Making.* New York: Van Nostrand Reinhold.
1975. *Yeas and Nays.* New York: Wiley.
Meny, Yves. 1990. *Government and Politics in Western Europe: Britain, France, Italy, West Germany.* Oxford: Oxford University Press.
Mezey, Michael L. 1979. *Comparative Legislatures.* Durham, N.C.: Duke University Press.
Milgrom, Paul, and John Roberts. 1986. "Relying on the Information of Interested Parties." *Rand Journal of Economics* 17: 18–31.
Miller, Gary J. 1992. *Managerial Dilemmas: The Political Economy of Hierarchy.* Cambridge: Cambridge University Press.
Miller, Gary, and Joe Oppenheimer. 1982. "Universalism in Experimental Committees." *American Political Science Review* 76: 561–74.
Moe, Terry M. 1990. "The Politics of Structural Choice: Toward a Theory of Public Bureaucracy." In Oliver E. Williamson, ed., *Organization Theory: From Chester Barnard to the Present and Beyond.* New York: Oxford University Press.
* Montesquieu, Baron de. 1989. *The Spirit of the Laws,* Translated and edited by Cohler, Anne M., Basia Carolyn Miller, and Harold Samuel Stone. Cambridge: Cambridge University Press.
Morton, Rebecca B. 1993. "Incomplete Information and Ideological Explanations of Platform Divergence." *American Political Science Review* 87: 382–92.
Mutz, Diana C., Paul M. Sniderman, and Richard A. Brody. 1995. *Political Persuasion.* Ann Arbor: University of Michigan Press.
Myerson, Roger B. 1979. "Incentive-Compatibility and the Bargaining Problem." *Econometrica* 47: 61–73.
1983. "Mechanism Design by an Informed Principal." *Econometrica* 51: 1767–97.
1989. "Credible Negotiation Statements and Coherent Plans." *Journal of Economic Theory* 48: 264–303.
Neuman, W. Russell. 1986. *The Paradox of Mass Politics: Knowledge and Opinion in the American Electorate.* Cambridge, Mass.: Harvard University Press.
Newell, Allen. 1990. *Unified Theories of Cognition.* Cambridge, Mass.: Harvard University Press.
Nie, Norman H., Sidney Verba, and John R. Petrocik. 1976. *The Changing American Voter.* Cambridge, Mass.: Harvard University Press.
Niskanen, William A. 1971. *Bureaucracy and Representative Government.* Chicago: Aldine-Atherton.
Noll, Roger. 1971a. "The Behavior of Regulatory Agencies." *Review of Social Economy.* 29: 15–19.

1971b. "The Economics and Politics of Regulation." *Virginia Law Review* 57: 1016–32.

1987. "The Political Foundations of Regulatory Policies." In Mathew D. McCubbins and Terry Sullivan, eds., *Congress: Structure and Policy*. Cambridge: Cambridge University Press.

Noll, Roger, and Bruce Owen. 1983. *Political Economy of Deregulation*. Washington, D.C.: American Enterprise Institute.

＊North, Douglass C. 1981. *Structure and Change in Economic History*. New York: Norton.

1990. *Institutions, Institutional Change, and Economic Performance*. Cambridge: Cambridge University Press.

Ogul, Morris S. 1976. *Congress Oversees the Bureaucracy: Studies in Legislative Supervision*. Pittsburgh: University of Pittsburgh Press.

Ogul, Morris S., and Bert A. Rockman. 1990. "Overseeing Oversight: New Departures and Old Problems." *Legislative Studies Quarterly* 15: 5–24.

O'Keefe, Daniel J. 1990. *Persuasion: Theory and Research*. Newbury Park, Calif.: Sage.

Ostrom, Elinor. 1990. *Governing the Commons: The Evolution of Institutions for Collective Action*. Cambridge: Cambridge University Press.

Page, Benjamin I., and Robert Y. Shapiro. 1992. *The Rational Public: Fifty Years of Trends in Americans' Policy Preferences*. Chicago: University of Chicago Press.

Page, Benjamin I., Robert Y. Shapiro, and Glenn R. Dempsey. 1987. "What Moves Public Opinion?" *American Political Science Review* 8: 23–44.

Palfrey, Thomas R. 1991. *Laboratory Research in Political Economy*. Ann Arbor: University of Michigan Press.

Parsons, Talcott. 1967. *Sociological Theory and Modern Society*. New York: Free Press.

Petracca, Mark P. 1990. "The Poison of Professional Politics in America." Working Paper 91–21: Institute for Governmental Studies, University of California, Berkeley.

Petty, Richard E., and John T. Cacioppo. 1986. *Communication and Persuasion: Central and Peripheral Routes to Attitude Change*. New York: Springer-Verlag.

Plott, Charles R. 1991. "Will Economics Become an Experimental Science?" *Southern Economic Journal* 57: 901–19.

Polsby, Nelson W. 1968. *The Citizen's Choice: Humphrey or Nixon?* Washington, D.C.: Public Affairs Press.

Polsby, Nelson W., Miriam Gallaher, and Barry Spencer Rundquist. 1969. "The Growth of the Seniority System in the US House of Representatives." *American Political Science Review* 63: 787–807.

Popkin, Samuel L. 1991. *The Reasoning Voter: Communication and Persuasion in Presidential Campaigns*. Chicago: University of Chicago Press.

Popkin, Samuel L., John W. Gorman, Charles Phillips, and Jeffrey A. Smith. 1976. "Comment: What Have You Done for Me Lately? Toward an Investment Theory of Voting." *American Political Science Review* 70: 779–805.

*Posner, Michael I., ed. 1989. *Foundations of Cognitive Science*. Cambridge, Mass.: MIT Press.

Posner, Richard. 1995. "Juries on Trial." *Commentary* 99: 49–52.

Quattrone, George, and Amos Tversky. 1988. "Contrasting Rational and Psychological Analyses of Political Choice." *American Political Science Review* 82: 719–36.

Rae, Douglas W. 1971. *The Political Consequences of Electoral Laws*. New Haven, Conn.: Yale University Press.

Rahn, Wendy M., Brian Kroeger, and Cynthia M. Kite. 1996. "A Framework for the Study of Public Mood." *Political Psychology* 17: 29–58.

*Ramseyer, J. Mark, and Frances McCall Rosenbluth. 1993. *Japan's Political Marketplace*. Cambridge, Mass.: Harvard University Press.

Riemer, Neal. 1986. *James Madison: Creating the American Constitution*. Washington, D.C.: Congressional Quarterly.

Ripley, Randall B. 1983. *Congress: Process and Policy*. 3rd ed. New York: Norton.

Rohde, David. 1991. *Parties and Leaders in Postreform House*. Chicago: University of Chicago Press.

Rohde, David, and Kenneth Shepsle. 1973. "Democratic Committee Assignments in the House of Representatives: Strategic Aspects of a Social Choice Process." *American Political Science Review* 67: 889–905.

Romer, Thomas, and Howard Rosenthal. 1978. "Political Resource Allocation, Controlled Agendas, and the Status Quo." *Public Choice* 33: 27–44.

Rose-Ackerman, Susan. 1994. "American Administrative Law Under Siege: Is Germany a Model?" *Harvard Law Review* 107: 1279–1302.

Rosenbluth, Frances McCall. 1989. *Financial Politics in Contemporary Japan*. Ithaca, N.Y.: Cornell University Press.

Ross, Stephen. 1973. "The Economic Theory of Agency: The Principal's Problem." *American Economic Review* 63: 134–9.

Roth, Alvin E., ed. 1987. *Laboratory Experimentation in Economics: Six Points of View*. Cambridge: Cambridge University Press.

*Rumelhart, David E., James L. McClelland, and the PDP Research Group. 1986. *Parallel Distributed Processing: Explorations in the Microstructure of Cognition*. Cambridge, Mass.: MIT Press.

Sabato, Larry J. 1991. *Feeding Frenzy*. New York: Free Press.

Savoie, Donald J. 1990. *The Politics of Public Spending in Canada*. Toronto: University of Toronto Press.

Satz, Debra, and John A. Ferejohn. 1994. "Rational Choice and Social Theory." *Journal of Philosophy* 91: 71–87.

*Schattschneider, Elmer Eric. 1960. *The Semisovereign People: A Realist's View of Democracy in America*. New York: Holt, Rinehart and Winston.

Schick, Allen. 1976. "Congress and the 'Details' of Administration." *Public Administration Review* 36: 516–28.

Schickler, Eric, and Andrew Rich. 1997. "Controlling the Floor: Politics as Procedural Coalitions in the House." *American Journal of Political Science*. Forthcoming.

＊Schumpeter, Joseph Alois. 1942. *Capitalism, Socialism, and Democracy*. New York: Harper.
Schwartz, Thomas A. 1980. *The Art of Logical Reasoning*. New York: Random House.
Shapiro, Martin. 1986. "APA: Past, Present, and Future." *Virginia Law Review* 72: 447-92.
Shepsle, Kenneth A. 1978. *The Giant Jigsaw Puzzle: Democratic Committee Assignments in the Modern House*. Chicago: University of Chicago Press.
  1979. "Institutional Arrangements and Equilibrium in Multidimensional Voting Models." *American Journal of Political Science* 23: 27-60.
Shepsle, Kenneth A., and Barry R. Weingast. 1981. "Structure Induced Equilibrium and Legislative Choice." *Public Choice* 37: 503-19.
  1987. "The Institutional Foundations of Committee Power." *American Political Science Review* 81: 85-104.
Sherif, Carolyn W., Muzafer Sherif, and Roger E. Nebergall. 1965. *Attitude and Attitude Change: The Social Judgment–Involvement Approach*. Philadelphia: Saunders.
Simon, Herbert A. 1955. "A Behavioral Model of Rational Choice." *Quarterly Journal of Economics* 69: 99-118.
  1959. "Theories of Decision Making in Economics and Behavioral Science." *American Economic Review* 253-83.
  1979. *Models of Thought*. New Haven, Conn.: Yale University Press.
  1982. *Models of Bounded Rationality*. Cambridge, Mass.: MIT Press.
  1985. "Human Nature in Politics: The Dialogue of Psychology with Political Science." *American Political Science Review* 79: 293-304.
  1995. "Rationality in Political Behavior." *Political Psychology* 16: 45-61.
Smith, Adam. 1965. "The Wealth of Nations." In Edwin Cannan, ed., *An Inquiry into the Nature and Causes of the Wealth of Nations*. New York: Modern Library.
Smith, Eric R.A.N. 1989. *The Unchanging American Voter*. Berkeley: University of California Press.
Smith, Steven S. 1988. "An Essay on Sequence, Position, Goals, and Committee Power." *Legislative Studies Quarterly* 8: 151-77.
Smith, Steven S., and Christopher J. Deering. 1990. *Committees in Congress*. Washington, D.C.: Congressional Quarterly Press.
Smith, Vernon L. 1976. "Experimental Economics: Induced Value Theory." *American Economic Review* 66: 274-9.
  1982. "Microeconomic Systems as an Experimental Science." *American Economic Review* 82: 923-55.
Sniderman, Paul M. 1993. "The New Look in Public Opinion Research." In Ada W. Finifter, ed., *Political Science: The State of the Discipline II*. Washington, D.C.: American Political Science Association.
Sniderman, Paul M., Richard A. Brody, and Philip E. Tetlock. 1991. *Reasoning and Choice: Explorations in Political Psychology*. Cambridge: Cambridge University Press.
Sobel, Joel. 1985. "A Theory of Credibility." *The Review of Economic Studies* 52: 557-73.

Spence, Michael. 1973. "Job Market Signaling." *Quarterly Journal of Economics* 87: 355-74.
  1974. *Market Signaling: Informational Transfer in Hiring and Related Screening Processes.* Cambridge, Mass.: Harvard University Press.
Spiller, Pablo T. 1990. "Agency and the Role of Political Institutions." In John Ferejohn and James Kuklinski, eds., *Information and Democratic Process.* Urbana: University of Illinois Press.
  1996. "A Positive Political Theory of Regulatory Instruments: Contracts, Administrative Law or Regulatory Specificity." *Southern California Law Review* 69: 477-514.
Spiller, Pablo T., and John Ferejohn. 1992. "The Economics and Politics of Administrative Law and Procedures – An Introduction." *Journal of Law, Economics, and Organization* 8: 1-7.
Spiller, Pablo T., and Santiago Urbiztondo. 1994. "Political Appointees vs. Civil Servants: A Multiple-Principles Theory of Political Institutions." *European Journal of Political Economy* 10: 465-97.
Steinberger, Peter J. 1993. *The Concept of Political Judgment.* Chicago: University of Chicago Press.
Stewart, Charles H. 1989. *Budget Reform Politics: The Design of the Appropriations Process in the House of Representatives, 1865-1921.* Cambridge: Cambridge University Press.
Stone, Alan, and Richard P. Barke. 1989. *Governing the American Republic: Economics, Law, and Politics.* New York: St. Martin's Press.
Sundquist, James L. 1981. *The Decline and Resurgence of Congress.* Washington, D.C.: Brookings Institution.
Tirole, Jean. 1988. *The Theory of Industrial Organization.* Cambridge, Mass.: MIT Press.
Tsebelis, George. 1990. *Nested Games: Rational Choice Perspective in Comparative Politics.* Berkeley: University of California Press.
  1995. "Veto Players and Law Production in Parliamentary Democracies." In Herbert Doring, ed., *Parliaments and Majority Rule in Western Europe.* New York: St. Martin's Press.
Turner, Mark. 1991. *Reading Minds: The Study of English in the Age of Cognitive Science.* Princeton, N.J.: Princeton University Press.
Tversky, Amos, and Daniel Kahneman. 1974. "Judgment under Uncertainty: Heuristics and Biases." *Science* 185: 1124-131.
Weaver, R. Kent, and Bert A. Rockman, eds. 1993. *Do Institutions Matter?: Government Capabilities in the United States and Abroad.* Washington, D.C.: Brookings Institution.
Weber, Max. 1946. "Economy and Society." In H. H. Gerth and C. Wright Mills, eds., *From Max Weber: Essays in Sociology.* New York: Oxford University Press.
Weingast, Barry R. 1979. "A Rational Choice Perspective on Congressional Norms." *American Journal of Political Science* 23: 245-62.
  1984. "The Congressional Bureaucratic System: A Principal–Agent Perspective." *Public Choice* 44: 147-92.

Weingast, Barry R., and William J. Marshall. 1988. "The Industrial Organization of Congress: or, Why Legislatures, Like Firms, Are Not Organized as Markets." *Journal of Political Economy* 96: 132–63.

Weingast, Barry R., and Mark J. Moran. 1983. "Bureaucracy Discretion or Congressional Control? Regulatory Policymaking by the Federal Trade Commission." *Journal of Political Economy* 91: 765–800.

Weisberg, Herbert F., ed. 1995. *Democracy's Feast: Elections in America.* Chatham, N.J.: Chatham House.

*Wildavsky, Aaron B. 1974. *The Politics of the Budgetary Process,* 2nd ed. Boston: Little, Brown.

Will, George F. 1992. *Restoration: Congress, Term Limits and the Recovery of Deliberative Democracy.* New York: Free Press.

Williams, Kenneth C. 1991. "Advertising and Political Expenditure in a Spatial Election Game – An Experimental Investigation." *Simulation and Gaming* 22: 421–42.

*Williamson, Oliver E. 1975. *Markets and Hierarchies, Analysis and Antitrust Implications: A Study in the Economics of Internal Organization.* New York: Free Press.

Wilmerding, Lucius. 1943. *The Spending Power: A History of the Efforts of Congress to Control Expenditures.* New Haven, Conn.: Yale University Press.

Wilson, Woodrow. 1885. *Congressional Government: A Study in American Politics.* Boston: Houghton Mifflin.

*Wittman, Donald A. 1995. *The Myth of Democratic Failure: Why Political Institutions Are Efficient.* Chicago: University of Chicago Press.

Wood, B. Dan. 1988. "Principals, Bureaucrats, and Responsiveness in Clean Air Enforcements." *American Political Science Review,* Volume 82, Number 1, March 1988: 213–34.

Wright, John R. 1990. "Contributions, Lobbying, and Committee Voting in the US House of Representatives." *American Political Science Review* 84: 417–38.

Zaller, John. 1992. *The Nature and Origins of Mass Opinion.* Cambridge: Cambridge University Press.

Zaller, John, and Stanley Feldman. 1992. "A Simple Theory of the Survey Response: Answering Questions Versus Revealing Preferences." *American Journal of Political Science* 36: 579–616.

G. A. アーモンド, S. ヴァーバ（石川一雄・片岡寛光・木村修三・深谷満雄訳）『現代市民の政治文化』勁草書房, 1974年.

アリストテレス（戸塚七郎訳）『弁論術』岩波書店, 1992年.

Y. バーゼル（丹沢安治訳）『財産権・所有権の経済分析：プロパティー・ライツへの新制度派的アプローチ』, 白桃書房, 2003年.

P. M. チャーチランド（信原幸弘・宮島昭二訳）『認知哲学：脳科学から心の哲学へ』産業図書, 1997年.

R. M. サイヤート, J. G. マーチ（松田武彦監訳, 井上恒夫訳）『企業の行動理論』ダイヤモンド社, 1967年.

A. ダウンズ（古田精司監訳）『民主主義の経済理論』成文堂, 1980年.

M. デュベルジェ（岡野加穂留訳）『政党社会学：現代政党の組織と活動』潮出版, 1970年）.

G. フォコニエ（坂原茂・水光雅則・田窪行則・三藤博訳）『メンタル・スペース：自然言語理解の認知インターフェイス』白水社, 1996年.

H. H. ガース, C. W. ミルズ（山口和男・犬伏宣宏共訳）『マックス・ウェーバー：その人と業績』ミネルヴァ書房, 1962年.

E. ゴフマン（広瀬英彦・安江孝司訳）『儀礼としての相互行為：対面行動の社会学』法政大学出版局, 1986年.

J. ハーバーマス（河上倫逸・M. フーブリヒト・平井俊彦訳）『コミュニケイション的行為の理論』未來社, 1985年.

J. H. ホランド, K. J. ホリオーク, R. E. ニスベット, P. R. サガード（市川伸一ほか訳）『インダクション：推論・学習・発見の統合理論へ向けて』新曜社, 1991年.

C. I. ホヴランド, I. L. ジャニス, H. H. ケリー（辻正三・今井省吾訳『コミュニケーションと説得』誠信書房, 1967年）.

R. S. ジャッケンドフ（水光雅則訳）『心のパターン：言語の認知科学入門』岩波書店, 2004年.

W. リップマン（掛川トミ子訳）『世論　上・下』岩波文庫, 1987年.

T. J. ロウィ（村松岐夫監訳）『自由主義の終焉』木鐸社, 1983年.

N. マキャベッリ（河島英昭訳）『君主論』岩波書店, 2001年.

J. G. マーチ, H. S. サイモン（土屋守章訳『オーガニゼーションズ』ダイヤモンド社, 1977年）.

モンテスキュー（野田良之［ほか］訳）『法の精神　上・中・下』岩波書店, 1987－1988年.

D. C. ノース（中島正人訳）『文明史の経済学：財産権・国家・イデオロギー』春秋社, 1989年.

D. C. ノース（竹下公視訳）『制度・制度変化・経済成果』晃洋書房, 1994年.

M. I. ポズナー（佐伯胖・土屋俊監訳）『認知科学の基礎』産業図書，1991年．
J. M. ラムザイヤー，F. M. ローゼンブルース（川野辺裕幸・細野助博訳）『日本政治の経済学：政権政党の合理的選択』弘文堂，1995年．
D. E. ラメルハート，J. L. マクレランド，PDPリサーチグループ（甘利俊一監訳）『PDPモデル：認知科学とニューロン回路網の探索』産業図書，1989年．
E. E. シャットシュナイダー（内山秀夫訳）『半主権人民』而立書房，1994年．
J. A. シュンペーター（中山伊知郎，東畑精一訳）『資本主義・社会主義・民主主義』東洋経済新報社，1995年．
A. B. ウィルダフスキー（小島昭訳）『予算編成の政治学』勁草書房，1972年．
K. アロウ（村上泰亮訳）『組織の限界』岩波書店，1999年．
O. E. ウィリアムソン（浅沼万里・岩崎晃訳）『市場と企業組織』日本評論社，1980年．
D. ウィットマン（奥井克美訳）『デモクラシーの経済学―なぜ政治制度は効率的なのか』東洋経済新報社，2002年．

索引

ア行

アリストテレス（Aristotle）　22, 63-66, 79, 82, 88, 91, 100, 104, 132
イデオロギー　16, 25, 33, 82, 91-93, 213, 220-222, 230
委任　15, 17, 26, 27, 109-113, 115-124, 127, 128, 131, 178, 179, 182, 202, 206, 227, 238, 239, 250, 252
委任（についての）実験　178-203
委任のディレンマ　110
ウェーバー（Weber, Max）　16
嘘に対する罰　23, 24, 80-88, 90, 91, 93, 100-103, 105, 106, 120, 121, 128, 141, 146, 181, 184, 188, 193, 229, 234, 247, 249, 252
嘘に対する罰実験　161-163, 197-199, 201

カ行

外部（から）の力　23, 24, 65-67, 69, 75, 81, 82, 86, 87, 89, 90, 98-100, 102, 105, 116, 121, 128, 132, 133, 141, 146, 148, 164, 168, 183, 184, 193, 205, 219, 234
限られた情報　17, 18, 20, 25-27, 35, 36, 59, 67, 98, 105, 111, 112, 122-124, 127, 173, 177, 253
学習　19, 21, 22, 27, 28, 35, 37-41, 46, 47, 50, 55, 60-63, 65, 66, 68, 69, 87, 90, 91, 93, 94, 98, 100, 104, 105, 107, 117, 123, 124, 132, 145, 168, 202, 205, 249, 253
火災報知器型監視　242-245
語り手の（個人的）特徴　23, 63-66, 82, 89, 93, 100, 140, 141, 146, 181, 183, 184
感情温度　216-220
完備情報　19-21, 29, 48, 49, 132, 140, 145, 176, 181
完備情報基準試行　145, 152, 158, 174
キケロ（Cicero）　16
挙証責任　240, 241, 247
警察巡回型監視　242, 243
啓蒙　21-25, 27, 28, 98-102, 104-106, 120, 121, 124, 128, 131-135, 154, 173-175, 178, 184, 185, 197, 203, 205, 206, 228, 239, 242, 251, 253
啓蒙（のための）条件　99-101, 104-106, 108, 117-119, 123, 134, 135, 137, 143, 153, 154, 160, 167, 174-176, 179, 187, 188, 190, 193, 194, 196, 198, 202, 203, 231, 238, 245, 247, 250, 251
権限放棄　178, 238
検証　79-81, 83, 84, 87, 88, 90, 100-106, 116, 121, 128, 132, 141, 146, 164, 165, 167, 168, 174-176, 181, 184, 188, 193, 200, 203, 229, 231, 234-237, 242, 245, 249, 250, 252
検証実験　163-168, 174, 200-202
検証の脅威　105, 164, 165, 200, 228, 231, 242-245, 249, 252
限定合理性　42
好意性ヒューリスティック　217-220
高コストな労力　23, 24, 81, 86-88, 90, 100, 102, 103, 105, 116, 121, 128, 141, 146, 168, 170-173, 184, 228, 231-233, 237-238, 245-247, 252
高コストな労力実験　168-173

拘束名簿式比例代表制　229, 230
合理性　40-42
コネクショニズム　35, 36, 52
コネクション　35, 51, 53-58, 123

サ行

サイモン（Simon, Herbert）　19, 21, 41, 42, 49, 51, 206
「賛成」（Agrees）　213-223
熟議　251
情報　3, 14-21, 24, 25, 33-38, 43, 45-51, 58-60, 69, 73, 87, 93, 97, 98, 104, 106, 108, 132, 136, 150, 152, 158, 162, 168, 179, 186, 229, 248, 252
信号モデル（信号理論）　18, 67, 72, 215
信頼　23, 25, 50, 65, 67, 69, 76, 78, 79, 82-86, 89, 92, 93, 95, 96, 98, 100, 101, 104, 107, 120, 121, 133, 204, 210, 214, 222, 227, 229, 230, 233, 234, 237, 242, 245, 252
信頼性　50, 65, 105, 204-206, 208, 210, 215, 222, 229, 244, 249
スミス（Smith, Adam）　227
政治制度　3, 15, 24, 28, 105, 124, 228
制度　227, 230, 250, 252
説得　21-25, 27, 28, 63-69, 74-78, 81-84, 86-96, 100, 101, 104, 105, 120, 124, 128, 131, 132, 134-136, 140, 144, 148, 151-154, 156-158, 160, 162, 164, 168, 173-176, 184, 203, 205, 206, 220, 228, 234, 239, 242, 247, 251, 253
説得（のための）条件　24, 25, 93, 100, 103, 105, 106, 117, 118, 123, 134, 135, 137, 143, 153-4, 160, 167, 173-176, 179, 203, 204, 205, 211, 245
戦略的コミュニケーション・モデル　19, 67, 72

タ行

ダウンズ（Downs, Anthony）　17, 21
ダナヒュー，フィル（Donahue, Phil）　208-210, 212-214, 216-218, 221, 222
騙し　21-25, 28, 75, 79, 84, 98, 99, 101, 102, 104, 106, 120, 132-135, 150, 173-176, 203
騙しの（のための）条件　24, 101-104, 119
単純小選挙区制　229
近道情報　28
知識（knowledge）　13-17, 19, 25-28, 37, 38, 42, 43, 47, 50, 52, 61, 62, 67, 70-73, 75-79, 82-87, 89-91, 93, 95, 97-102, 104, 105, 107, 116, 117, 119-121, 124, 128, 131-133, 140, 141, 150, 152-154, 156, 158, 164, 165, 168, 174, 175, 184, 188, 189, 192-194, 204-208, 213-216, 219, 222, 223, 228-230, 232, 245, 248, 252
「知識」（knows）　213-223
知識実験　148-155, 178, 203
知識条件　26, 116-121, 123
チープ・トーク・モデル　69, 70-72, 74, 76, 84
注意　20, 39, 40, 42-46, 48-50, 56-59, 68, 253
手がかり（cues）　18, 24, 28, 49, 57-59, 93, 97, 229-231
トンキン湾決議　102-103

ハ行

判断の近道　21-2, 57, 62
ヒューリスティクス　21, 25, 27, 28, 93
評判　80, 82, 91, 92, 97, 105, 216
不完備情報　18, 19, 29, 67, 70, 97, 115, 140, 146, 147, 164, 181
不完備情報基準試行　146, 147, 154-156, 161, 167, 175, 176
ポプキン，サミュエル（Popkin, Samuel）　96, 97

マ行

マキャベリ（Machiavelli, Nicolo）　235
マディソン，ジェイムズ（Madison, James）　13, 227, 235
民主制のディレンマ　13, 15, 27, 28, 228, 252-254
モンテスキュー（Montesquieu, Baron de）　227, 235

ヤ行

誘因条件　26, 116-121, 123, 178, 239, 251

ラ行

利益実験　154-161, 198, 203
リスク回避　196, 201
理性　41
理性的選択（reasoned choice）　13-22, 25, 27, 28, 33, 34, 36-38, 40, 42, 43, 45, 47, 49, 50, 54, 58-63, 67, 69, 74-76, 83, 90, 93, 98, 99, 105-108, 123, 124, 127, 131, 132, 135, 144, 145, 150, 152-156, 158, 160, 163, 164, 167-177, 203, 205, 206, 228, 231, 238, 239, 248, 250, 252, 253
リンボー，ラッシュ（Limbaugh, Rush）　205, 208-210, 212-214, 216-218, 221, 222

著者紹介

アーサー・ルピア（Arthur Lupiqa）
1964年生まれ
現在　ミシガン大学政治学部教授
著書　*The Element of Reason : Cognition, Choice and the Bounds of Rationality.* (with Samuel L. Popkin Mathew D. McCubbins), Cambridge U. P. 2000

マシュー・D・マカビンズ（Mathew D. McCubbins）
1956年生まれ
現在　南カリフォルニア大学教授
著書　*Legislative Leviathan: Party Governmemt in the House* (with Gary W. Cox), University of California Press, 1993.

訳者紹介

山田真裕（やまだ　まさひろ）
1965年生まれ
現在　関西学院大学法学部教授
著書　『計量政治分析入門』（共著），東京大学出版会，2004年
　　　『政治参加と民主政治』東京大学出版会，2016年
　　　『二大政党制の崩壊と政権担当能力評価』木鐸社，2017年

© 1998 Arthur Lupia and Mathew D. McCubbins
This translation of *The democratic dilemma : can citizens learn what they need to know?* is published by arrangement through the Sakai Agency

訳者との了解により
検　印　省　略

民主制のディレンマ：
　　市民は知る必要のあることを学習できるか？

2005年7月15日第1版第一刷印刷発行 ©
2020年4月25日改訂版第三刷印刷発行 ©

（乱丁・落丁本はお取替致します）

著　者	アーサー・ルピア　M・D・マカビンズ
訳　者	山田　真裕
発行者	坂口　節子
発行所	有限会社　木鐸社
印　刷	アテネ社　製本　吉澤製本

〒112-0002　東京都文京区小石川 5-11-15-302
Tel（03）3814-4195　　振替 00100-5-126746
Fax（03）3814-4196　　http://www.bokutakusha.com

ISBN978-4-8332-2364-5　C3031

選挙制度変革と投票行動
三宅一郎著 〈神戸大学名誉教授〉
A5判・240頁・3500円（2001年）ISBN4-8332-2309-0
　選挙制度改革後，2回にわたって行われた総選挙に示された有権者の投票行動の分析から，55年体制崩壊後の政治変化を読み取る三宅政治学の現在。有権者による小選挙区・比例区の2票の使い分け，一部で言われている戦略投票との関係など，著者の一貫したアプローチを新しいそれとの整合を図ることを試みる。

選挙制度と政党システム
川人貞史著 〈東京大学大学院法学政治学研究科〉
A5判・290頁・4000円（2004年）ISBN4-8332-2347-3 C3031
　著者がこの十数年の間に，さまざまな分析モデルを活用して進めてきた研究の中から，「選挙制度と政党システム」に関するものを集めた論集。一貫して追求してきたテーマと分析のアプローチは発表の都度，夫々注目を集めるとともに高い評価を得てきたもの。

ソーシャル・ネットワークと投票行動
飽戸　弘編著
A5判・192頁・2500円（2000年）ISBN4-8332-2290-6
■ソーシャル・ネットワークの社会心理学
　90年夏，投票行動の国際比較のための共同研究事業が先進5ヵ国の研究者によって始められた。本書は，それに参加した日本チームが共通基準に基づいて十年余に及ぶ調査研究と分析を行った成果。伝統的な「組織のネットワーク」から現代的な「都市型ネットワーク」への変化に着目。

理論とテクノロジーに裏付けられた
新しい選挙制度
松本保美著 〈早稲田大学政経学部〉
46判・200頁・2000円（2003年）ISBN4-8332-2344-9
　投票に関して，既に明らかになった理論的な結論を紹介することによって，現在の投票制度の非合理性を指摘・分析するとともに，それに取って代わる投票制度を提言する。同時に，その実現可能性をコンピュータ・ネットワーク技術の面から検討する。最後に大胆なアイディアを提示して，議論の叩き台とする。